장재집 張載集

Annotations and Translations of Works of Zhang Zai

【三】

장재집張載集【三】

Annotations and Translations of Works of Zhang Zai

—

1판 1쇄 인쇄 2023년 3월 17일
1판 1쇄 발행 2023년 3월 31일

—

저　자 | 장재張載
점교자 | 장석침章錫琛
역　자 | 황종원
발행인 | 이방원
발행처 | 세창출판사

신고번호 제1990-000013호
주소 03736 서울시 서대문구 경기대로 58 경기빌딩 602호
전화 02-723-8660 팩스 02-720-4579
이메일 edit@sechangpub.co.kr 홈페이지 www.sechangpub.co.kr
블로그 blog.naver.com/scpc1992 페이스북 fb.me/Sechangofficial 인스타그램 @sechang_official

—

ISBN 979-11-6684-182-8 94910
979-11-6684-179-8 (세트)

—

이 역주서는 2019년 대한민국 교육부와 한국연구재단의 지원을 받아 수행된 연구임.
(NRF-2019S1A5A7068514)

—

이 책은 한국연구재단의 지원으로 세창출판사가 출판, 유통합니다.
잘못 만들어진 책은 구입하신 서점에서 바꾸어 드립니다.

장재집張載集

Annotations and Translations of Works of Zhang Zai

【三】

장재張載 저

장석침章錫琛 점교

황종원 역주

세창출판사

목차

횡거역설 橫渠易說

49 혁 革䷰ ······ 1
50 정 鼎䷱ ······ 11
51 진 震䷲ ······ 18
52 간 艮䷳ ······ 25
53 점 漸䷴ㅤ······ 33
54 귀매 歸妹䷵ ······ 41
55 풍 豐䷶ ······ 50
56 여 旅䷷ ······ 59
57 손 巽䷸ ······ 66
58 태 兌䷹ ······ 73
59 환 渙䷺ ······ 78
60 절 節䷻ ······ 85
61 중부 中孚䷼ ······ 91
62 소과 小過䷽ ······ 99
63 기제 旣濟䷾ ······ 108
64 미제 未濟䷿ ······ 112

1 계사상 繫辭上 ······ 116
2 계사하 繫辭下 ······ 245
3 설괘전 說卦傳 ······ 339
4 서괘 序卦 ······ 359
5 잡괘 雜卦 ······ 365

일문 佚文 ······ 370

1권

◇ 역자 해제
◇ 장재의 사상과 저작에 관하여 _ 장다이녠(張岱年)
◇ 편집과 교정에 대한 설명

정몽 正蒙

소병 서문 蘇昞序
범육 서문 范育序

1 태화편 太和篇第一
2 삼량편 參兩篇第二
3 천도편 天道篇第三
4 신화편 神化篇第四
5 동물편 動物篇第五
6 성명편 誠明篇第六
7 대심편 大心篇第七
8 중정편 中正篇第八
9 지당편 至當篇第九
10 작자편 作者篇第十
11 삼십편 三十篇第十一
12 유덕편 有德篇第十二
13 유사편 有司篇第十三
14 대역편 大易篇第十四
15 악기편 樂器篇第十五
16 왕체편 王禘篇第十六
17 건칭편 乾稱篇第十七

2권

횡거역설 橫渠易說

상경 上經

1 건 乾䷀
2 곤 坤䷁
3 둔 屯䷂
4 몽 蒙䷃
5 수 需䷄
6 송 訟䷅
7 사 師䷆
8 비 比䷇
9 소축 小畜䷈
10 이 履䷉
11 태 泰䷊
12 비 否䷋
13 동인 同人䷌
14 대유 大有䷍
15 겸 謙䷎
16 예 豫䷏
17 수 隨䷐
18 고 蠱䷑
19 임 臨䷒
20 관 觀䷓
21 서합 噬嗑䷔
22 비 賁䷕
23 박 剝䷖
24 복 復䷗
25 무망 无妄䷘
26 대축 大畜䷙
27 이 頤䷚
28 대과 大過䷛
29 습감 習坎䷜
30 이 離䷝

하경 下經

31 함 咸䷞
32 항 恒䷟
33 둔 遯䷠
34 대장 大壯䷡
35 진 晉䷢
36 명이 明夷䷣
37 가인 家人䷤
38 규 睽䷥
39 건 蹇䷦
40 해 解䷧
41 손 損䷨
42 익 益䷩
43 쾌 夬䷪
44 구 姤䷫
45 췌 萃䷬
46 승 升䷭
47 곤 困䷮
48 정 井䷯

3권

49 혁 革䷰
50 정 鼎䷱
51 진 震䷲
52 간 艮䷳
53 점 漸䷴
54 귀매 歸妹䷵
55 풍 豐䷶
56 여 旅䷷
57 손 巽䷸
58 태 兌䷹
59 환 渙䷺
60 절 節䷻
61 중부 中孚䷼
62 소과 小過䷽
63 기제 旣濟䷾
64 미제 未濟䷿

1 계사상 繫辭上
2 계사하 繫辭下
3 설괘전 說卦傳
4 서괘 序卦
5 잡괘 雜卦

일문 佚文

4권

경학리굴 經學理窟

횡거경학리굴 서문 橫渠經學理窟序
1 주례 周禮
2 시서 詩書
3 종법 宗法
4 예악 禮樂
5 기질 氣質
6 의리 義理
7 학대원상 學大原上
8 학대원하 學大原下
9 자도 自道
10 제사 祭祀
11 월령통 月令統
12 상기 喪紀
황공의 발문 黃鞏跋

장자어록 張子語錄

1 어록상 語錄上
2 어록중 語錄中
3 어록하 語錄下
4 부록 『어록초』 7조목 附 語錄抄七則
5 후록 상 後錄上
6 후록 하 後錄下
장자어록 발문 張子語錄跋

5권

문집일존 文集佚存

1 범손지에게 답하는 서신 答范巽之書
2 조대관에게 보내는 서찰 與趙大觀書
3 여미중에게 보내는 서찰 與呂微仲書
4 채정의 추밀직학사 임용을 경하하는 서신 賀蔡密學啓
5 경주 대순성 기록 慶州大順城記
6 여자의 계율 女戒
7 책문 策問
8 변경의 일에 관한 논의 邊議
9 채 장수에게 보내는 변경 일의 계책들 與蔡帥邊事畫一
10 경원로(涇原路) 경략사(經略司)에게 변경 일을 논하는 문서 涇原路經略司論邊事狀
11 경략사에게 보내는 계책들 經略司畫一
12 시제를 처음 정해 사당에 고하는 글 始定時薦告廟文
13 장천기 묘지명 張天祺墓誌銘
14 잡시 雜詩

습유 拾遺

1 성리습유 性理拾遺
2 근사록습유 近思錄拾遺

부록 附錄

1 여대림의 횡거선생 행장 呂大臨橫渠先生行狀
2 『송사』「장재전」 宋史張載傳
3 사마광의 시호에 대해 논한 편지 司馬光論謚書
4 사마광, 다시 횡거를 애도하는 시 又哀橫渠詩
5 여남의 『장자초석』 서문 呂柟張子抄釋序
6 원응태의 만력 무오년본 『장자전서』 서문 袁應泰萬歷戊午本張子全書序
7 유삼외의 순치 연간 계사년본 『장자전서』 서문 喻三畏順治癸巳本張子全書序
8 이월계의 강희 임인본 『장자전서』 서문 李月桂康熙壬寅本張子全書序
9 장백행의 강희 47년본 『장횡거집』 서문 張伯行康熙四十七年本張橫渠集序
10 주식의 강희 58년본 『장자전서』 서문 朱軾康熙五十八年本張子全書序
11 섭세탁(葉世倬)의 가경(嘉慶) 병인본 『장자전서』 서문
葉世倬嘉慶丙寅本張子全書序
12 무징의 도광 임인년본 『장자전서』 서문 武澄道光壬寅本張子全書序
13 이신의 동치 9년본 『장자전서』 서문 李愼同治九年本張子全書序
14 섭적이 범육 『정몽』 서문을 계기로 개술한 강학 요지
葉適因范育序正蒙遂總述講學大指
15 유기의 『정몽회고』 서문 劉璣正蒙會稿序
16 왕부지의 『장자정몽주』 서론 王夫之張子正蒙註序論
17 주희의 「서명」론 朱熹西銘論
18 심자창의 장재 「서명」, 「동명」 제사 沈自彰張子二銘題辭
19 장재 도서 목록 제요 書目提要

49

혁

革䷰

(1)革. (2)巳日乃孚, 元亨利貞, 悔亡. 「彖」曰: 革, (3)水火相息, (4)二女同居, 其志不相得, 曰革. “巳日乃孚”, 革而信之, 文明以說, 大亨以正. 革而當, 其悔乃亡. 天地革而四時成, 湯武革命, 順乎天而應乎人, 革之時大矣哉! 「象」曰: 澤中有火, 革, 君子以治歷明時. 初九, (5)鞏用黃牛之革. 「象」曰: “鞏用黃牛”, 不可以有爲也.[253]

혁(革). 시기가 무르익은 날이어서 믿으니, 크게 형통하고 바르면 이로우며 후회가 없을 것이다. 「단전」에서 말했다. 혁은 물과 불이 서로를 없애고 두 여자가 동거하니 그 뜻을 얻지 못한다. 그것을 혁이라고 한다. “시기가 무르익어서 믿는다”는 것은 변혁의 시기여서 그것을 믿는다는 뜻이다. 문채로 밝혀 기뻐하고 바름으로 크게 형통하니, 변혁하

253 (1)革, 변혁, 개혁, 변화 등을 뜻한다. (2)巳日, 사(巳)는 지지(地支) 가운데 하나로 여섯 번째에 속한다. 따라서 '사일'이란 변혁할 시기가 약 절반에 도달해 무르익었음을 뜻한다. (3)水火相息, 혁䷰의 하괘는 이괘로 불을, 상괘는 태괘로 못을 상징한다. 그래서 물과 불이 서로를 없앤다고 했다. (4)二女同居: 이괘는 중녀이고 태괘는 소녀이다. 그래서 두 여자가 동거한다고 했다. (5)鞏, (가죽으로 묶어) 공고함, 단단함.

되 합당하면 그 후회가 없게 될 것이다. 천지가 변혁되니 사계절이 이루어지고, 탕왕과 무왕이 혁명을 하니 하늘을 따르고 사람에 응한 것이다. 혁의 때는 중대하다! 「상전」에서 말했다. 못 가운데에 불이 있으니 혁이다. 군자는 이를 본받아 역법을 만들어 때를 밝힌다. 초구는 누런 소의 가죽으로 묶어 단단하게 해 사용한다. 「상전」에서 말했다. "누런 소의 가죽으로 묶어 단단하게 하여 사용한다"는 것은 함이 있어서는 안 됨을 뜻한다.

49.1 賤而無應, 非大亨以正之德中堅自守, 不可有爲.

|번역| 천하여 응하는 것이 없으니, 바름으로 크게 형통하는 덕으로 마음속을 굳게 하여 자기를 지키는 것이 아니라면 함이 있어서는 안 된다.

|해설| 초구는 질긴 소가죽으로 묶은 것처럼 아직 변혁의 시기가 아니므로 변혁의 작위적 행위를 하지 않고 자신을 잘 지킴을 뜻한다. 이에 장재는 초구를 사회적으로 밑바닥에 있는 천한 이로 보아, 그런 사람은 호응하는 이가 없으므로, 경거망동해서는 안 된다고 하였다.

六二, 巳日乃革之, 征吉无咎. 「象」曰: "巳日革之", 行有嘉也.

육이는 무르익은 날이어서 변혁을 행하니, 나아가면 길하여 허물이 없다. 「상전」에서 말했다. "무르익은 날이어서 변혁을 행한다"는 것은 행하여 좋은 결과가 있는 것이다.

49.2 俟上之唱, 革而往應, 柔中之德, 所之乃吉.

|번역| 위의 창도함을 기다려 변혁하여 나아가 응하니, 부드러운 중의 덕으로 가는 곳마다 길하다.

|해설| 육이는 변혁의 시기에 구오의 지도를 따라 변혁의 실천에 응하는 자이다. 장재는 이 육이가 부드러우면서도 중의 덕을 지니고 있어서 가는 곳마다 길할 것이라고 했다.

九三, 征凶貞厲, (1)革言三就, 有孚. 「象」曰: "革言三就", 又何之矣![254]

구삼은 나아가면 흉하니 바르게 하고 위태로운 마음을 가지며, 변혁에 관한 말로 여러 번 나아가면 믿음이 있을 것이다. 「상전」에서 말했다. "변혁에 관한 말로 여러 번 나아간다"고 하니, 다시 어디로 간단 말인가!

49.3 以文明炎上剛陽之德而之兌, 兌內柔外剛, 勢窮必反, 故以征則凶. 能守正戒懼, 文命告之, 此三革言, 彼三從命, 必然可信之理也. 一云: 征則雖正而危.

|번역| 문채가 나며 위로 타오르는 강한 양의 덕으로 못으로 나아가니, 못

254 (1)革言三就: "변혁에 관한 말에 세 번 나아간다"는 말은 여러 가지 의미로 풀이될 수 있지만, 장재의 설명을 감안하면 여기서는 구삼이 변혁에 관한 말을 여러 차례 조심스럽게 하는 것을 뜻한다.

은 안은 부드럽지만 밖은 강해 세력이 다하면 반드시 되돌아온다. 그러므로 나아가면 흉하다. 바름을 지키고 경계하며 두려워할 수 있으면 점잖은 명령으로 알려 준다. 이쪽에서 여러 차례 변혁의 말을 하면, 저쪽에서 여러 차례 명령을 따르는 것은 필연적이고 믿을 만한 이치이다. 어떤 곳에서는 나아가면 바르더라도 위태롭다고 한다.

| 해설 | 비록 변혁의 시기이지만 구삼은 타오르는 불처럼 강한 덕으로 그것과는 상극인, 물로 가득한 곳으로 나아간다. 못은 안인 상육은 부드럽지만 밖인 구사와 구오는 강하기 때문에 구삼은 힘이 다해 되돌아오게 된다. 따라서 구삼은 신중한 자세와 점잖은 명령으로 변혁에 대해 조심스럽게 여러 차례 말해야 비로소 다른 사람들이 그의 명령을 따르게 된다.

九四, 悔亡有孚. 改命吉. 「象」曰: 改命之吉, 信志也.

구사는 뉘우침이 없고 믿음이 있다. 명을 고치면 길할 것이다. 「상전」에서 말했다. 명을 고치는 것이 길한 것은 뜻을 믿기 때문이다.

49.4 約己居陰, 心無私係, 革而必當, 見孚於衆, 改命倡始, 信己可行, 故吉.

| 번역 | 자신을 구속하여 음에 머무르며 마음에는 사사로이 묶임이 없으니 개혁을 하면 틀림없이 합당하고, 뭇사람들에게 믿음을 얻는다. 명을 고칠 것을 앞장서 제창하되 자신을 믿어 행할 수 있으니 길하다.

|해설| 구사는 양으로서 음의 위치에 있다. 이 점에 착안해 일반적으로 구사는 뉘우칠 것이 있지만 변혁의 시기인 관계로 뉘우침이 없다고 설명한다. 하지만 장재는 구사가 양으로 음에 머무르는 것을 자신을 구속해 일부러 아랫자리에 있는 것이라 설명한다. 이렇게 아랫자리에 있으면서 마음이 진실하여 사사로이 매인 것이 없어 자신을 믿고 앞장서 행하는 개혁조치는 필연적으로 합당하고 그로 인해 대중으로부터 신뢰를 받는다고 한다.

九五, 大人虎變, 未占有孚. 「象」曰: "大人虎變", 其文炳也.

구오는 대인이 호랑이처럼 변하니 점을 치지 않고도 믿는다. 「상전」에서 말했다. "대인이 호랑이처럼 변한다"는 것은 그 문채가 빛나는 것을 말한다.

49.5 以剛居尊, 說而唱下, 爲衆所睹, 其文炳然, 不卜而孚, 望而可信, 下觀而化, 革著盛焉.

|번역| 강함으로 존귀한 자리에 머물러 기뻐하며 아래를 창도한다. 뭇사람들에 의해 목도되면 그 문채가 빛나 점을 치지 않고도 믿는다. 바라보면 믿을 만할진대, 아래를 살펴 교화하니 변혁의 도가 분명히 드러난다.

|해설| 구오는 변혁을 주도하는 자이다. 높은 자리에서 강한 덕으로 변혁을 주창한다. 백성들은 구오가 행하는 변혁의 성과들이 찬란하게 빛나는 것을 목도하고는 그를 신뢰한다. 점을 치지 않고도 믿는다는 말은 구오를 아무 의심 없이 신뢰한다는 뜻이다.

49.6 大人虎變, 夫何疚之有!

|번역| 대인은 호랑이처럼 변하였으니, 어떤 병폐가 있으랴!

|해설| 호랑이는 털갈이를 하면 얼룩무늬가 아주 선명해진다. 따라서 대인이 호랑이처럼 변했다는 말은 대인이 자신부터 내적인 변혁을 하여 호랑이 얼룩무늬처럼 밝은 덕을 지니게 되었다는 뜻이다.

49.7 虎變文章大, 故明; 豹變文章小, 故蔚.

|번역| 호랑이처럼 변하면 문식이 크므로 밝다. 표범처럼 변하면 문식이 작으므로 빽빽하다.

|해설| 호랑이처럼 변했다는 것은 구오의 존귀한 위치에 있는 군주가 호랑이의 얼룩무늬처럼 선명하게 밝은 덕을 가진 자로 변하여, 그가 일으킨 변혁이 큰 규모로 일어나 밝게 빛난다는 뜻이다. 반면 표범처럼 변했다는 것은 바로 아래에 나오는 상육의 군자가 털이 가늘게 변하는 표범처럼 변혁된 여러 제도상의 규정을 세세하게 빽빽하게 이루어 낸다는 뜻이다.

上六, 君子豹變, 小人革面, 征凶, 居貞吉. 「象」曰: "君子豹變", 其文蔚也, "小人革面", 順以從君也.

상육은 군자는 표범처럼 변하고 소인은 낯빛을 고치니, 나아가면 흉하고 바름에 머무르면 길하다. 「상전」에서 말했다. "군자가 표범처럼 변한다"는 것은 그 꾸밈이 빽빽함을 말한다. "소인이 낯빛을 고친다"는 것은 순하게 군주를 따르는 것을 말한다.

49.8 以柔爲德, 不及九五剛中炳明, 故但文章(1)蔚縟, 能使小人改觀而從也.[255]

|번역| 부드러움을 덕으로 삼기 때문에 구오의 강하면서 중정하여 밝게 빛나는 것에 미치지 못한다. 그래서 단지 꾸밈을 빽빽하고 잡다하게 하여 소인이 생각을 고쳐 따르도록 할 수 있을 따름이다.

|해설| 구오가 큰 틀에서 개혁을 이루어 내는 자라면, 상육은 그 성과를 바탕으로 개혁의 내용을 좀 더 세세하게 다듬어가는 군자를 가리킨다. 장재는 그런 구오와 상육의 차이를 강조하고 있다. 상육은 구오에 비해 그 덕과 능력이 미치지 못하며, 따라서 그는 주로 꾸밈, 즉 제도를 세밀하게 가다듬는 일을 하여, 소인들이 그 제도를 따르도록 한다.

49.9 盛德之容, 顔孟以上始可以觀. 若顔子變則必大變, 即大人虎變, 虎變則其文至也, 如此則不待占而有信. 君子所至之分以(1)致文, 則足以爲(2)班班之縟. 革面而聽命, 此所謂盡飾之道, 斯行者遠矣, 然猶是就小成上以致其文. 顔子地位, 於豹變已爲褎就, 未必肯於此發見, 此所以(3)如愚. 愚雖是(4)於吾言無所不說, 然夫子省其私, 始知不愚, 察其人焉, 惟是徇內尚質爾. 然發則不小發, 大抵止乃有光明, 艮曰(5)"時止則止, 時行則行, 其道光明", 形則著,

255 (1)蔚縟, 빽빽하고 잡다하다. 縟(욕), 번다함.

著則明, 必能止則有光明. 今作事特未決, 蓋非止也, 止乃決爲, 然後就其上文章. 顏子見其進, 未見其止, 未止故未發見其所止, 又必欲如所期, 蓋未見夫子著心處, 故未肯止, 是之謂隱而未見, 行而未成, 是以勿用. 學者至此地位, 亦必如愚. 然顏子(學)擧措亦無不致文中節處, 自(是)謂(6)“博我以文”, 則文豈不足? 但顏子不以爲意, 所謂(7)“有若無, 實若虛”也. 有顏子之心, 則不爲顏子之文可也.[256]

| 번역 | 성덕의 모습은 안연, 맹자 이상이어야 비로소 볼 수 있다. 만약 안연이 변했다면 틀림없이 크게 변했을 것이다. 즉 대인이 호랑이처럼 변하니, 호랑이처럼 변하면 그 꾸밈은 지극해진다. 그와 같으면 점칠 필요도 없이 신뢰가 생기게 된다. 한편 군자는 자신이 미치는 본

256 (1)致文, 문식(文飾), 즉 꾸밈을 다한다는 뜻. 여기서는 제도의 규정을 면밀히 한다는 의미이다. (2)班班之縟, 班班은 반점이 촘촘함을 나타냄. 여기서는 예악제도에 관한 규정이 촘촘함을 뜻함. 縟, 무늬. 따라서 班班之縟은 촘촘한 무늬처럼 촘촘한 규정을 담은 예악제도를 뜻함. (3)如愚, 『論語』, 「爲政」, “내가 안회와 하루 종일 이야기를 해 보았는데, 내 말을 어기지 않는 것이 마치 어리석은 듯하더니, 물러간 뒤에 그 언행을 살펴보니, 내 뜻을 충분히 드러내고 있었다. 안회는 어리석지 않다.”(吾與回言終日, 不違如愚, 退而省其私, 亦足以發. 回也不愚.) (4)於吾言無所不說, 『論語』, 「先進」, “안회는 나를 도와주는 자가 아니다. 내 말에 대해 기뻐하지 않는 것이 없다.”(回也, 非助我者也. 於吾言無所不說.) (5)『周易』, 「艮」, 「彖傳」, “때가 멈출 때이면 멈추고 때가 행할 때이면 행하여 동정이 그 때를 잃지 않으니 그 도가 밝게 빛난다.”(時止則止, 時行則行, 動靜不失其時, 其道光明.) (6)博我以文: 『論語』, 「子罕」, “선생님께서는 순서대로 사람을 잘 이끌어 주시어, 글로 나를 넓혀 주시고 예로 나를 요약하게 해 주시니, 그만두고 싶어도 그만둘 수가 없다.” 원래 문은 글이라는 뜻이었으나, 위 장재의 말 안에서 문은 꾸밈을 뜻한다. (夫子循循然善誘人, 博我以文, 約我以禮, 欲罷不能.) (7)有若無, 實若虛: 『論語』, 「泰伯」, 증자가 말했다. “능력이 있으면서 능력이 없는 사람에게 묻고, 지식이 많으면서 지식이 적은 사람에게 물으며, 있으면서도 없는 것처럼 하고, 가득 차 있으면서도 빈 것처럼 하며, 남이 잘못을 저질러도 따지지 않는 이런 일에 옛날에 내 벗이 힘썼었다.”(曾子曰: 以能問於不能, 以多問於寡, 有若無, 實若虛, 犯而不校, 昔者吾友嘗從事於斯矣.)

분으로 규정을 면밀히 하니 촘촘한 예악 제도로 삼을 수 있다. (소인들은) 낯빛을 고쳐 명령을 따라 이미 감히 어기지 못하니 이것이 이른바 꾸밈을 다하는 도이고, 이를 행하는 자는 멀리 간 것이지만, 작은 성취라는 측면에서 제도를 면밀히 한 것이다. 안연의 지위는 표범처럼 변하는 일은 이미 가볍게 다가갔으나 꼭 그 지점에서 발현하려고만 했던 것은 아니니, 그것이 어리석은 듯했던 까닭이다. 어리석은 듯함은 비록 공자의 말에 기뻐하지 않는 것이 없음을 말하지만, 공자께서 그의 사생활을 살펴보고는 비로소 그가 어리석지 않음을 알게 되었으니, 그 사람을 살펴볼진대, 오직 내면을 좇아 질박함을 숭상할 따름이었다. 하지만 발현의 경우에는 작게 발현하지 않았다. 대체로 그쳐야 밝게 빛남이 있다. 간(艮)괘에서는 "때가 그칠 때이면 그치고 때가 행할 때이면 행하니, 그 도가 밝게 빛난다"고 했다. 형성되면 드러나고 드러나면 밝아지니, 반드시 그칠 수 있어야 밝게 빛남이 있다. 지금 일을 하는데 특별히 결단하지 못하는 것은 대개 그치는 경지가 아니기 때문이다. 그치면 곧 결단하여 행하니, 그런 뒤에야 그 위의 꾸밈으로 나아가게 된다. 안연의 경우에는 그 전진하는 것은 보았지만 그 그치는 것은 보지 못했으니, 그치지 못했던 까닭에 그가 그치는 것을 발견하지 못한 것이다. 또한 반드시 희망한 대로 되고 싶어 하였으니, 이는 대개 공자의 마음 두신 바를 알지 못하여 그치려 하지 않은 것이다. 이를 숨어서 드러내지 않고 행했지만 완성하지 못한 것이라고 한다. 그리하여 쓰이지 않았다. 배우는 자가 이러한 위치에 이르면 또한 틀림없이 어리석은 듯 보일 것이다. 하지만 안연은 행동거지가 제도를 면밀히 다하여 마디마다 적중하지 않은 것이 없었고, 스스로 "문(文)으로 나를 넓혀주신다"고 했으니, 꾸밈이 어찌 부족했겠는가? 다만 안연은 그것에 뜻을 두지 않았으니, 이른바 "있으면서도 없는 것처럼 하고, 가득 차 있으면서도 빈 것처럼 함이다." 안연의 마음이 있으면 안연의 꾸밈은 행하지 않아도 된다.

|해설| 혁괘 구오와 상육의 효사를 바탕으로 하여 공자와 안연, 즉 성인과 대인의 차이에 대한 장재의 생각을 설명했다. 안연으로 대표되는 대인은 공자로 대표되는 성인의 덕이 어떤지 알 수 있고, 실제로 그런 성인의 덕을 갖출 수 있다. 그러면 그의 꾸밈, 즉 교화는 신뢰를 얻게 된다. 하지만 군자는 아직 그런 성숙한 덕을 갖추지는 못하고 꾸밈, 예컨대 예의제도를 면밀하게 하는 존재이다. 이는 나름대로 이미 상당한 수준에 이른 것이지만, 단지 제도의 측면에서 작은 성취를 한 것일 따름이다. 안연으로 대표되는 대인은 이런 군자의 수준은 뛰어넘은 자이다. 대인은 내면의 질박함, 순수함을 숭상하여 그것이 무르익기를 기다리는 자이다. 덕이 무르익으면 비로소 그치게(止) 된다. 더는 인위적인 노력을 할 필요가 없게 된다는 뜻이다. 그러나 안연은 결국은 그런 상태에 이르지는 못했다. 그래서 공자는 오직 그가 나아가는 모습만 보았다고 했다. 안연은 평생 부단히 정진하면서 자신이 바라는 성인의 경지에 이르고자 했으나 그러지 못했다. 그로 인해 그는 어리석은 듯이 보이기도 했다. 늘 숨어서 자신을 드러내지 않고 없는 듯, 텅 빈 듯 보였기 때문이다. 하지만 실상 안연은 어리석지 않았고, 가득 차 있었다. 이미 마음은 대인의 마음이었으되, 다만 실천적으로 만민을 교화하는 큰 일을 하지 못했을 따름이다.

50

정

鼎䷱

[(1)]鼎. 元吉亨. 「彖」曰: [(2)]鼎, 象也, [(3)]以木巽火, 亨飪也. 聖人亨以享上帝, 而大亨以養聖賢. 巽而耳目聰明, [(4)]柔進而上行, 得中而應乎剛, 是以元亨. 「象」曰: 木上有火, 鼎, 君子以正位凝命.[257]

정鼎. 크게 길하고 형통한다. 「단전」에서 말했다. 정은 솥의 형상을 본뜬 것이다. 나무를 불에 밀어 넣어 삶아 익히는 것이다. 성인은 삶은 것으로 상제에게 제사 지내고 크게 삶은 것으로 성현을 기른다. 겸손하여 귀와 눈이 총명하며, 부드러움이 나아가 위에서 행하고 중을 얻어 강한 것에서 응하니, 이로써 크게 형통한다. 「상전」에서 말했다. 나무 위에 불이 있는 것이 정이니, 군자는 이를 본받아 위치를 바르게 하고 명을 응집해 이룬다.

257 (1)鼎, 정(鼎)은 솥을 뜻한다. (2)鼎, 象也: 정이라는 괘상䷱은 솥의 발(초육), 배(구이, 구삼, 구사), 귀(육오), 손잡이(상구)의 모습을 상징한다는 점에서 솥의 형상을 본뜬 것이라 할 수 있다. (3)以木巽火, 亨飪也: 하괘의 巽은 나무를 상징하고, 상괘의 離는 불을 상징한다. 나무로 불을 지펴 솥에 음식을 삶아 익힘으로써 새로운 것을 만들어 낸다는 의미를 지닌다. (4)柔進而上行, 得中而應乎剛: 육오의 부드러운 것이 구이의 강한 것과 상응함을 뜻한다.

50.1 正始而取新, 莫先於正位而(1)定命也.[258]

|번역| 시작을 바르게 하고 새로운 것을 취할 때 위치를 바르게 하고 명령을 정하는 것보다 우선하는 것은 없다.

|해설| 사회, 정치적인 측면에서 보면, 육오의 군주는 부드럽고 공손한 덕으로 귀와 눈을 열어 총명하게 대처하고, 아래로는 구이의 강하면서 중을 지키는 현명한 자들과 협력하여 사회를 크게 형통하게 만든다. 「상전」에서는 세 발로 된 솥이 안정적이고 중후한 느낌을 주는 것처럼, 군자는 자신의 위치를 안정적으로 만들고 국가를 운영하는 데 필수적인 법령을 제정한다고 하고 있다. 장재의 설명은 「상전」에 대한 것이다.

初六, 鼎顚趾, 利出(1)否, 得妾以其子, 无咎. 「象」曰: "鼎顚趾", (2)未悖也, "利出否", 以(3)從貴也.[259]

초육은 솥이 다리가 넘어졌으나 나쁜 것을 꺼내는 데 이로우니, 첩을 얻었으나 그 아들을 얻음으로써 허물이 없다. 「상전」에서 말했다. "솥이 다리가 넘어졌다"는 것은 아직 어긋나지 않은 것이고, "나쁜 것을 꺼내는 데 이롭다"는 것은 귀한 자를 따르는 것이다.

50.2 柔牽於上, 必有義乃可. 鼎顚趾必出否, 妾從子貴, 必以有子乃不

258 (1)定命, 법령, 명령을 정함.

259 (1)否, 나쁜 것. (2)未悖也: 초육은 다리가 넘어졌지만 구사와 상응해 그것을 따르므로 꼭 도리에 어긋난 것은 아니다. (3)從貴, 귀한 것이란 나쁜 것이 빠져나가고 들어오는 새로운 것을 뜻한다.

悖於義也.

| 번역 | 부드러운 자가 위에 있는 자에 이끌릴 때는 반드시 의가 있어야 한다. 솥이 다리가 넘어지면 반드시 나쁜 것을 꺼내야 하고, 첩은 아들의 귀함을 따라가니, 반드시 아들이 있어야 의로움에 어긋나지 않는다.

| 해설 | 초육은 솥의 다리가 구사 쪽으로 올라가려다가 넘어지는 형상이다. 솥이 넘어진다는 것은 좋지 않지만, 그것을 계기로 나쁜 것을 제거하고 새로운 재료를 담아 요리할 수 있다는 점에서 꼭 나쁜 것만은 아니다. 이를 인간사에 적용하면 초육의 첩이 구사와 결합하는 것을 뜻하기도 한다. 이것 역시 좋은 일은 아니지만, 장재는 첩이 아들을 낳아 후사를 이어 준다면 좋은 일이라고 주장하고 있다.

九二, 鼎有實, 我仇有疾, 不我能卽, 吉. 「象」曰: "鼎有實", 愼所之也, "我仇有疾", 終无尤也.

구이는 솥에 내용물이 있는데, 내 원수가 병에 걸려 나에게 다가오지 않을 수 있으니 길하다. 「상전」에서 말했다. "솥에 내용물이 있다"는 것은 가는 바에 신중한 것이고, "내 원수가 병에 걸렸다"는 것은 끝내는 허물이 없음을 뜻한다.

50.3 以陽居中, 故有實, 實而與物競, 則所喪多矣, 故所之不可不愼也. 我仇謂三也, 三爲革爲塞, 固己路而爲患者也, 使其有疾而不能加我, 則美實可保而吉可致也. 然四亦惡三, 三常懼焉, 是有疾而無尤也.

|번역| 양으로서 중에 머무르므로 가득한 것이 있다. 가득한데 다른 자와 다투면 잃는 것이 많을 것이다. 그러므로 가는 바에 신중하지 않을 수 없다. '나'의 원수란 구삼을 말한다. 구삼은 변형시키고 막는 것으로서 자신의 길을 고집하여 우환거리가 되는 자이다. 그에게 질병이 생겨 나에게 더해지지 못한다면 훌륭한 내용물을 보존할 수 있고, 길함이 이를 수 있다. 그런데 구사 또한 구삼을 싫어하니, 구삼은 늘 두려워한다. 이것이 구삼이 질병이 생겨 허물이 없게 되는 까닭이다.

|해설| 이 조목에 대한 장재의 설명은 일반적인 해석과는 다소 다르다. 일반적으로는 구(仇)를 짝으로 해석하여, 구이와 짝이 되는 것을 가까이에 있는 초육으로 본다. 그리하여 구이에게 어떤 음식물이 있고, 그것은 의당 육오에게 주어야 하나, 가까운 초육이 병에 걸려 그에게 주려고 하지만, 구이의 강중함으로 인해 끝내는 마음이 흔들리지 않는다고 설명한다. 이러한 일반적 설명과는 달리 장재는 구(仇)를 글자 그대로 원수라는 뜻으로 풀고, 그 대상을 구삼으로 본다. 구이가 위로 올라가 육오와 상응하려는 것을 구삼이 자신을 고집하며 가로막는다는 것이다. 그래도 구사도 구삼을 싫어하기 때문에 구삼은 결국 질병이 생겨, 구이가 가는 길을 막지 못한다.

九三, 鼎耳革, 其行塞, 雉膏不食, 方雨虧悔, 終吉. 「象」曰: "鼎耳革", 失其義也.

구삼은 솥의 귀가 변형되고 그 행하는 것이 막혀 꿩의 기름을 먹지 못하지만, 장차 비가 내려 뉘우침이 사그라지면 끝내는 길할 것이다. 「상전」에서 말했다. "솥의 귀가 변형된다"는 것은 그 합당한 의를 잃은 것이다.

50.4 耳革行塞, 處二陽之間, 上下俱實也. 上下革塞, 則雖有美實而不見取. 若二使應五, 四使應初, 則其悔可虧, 故曰"方雨虧悔", 能終不固塞其路則吉可召也, 革塞之則失其義矣. 以陽居陽, 承乘皆剛, 悔也, 有九四之革, 其行不得上通, 此鼎耳之失義也.

|번역| 솥의 귀가 변형되고 행하는 것이 막히니, 두 개의 양 사이에 처하여 위아래가 모두 실하기 때문이다. 상하가 변형되고 막히니 비록 훌륭한 내용물이 있어도 취해지지 못한다. 만약 구이가 육오에 응하도록 하고 구사가 초육에 응하도록 하면 그 뉘우침이 사그라질 수 있다. 그래서 "장차 비가 내리면 뉘우침이 사그라져" 끝내 그 길을 막지 않으면 길함을 불러들일 수 있지만, 변형하고 막으면 의로움을 상실한다고 했다. 양으로서 양에 머무르되 받드는 구사와 타고 있는 구이가 모두 강한 것이니 뉘우치게 된다. 구사를 변형함이 있게 되면 그 행함이 위로 통하지 못하니, 이것이 솥의 귀가 합당함을 잃음이다.

|해설| 구삼은 강한 기로 중의 자리가 아닌 데 있으니, 지나치게 강하다. 게다가 장재의 설명처럼 구삼의 위아래에는 모두 강한 이들이 있어 위로는 구사인 솥의 귀를 변형시키고 아래로는 구이가 위로 나아가는 것을 막는다. 만약 구이와 구사가 각각 육오 및 초육과 상응하도록 길을 터 준다면 뉘우침은 사그라질 것이다.

九四, 鼎折足, 覆公(1)餗, 其(2)形渥, 凶. 「象」曰: "覆公餗", 信如何也! 六五, 鼎黃耳(3)金鉉, 利貞. 「象」曰: "鼎黃耳", 中以爲實也.[260]

구사는 솥이 다리가 부러져 공의 밥을 엎었으니 그 몸체가 젖어 흉하다. 「상전」에서 말했다. "공의 밥을 엎었으니" 믿음은 어떻게 되겠는가! 육오는 솥의 누런 귀에 쇠로 된 고리이니 바르면 이로울 것이다. 「상전」에서 말했다. "솥의 누런 귀"는 텅 빈 가운데로 고리의 실을 얻는다.

50.5 *居中故耳黃, 體柔故其鉉金, 柔故利於貞. 一作利於勁正.*

| 번역 | 중에 머무르므로 솥의 귀가 누렇고, 몸이 부드러우므로 그 고리는 쇠이며, 부드럽기 때문에 바르면 이롭다. 어떤 곳에서는 강하고 바르면 이롭다고 되어 있다.

| 해설 | 육오는 솥의 귀에 해당되며 중의 위치에 있다. 황색이 중앙을 상징하므로 중에 머무는 솥의 귀는 누런색이다. 또 육오는 부드러운 덕을 지녀 쇠로 된 고리를 끼울 수 있다. 육오의 누런 귀에 끼우는 쇠고리가 어느 것을 가리키느냐에 대해서는 이견이 있다. 어떤 이들은 육오와 상응하는 구이라고 하지만, 어떤 이들은 상구라고도 한다.

上九, 鼎玉鉉, 大吉无不利. 「象」曰: (1)玉鉉在上, 剛柔節也.[261]

260 (1)餗(속), 솥 안의 음식물. (2)形渥: 形은 솥의 몸체를, 渥은 젖어 축축함을 뜻한다. (3)金鉉, 쇠로 된 솥귀고리.

261 (1)玉鉉在上, 剛柔節也: 상구는 음의 자리에 양이 있고, 또 강하면서도 옥처럼 따뜻한 느낌을 주기 때문에 강함과 부드러움이 조절된다고 했다. 다만 장재의 설명은 이런 일반

상구는 솥이 옥으로 된 고리이니 크게 길하여 이롭지 않음이 없다. 「상전」에서 말했다. 옥으로 만든 고리가 위에 있으니 강함과 부드러움이 조절된다.

50.6 以剛居上, 能貞潔如玉以成鼎道, 不牽陰柔以固其節, 則吉無不利. 鼎, 象也, 足陰腹陽, 耳虛鉉剛, 故曰“剛柔節”也.

|번역| 강으로서 위에 머물러 옥처럼 바르고 깨끗할 수 있어 정(鼎)의 도를 완성하고, 음유한 이에게 이끌리지 않아 그 절조를 고수하면 길하여 이롭지 않음이 없다. 정(鼎)은 솥의 형상을 본뜬 것으로 다리는 음이고 배는 양이며, 귀는 허하고 고리는 강하다. 그러므로 “강함과 부드러움이 조절된다”고 했다.

|해설| 상구는 솥 가운데 옥으로 된 고리를 상징한다. 솥으로 음식을 만드는 이유는 안에 있던 음식물을 밖으로 끄집어내어 사람들이 먹게 하는 데 있으므로 정괘는 상구에 이르러 가장 길하다. 또 상구 자체만 보면 양으로서 음의 자리에 있고 옥으로 만든 고리는 따뜻한 성질을 지니면서도 강하기 때문에 「상전」에서는 강한 것과 부드러운 것이 조절된다고 했다. 장재는 상구의 옥으로 된 고리를 음유한 이에게 현혹되지 않고 옥처럼 깨끗하고 바른 사람을 상징하는 것으로 보았다. 또 일반적인 풀이와는 달리 “강한 것과 부드러운 것이 조절된다”는 구절을 상구에 대한 설명이 아니라 정괘 전체의 구조에 대한 설명으로 이해하고 있다. 솥의 다리인 초육은 음, 배인 구이, 구삼, 구사는 양, 귀인 육오는 허, 고리인 상구는 강함이라는 설명이 그것이다.

적인 이해와는 약간 다르다.

51

진

震䷲

震. 亨. 震來(1)虩虩, 笑言(2)啞啞, 震驚百里, 不喪(3)匕鬯. 「彖」曰: 震, 亨. "震來虩虩", 恐致福也, "笑言啞啞", 後有則也; "震驚百里", 驚遠而懼邇也. 出可以守宗廟社稷以爲祭主也. 「象」曰: (4)洊雷震, 君子以恐懼脩省.[262]

진(震)은 형통한다. 우레가 치면 깜짝 놀라 두려워하다가 (지나가면) 웃고 말하며 즐거워한다. 우레가 백 리를 놀라게 하지만 (제사에 쓰이는) 숟가락과 울창주를 잃지 않는다. 「단전」에서 말했다. 진은 형통한다. "우레가 치면 깜짝 놀라 두려워하는" 것은 두려워하여 복을 이르게 하는 것이다. "(지나가면) 웃고 즐거워하는" 것은 (우레가 친) 후에 따라야 할 법칙이 있는 것이다. "우레가 백 리를 놀라게 하는" 것은 멀리 있는 자는 놀라게 하고 가까이에 있는 자를 두려워하게 하는 것이다. (군주가) 밖으로 나가면 (장자는) 종묘사직을 지켜 제주가 될 수 있다. 「상전」에

262 (1)虩虩(혁혁), 놀라고 두려워하는 모습. (2)啞啞(액액), 웃으며 즐거워하는 모습. (3)匕鬯: 匕(비), 숟가락. 鬯(창), 울창주. 튤립을 넣어 빚은 향기 나는 술. (4)洊(천), 거듭, 연거푸.

서 말했다. 우레가 거듭 치니 진이다. 군자는 이를 본받아 두려워하며 몸을 닦고 성찰한다.

51.1 此卦純以君出子在而言, 則震之體全而用顯, 故曰"出可以守宗廟社稷", 不雜言君父共國之時也.

|번역| 이 괘는 순전히 군주가 밖에 나가고 아들이 안에 있을 때를 가지고 말해야 진의 체가 온전하고 작용이 드러난다. 그러므로 "(군주가) 밖으로 나가면 (장자는) 종묘사직을 지킬 수 있다"고 했다. 군주인 아버지와 나라를 함께 다스리는 시기를 뒤섞어 말하지 않았다.

|해설| 진(震)은 우레를 상징하며, 우레가 치는 것은 움직임이고, 그로 인해 사람들이 놀라고 두려워한다는 점에서, 움직임, 두려워함 등의 파생된 함의도 지닌다. 군주가 출타해 있을 때는 통상 장자가 군주를 대신해 국정을 책임지는데, 어려운 상황에서도 종묘사직을 보존하는 능력을 발휘한다는 의미를 담고 있다. 진괘는 바로 군주가 출타해 있을 때 장자가 나라를 운영하는 상황을 논한다.

初九, 震來虩虩, 後笑言啞啞, 吉. 「象」曰: "震來虩虩", 恐致福也, "笑言啞啞", 後有則也. 六二, 震來, 厲, (1)億喪貝, 躋于(2)九陵, 勿逐, 七日得. 「象」曰: "震來厲", 乘剛也.[263]

초구는 우레가 치면 깜짝 놀라 두려워하다가 후에는 웃고 말하며 즐

263 (1)億喪貝: 億, 헤아림. 貝는 상고시대의 화폐. 따라서 이 구절은 잃어버린 재물을 헤아린다는 뜻. (2)九陵, 九는 크고 많음을 상징하므로, 九陵은 높은 언덕을 뜻함.

거워하니 길하다. 「상전」에서 말했다. "우레가 치면 깜짝 놀라 두려워하는" 것은 두려워하여 복을 이르게 하는 것이다. "(지나가면) 웃고 즐거워하는" 것은 (우레가 친) 후에 따라야 할 법칙이 있는 것이다. 육이는 우레가 치니 위태롭다. 재물을 잃을 것을 헤아려 높은 언덕에 오르되 쫓아오지 않는다면 7일이 되면 (그 재물을) 얻는다. 「상전」에서 말했다. "우레가 치니 위태로운" 것은 강을 타고 있기 때문이다.

51.2 初動而之上, 故曰"躋於九陵." 億, 必也.

|번역| 초구가 움직여 위로 가므로 "높은 언덕에 오른다"고 했다. 헤아림은 필연적이다.

|해설| 초구의 내용은 앞선 괘사 및 「단전」의 일부 내용과 중첩된다. 육이의 경우 강을 타고 있기 때문에 위태롭다. 그래서 우레가 치면 위태롭다고 했다. 장재의 설명처럼 이 시기에는 초구가 움직여 육이를 치받고 있는데, 이를 재물을 잃을 위험이라고 했다. 이 위험에 처하여 대처할 바를 헤아려 높은 언덕 위로 올라가 있으면 일정한 시간이 지나 재물을 되찾을 것이라고 하였다.

六三, 震(1)蘇蘇, 震行无眚. 「象」曰: "震蘇蘇", 位不當也.[264]

육삼은 우레에 움츠러들어 두려워하며 행하면 허물이 없을 것이다. 「상전」에서 말했다. "우레에 움츠러드는" 것은 위치가 부당하기 때문이다.

264 (1)蘇蘇, 두려워하며 불안해하는 모습. 장재는 움츠러드는 모습이라 풀이함.

51.3 蘇蘇亦(1)索索之義, 處非其地, 故危困不一, 能懼而改行, 則无眚矣.[265]

|번역| 소소(蘇蘇)는 움츠러든다는 뜻이다. 그 있을 곳이 아닌 데 있어서 위급하고 곤궁하여 한결같지 못하다. 두려워하며 행동을 고칠 수 있다면 허물이 없을 것이다.

|해설| 육삼은 음으로 양의 위치에 있어 위치가 합당하지 못하다. 그래서 우레가 치듯 위급하고 곤궁한 일이 닥치는데, 그때 두려워하며 자신의 잘못된 행동을 바로 잡을 수 있다면 허물이 없게 될 것이다.

九四, 震遂泥. 「象」曰: "震遂泥", 未光也.

구사는 우레가 나아가 진흙탕에 빠진다. 「상전」에서 말했다. "우레가 나아가 진흙탕에 빠지니" 빛나지 못한다.

51.4 處衆陰之中, 爲衆附比, 剛陽之德而以位陰, 故泥而未光也.

|번역| 여러 음 가운데에 처하여 여러 음이 붙좇고, 강한 양의 덕으로 음에 위치하므로 빠져서 빛나지 못한다.

|해설| 구사는 위아래로 여러 음에 의해 둘러싸여 있다. 그리하여 양의 강한 덕을 지니고 있으면서도 그 능력을 제대로 발휘하지 못한다.

265 (1)索索(삭삭), 縮縮과 같다. 움츠러드는 모습.

六五, 震往來, 厲, 億无喪有事. 「象」曰: "震往來厲", 危行也, 其事在中, 大无喪也.

육오는 우레가 가고 오는 것이 위태로우나 헤아려 하는 일을 잃음이 없다. 「상전」에서 말했다. "우레가 가고 오는 것이 위태롭다"는 것은 위태로운 가운데 행하는 것이요, 그 일하는 것이 중에 있기 때문에 크게 잃는 것이 없다.

51.5 懼往亦厲, 懼來亦厲, 能行己以危, 則富貴可保, 故曰"无喪有事", 猶云不失其所有也. 以其乘剛故危, 以其在中故无喪, 禍至與不至皆懼, 則无喪有事. 一有云懼陰之中.

| 번역 | 가는 것을 두려워해도 위태롭고 오는 것을 두려워해도 위태롭다. 위태로운 마음으로 자신을 행할 수 있다면 부귀를 보존할 수 있다. 그래서 "하는 일을 잃음이 없다"고 했는데, 이는 그 소유한 것을 잃지 않는다고 말하는 것과 같다. 강을 타고 있어서 위태롭지만, 그가 중에 있어서 잃음이 없다. 화가 이르든 이르지 않든 모두 두려워한다면 하는 일을 잃음이 없게 된다. 어떤 곳에서는 음의 중에 있음을 두려워한다고 했다.

| 해설 | 문장에서 가고 오는 주체는 각각 초구와 구사를 가리킨다. 강한 것들이 오고 가니 육오는 위태로움을 느끼지만, 장재는 그런 위태로움 속에서도 두려운 마음을 지킬 수 있다면 자신이 소유한 것을 잃지 않을 수 있다고 했다.

上六, 震索索, 視[(1)]矍矍, 征凶, 震不于其躬, 于其鄰, 无咎, 婚媾有言.
「象」曰: "震索索", 中未得也, 雖凶无咎, 畏鄰戒也.[266]

상육은 우레로 움츠러들고 보는 것이 불안하니 나아가면 흉하다. 우레가 자신에게 이르지 않고 이웃에게 이르렀을 때 (경계하면) 허물이 없다. 혼인에는 말이 있을 것이다. 「상전」에서 말했다. "우레로 움츠러드는" 것은 중을 얻지 못했기 때문이다. 비록 흉하지만 허물이 없는 것은 이웃의 경우를 두려워하여 경계하기 때문이다.

51.6 危以動, 懼以語, 无交而求, 則民弗與也, 故以征則凶, 能以鄰爲懼, 則可免咎. 鄰謂五也, 五旣附四, 己或與焉, 則招悔而有言矣, 能以鄰爲戒, 不待及身而戒則无咎.

|번역| 위태로워하며 움직이고 두려워하며 말하고 교제가 없이 구하면 백성들이 함께하지 않는다. 그러므로 나아가면 흉하지만, 이웃을 두려워할 수 있으면 허물은 면할 수 있다. 이웃은 육오를 말한다. 육오는 이미 구사에 붙어 있는데, 상육 자신이 혹여 거기에 간여하면 후회를 초래하고 말이 있게 된다. 이웃을 경계로 삼을 수 있어 자신에게 미칠 때를 기다리지 않고 경계하면 허물이 없을 것이다.

|해설| 상육은 우레가 치는 것 같은 위태로운 상황에서 움츠러들며 두려워한다. 그래서 장재는 상육의 경우 백성과 소통하지 않고 모든 언행이 이루어짐으로써 흉하게 된다고 한다. 이웃을 두려워하면 허물이 없을 것이라는 말을 일반적으로는 우레 같은 위태로운 것이 이웃에 이르렀을 때 그 상황을 보고 두려워하며 경계

266 (1)矍矍(확확): 눈을 두리번거리며 불안해하는 모습.

로 삼으면 허물이 없을 것이라고 해석한다. 이와는 약간 다르게 장재는 이 말을 육오가 이미 구사와 가까운데 그 사이에 끼어드는 일이 없도록 해야 한다는 뜻으로 해석했다. 이러한 해석은 상구의 마지막 구절, 즉 혼인에 말이 있게 된다는 구절을 염두에 두었기 때문인 것으로 보인다.

52

간

艮 ䷳

艮其背, 不獲其身, 行其庭, 不見其人. 无咎.

그 등에서 그치면 그 몸을 얻지 못하고, 그 뜰에서 거닐어도 그 사람을 보지 못하니, 허물이 없다.

52.1 雖處(1)喧哄, 亦無害於爲學. 有人於此, 或日月而至焉, 亦有終日而不至者, 及其久也, 去者常少. 若居於家, 聞嬰孩之啼則有不忍之心, 聞奴婢喧戾則猶有不容之意, 至於市井(2)紛囂一不與我事, 何傷於存誠養志!『易』曰: "艮其背, 不獲其身; 行其庭, 不見其人, 無咎." 夫入他人之庭, 不見其人可止也, 艮其背至近於人也, 然且不見, (3)以其上下無應也. "時止則止, 時行則行, 動靜不失其時, 其道光明", 學者必時其動靜, 則其道乃不蔽昧而明白. 今人從學之久, (4)不見進長, 正以莫識動靜, 見他人(5)擾擾, 非關己事而所修亦廢. 由聖學觀之, 冥冥(6)悠悠, 以是終身, 謂之光明可乎?[267]

| 번역 | 떠들썩한 데 있더라도 공부를 하는 데는 악영향이 없다. 여기에 어떤 사람이 있다고 할 때 혹자는 매일 매달 그런 상태에 이르기도 하지만 종일토록 이르지 못하는 자도 있는데, 그것이 오래됨에 이르러서는 그런 상태에서 벗어나는 자는 늘 적다. 집에 머물 경우 어린 아이의 울음소리를 들으면 차마 두고 보지 못하는 마음이 생기고, 노비들이 시끄럽고 사납게 굴면 허용하지 못하는 마음이 생기지만, 저자의 번잡스럽고 소란스러움에 이르러서는 하나도 나의 일과는 관련이 없으니 진실함을 보존하고 뜻을 기르는 데 무슨 해가 됨이 있겠는가! 『주역』에서는 "그 등에서 그치면 그 몸을 얻지 못하고, 그 뜰에서 거닐어도 그 사람을 보지 못하니, 허물이 없다"고 했다. 타인의 뜰에 들어가더라도 그 사람을 보지 않으면 그칠 수 있으니, 그 등에서 그치는 것은 타인에게 지극히 가까워진 것이지만, 보지 못하는 것은 그 위아래가 응함이 없기 때문이다. "머물 때는 머물고 행할 때는 행하여 움직이고 고요함이 그 때를 잃지 않으면 그 도가 밝게 빛난다"고 했다. 배우는 자가 필연코 그 움직임과 고요함을 때에 알맞게 하면 그 도는 가려져 어둡지 않고 명백해진다. 지금 사람이 학문에 종사한 지 오래되었어도 진보와 성장을 하지 못하는 것은 바로 움직일 때와 고요할 때를 알지 못하기 때문이다. 타인의 어수선한 모습을 보고는 자기 일과 관련된 것이 아닌데도 닦던 일을 폐해 버린다. 성학(聖學)의 관점에서 보건대 무지몽매하고 하는 일 없이 한가함으로 일생을 마치는 것을 밝게 빛난다고 할 수 있겠는가?

| 해설 | 간(艮)은 그친다는 뜻이다. '그 등에서 그치면 그 몸을 얻지 못한다'는 말은 일반

267 (1)喧哄(훤홍), 떠들썩하다. 시끄럽다. (2)紛囂(효), 번잡스럽고 소란스럽다. (3)以其上下無應也: 초육과 육사가 상응하지 않음을 가리킨다. (4)不見進長, 진보와 성장을 보지 못하다. (5)擾擾, 어지럽고 어수선한 모습. (6)悠悠, 하는 일 없이 한가한 모습.

적으로는 등처럼 고요한 마음을 유지하는 데서 내 마음이 멈추면 몸의 감각적 욕망이 지나치게 작동하지 못한다는 뜻으로 풀이한다. '그 뜰에서 거닐어도 그 사람을 보지 못한다'는 말도 사람들이 오가는 뜰에서도 서로 등지고 있기 때문에 서로 상대를 보지 못한다는 뜻으로 이해한다. 간괘의 모든 효들이 서로 상응하지 않기 때문에 이렇게 설명한다. 장재의 경우는 학문을 하는 자가 어떤 외부의 요인에도 방해받지 않고 자신의 고요한 마음을 유지하는 측면에서 이 단락을 설명한다. 이 마음을 고요하게 유지하는 수준은 처음에는 사람마다 제각각이지만, 오랫동안 노력하면 고요해져 진실한 마음의 본체를 보존하는 데 외부의 요소는 거의 아무런 장애가 되지 못한다. 이런 이해에 근거해 '그 뜰을 거닐어도 그 사람을 보지 못한다'는 구절을 그는 몸은 비록 서로 등을 맞댈 정도로 가까이 있지만, 서로를 보지 않고, 자기 내면의 고요함을 유지함을 뜻한다고 설명한다. 고요할 때 고요하고 움직일 때 움직일 줄 알아야 비로소 진리가 밝게 드러난다.

「彖」曰: 艮, 止也. 時止則止, 時行則行, 動靜不失其時, 其道光明. 艮其止, 止其所也. 上下敵應, 不相與也, 是以"不獲其身, 行其庭, 不見其人, 无咎"也.

「단전」에서 말했다. 간은 그침이다. 그칠 때이면 그치고 행할 때이면 행하여 움직임과 고요함이 그 때를 잃지 않으니, 그 도가 밝게 빛난다. 그 그침에 그친다는 것은 그 그칠 곳에 그친다는 뜻이다. 상하가 적대적으로 응하여 서로 함께하지 않는다. 이에 "그 몸을 얻지 못하고 그 뜰에서 거닐어도 그 사람을 보지 못하니, 허물이 없다"고 한다.

52.2 [動靜不失其時, 是時措之宜也, 集義也, 集義久則自有光明. 靜則無見, 必動乃見, 其道光明, 以其本之光明, 故其發也光明.][268]

|번역| 움직이고 고요함이 그 때를 잃지 않는다는 것은 때에 따라 조치하는 것이 적절함이요, 의를 모음을 뜻한다. 의를 모으는 일이 오래되면 자연히 밝게 빛남이 생겨난다. 고요하면 보는 일이 없으니 반드시 움직여야 보인다. 그 도가 밝게 빛나는 것은 그 근본이 밝게 빛나기 때문이다. 그러므로 그것이 발하면 밝게 빛난다.

|해설| 그치는 일이든, 움직이는 일이든 그 모든 것은 그래야 할 적절한 때가 있다. 이 시간적 조건을 면밀히 살펴 적절하게 판단하고 행동하는 것은 곧 시의에 따라 판단하고 행동하는 것이다. 그런 의미에서 장재는 『주역』의 시의와 맹자의 집의(集義)를 하나로 회통시켰다. 또 시의가 축적되면 도는 자연스럽게 밝게 드러나며, 그것이 밝게 드러나는 까닭은 도 자체가 본래 밝은 것이기 때문이라고 했다.

52.3 『易』言"光明"者, 多艮之象, 著則明之義也.

|번역| 『주역』에서 "밝게 빛난다"고 말하는 것은 많은 경우 간(艮)의 형상이다. 드러나면 밝아진다는 뜻이다.

|해설| 『주역』에서 '밝게 빛난다(光明)'는 말이 간(艮)의 형상에서 많이 출현하는 이유는 간(艮), 그침(止), 다시 말해 내면의 고요함이 유지되어야 도가 밝게 빛난다고 생각했기 때문이다.

「象」曰: 兼山, 艮, 君子以思不出其位.

268 〈중화 주석〉 이 조목은 일문(佚文)(『장재집』 243쪽)에서 옮겨와 여기에 집어넣었다.

「상전」에서 말했다. 중첩된 산이 간이니, 군자는 이를 본받아 생각함이 그 위치를 벗어나지 않는다.

52.4 位, 所安之分也. 如(1)"素夷狄行乎夷狄, 素患難行乎患難.[269]"

|번역| 위치란 편안히 여기는 바의 본분이다. 예컨대 "오랑캐의 위치에 처하면 오랑캐의 위치에서 할 일을 하고, 환란 중에 처하면 환란 중에 해야 할 일을 하는" 것이다.

|해설| 두 개의 산이 중첩되어 있는 간괘는 멈춘다는 뜻과 함께 장중한 느낌 또한 준다. 그런 느낌으로부터 군자는 자신의 사회적 위치, 즉 처지나 본분을 지키며, 그 위치에서 해야 할 일을 다하는 자세를 가질 것을 생각한다.

初六, 艮其趾, 无咎, 利永貞. 「象」曰: "艮其趾", 未失正也. 六二, 艮其腓, 不拯其隨, 其心不快. 「象」曰: "不拯其隨", 未退聽也.

초육은 그 발꿈치에서 그치니 허물은 없되 영원토록 바르면 이롭다. 「상전」에서 말했다. "그 발꿈치에서 그친다"는 것은 아직 바름을 잃지 않은 것이다. 육이는 그 장딴지에서 그치니 구제하지 못하고 그것을 따르니, 그 마음이 불쾌하다. 「상전」에서 말했다. "구제하지 못하고 따르는" 것은 물러나 따르지 못하기 때문이다.

269 (1)『중용』 14장, "오랑캐의 위치에 처하면 오랑캐의 위치에서 할 일을 하고, 환란 중에 처하면 환란 중에 해야 할 일을 한다. 군자는 어떤 처지에 들어가서도 자득하지 않음이 없다."(素夷狄, 行乎夷狄, 素患難, 行乎患難. 君子無入而不自得焉.) 素, 處와 같다. ~에 처함을 뜻한다.

52.5 腓, 體之隨也, 不能禁其趾而徒止其腓, 腓所未聽, 故心不能快.

| 번역 | 장딴지는 몸의 따라가는 부위이니, 그 발꿈치를 금하지 못하고 다만 그 장딴지만 멈추되, 장딴지가 말을 듣지 않으므로 마음이 유쾌할 수 없다.

| 해설 | 육이는 장딴지를 상징하는데, 장딴지가 구제하지 못하는 대상을 일반적으로는 구삼으로 이해하나, 장재는 그것을 초육이라고 했다. 구삼이든 초육이든 장딴지는 그 자신이 능동적으로 다른 이를 움직이지 못하도록 금하는 일은 할 수 없다. 장재의 설명처럼 단지 자신만을 그치려고 하지만 이마저도 말을 듣지 않고 다른 것을 따라 움직이게 되어 있으니 유쾌하지 않다.

九三, 艮其(1)限, (2)列其(3)夤, 厲薰心. 「象」曰: "艮其限", 危薰心也.[270]

구삼은 그 허리에 그쳐 그 등골의 살을 갈라놓으니 위태로워 마음을 태운다. 「상전」에서 말했다. "그 허리에 그치니" 위태로워 마음을 태운다.

52.6 一身而動止中列, 危至薰心.

| 번역 | 하나의 몸인데 움직임이 멈추어 가운데가 갈라지니, 위태로움이 마음을 태우는 데 이른다.

270 (1)限, 하반신의 한계. 여기서는 허리를 가리킴. (2)列, 裂과 같음. 갈라지다. (3)夤(인), 등골살.

|해설| 구삼은 인체로는 허리에 해당한다. “허리에 그친다”는 것은 움직임이 몸의 한가운데에서 그친다는 뜻이다. 이로 인해 몸의 위아래가 원활히 소통하지 못하여, 등골의 살이 갈라지는 위태로운 지경에 이른다.

六四, 艮其身, 无咎. 「象」曰: “艮其身”, 止諸躬也.

육사는 그 몸에서 그치니 허물이 없다. 「상전」에서 말했다. “그 몸에서 그친다”는 것은 자기 몸(躬)에서 그친다는 뜻이다.

52.7 止於心, 故能艮其身, 咸之九四“朋從爾思”義近之.

|번역| 마음에서 그치므로 그 몸에서 그칠 수 있다. 함괘 구사의 “벗이 너의 생각을 따른다”는 뜻에 가깝다.

|해설| 육사는 바른 위치에 있으면서 구삼의 잘못된 움직임에 영향을 받지 않고 그치는 자이다. 그런 이유로 그 몸에서 그치니 허물이 없다고 했다. 장재는 마음이 통제할 수 있어야 몸도 그친다는 생각에서 위와 같이 말했다. 함괘 구사의 뜻이 이와 가깝다는 말은 벗이 너의 생각을 따르듯이, 몸은 마음을 따른다는 뜻이다.

六五, 艮其輔, 言有序, 悔亡. 「象」曰: “艮其輔”, 以中正也.

육오는 그 볼에서 그치니, 말에 순서가 있어 뉘우침이 없을 것이다. 「상전」에서 말했다. “그 볼에 그치는” 것은 중으로 바르기 때문이다.

52.8 不能施止於心而能止其言, 故悔可亡也.

|번역| 실행이 마음에서 그칠 수 없고 그 말에서 그칠 수 있어서 뉘우침이 없을 수 있다.

|해설| 볼은 입에 가까이 있고, 입은 말을 하는 기관이다. 그래서 볼에서 그친다는 말은 아무 말이나 막 하지 않고 말을 조리 있게 책임감 있게 한다는 뜻이다. 이를 장재는 마음에서부터 제대로 통제하지 못해 이런저런 적절하지 못한 생각이 떠오르더라도 그것을 실제 말로 발설하지 않음으로써 뉘우침은 없을 것이라는 의미로 설명했다.

上九, 敦艮, 吉. 「象」曰: 敦艮之吉, 以厚終也.

상구는 독실하게 그치니 길하다. 「상전」에서 말했다. 독실하게 그침의 길함은 돈후하게 마치기 때문이다.

|해설| 상구는 간괘 여러 효들의 그침이 쌓여 마지막에 이른 때이다. 그러므로 그 그침이 독실, 돈후하다. 흔히 만년에 이를 때까지 일관되고 독실하게 그 지조를 지키는 것을 가리킨다.

53

점

漸䷴

漸. 女歸吉, 利貞. 「彖」曰: 漸之進也, 女歸吉也. 進得位, 往有功也, (1)進以正, 可以正邦也. 其位, 剛得中也, 止而巽, 動不窮也.[271]

점(漸). 여자가 시집가면 길하니 바르면 이롭다. 「단전」에서 말했다. 점진적으로 앞으로 나아가니, 여자가 시집가면 길하다. 나아가 지위를 얻으니, 나아가면 공이 있고, 바름으로 나아가면 나라를 바르게 할 수 있다. 그 위치는 강이 중을 얻음이다. 그치고 겸손하면 움직일 때 궁하지 않다.

53.1 漸者, 天地之施交. "女歸吉", "進得位", 皆指六四.

|번역| 점(漸)이란 하늘과 땅이 교감을 하는 것이다. "여자가 시집가면 길하

271 (1)進以正, 可以正邦也: 육사가 바르게 나아가면 사회적으로도 나라를 바르게 하는 선한 영향력을 발휘할 수 있음을 뜻한다.

다"고 하고 "나아가 지위를 얻는다"고 하는 것은 모두 육사를 가리킨다.

|해설| 점은 점진적이라는 뜻이다. 이 괘에서는 주로 여자가 시집가는 예를 가지고 일이 점진적으로 이루어져야 함을 이야기한다. 여자가 시집을 가는 데 필요한 절차는 점진적일 수밖에 없다. 또 사회적으로 나라의 풍속을 바로잡는 일도 점진적일 수밖에 없다. 장재는 이 두 가지 일을 주도하는 주체가 모두 육사라고 했다. 육사는 바른 위치에서 부드러운 덕으로 점진적으로 나아가기 때문에 그렇게 말하였다.

「象」曰: 山上有木, 漸. 君子以居賢德善俗.

「상전」에서 말했다. 산 위에 나무가 있으니 점(漸)이다. 군자는 이를 본받아 어진 덕에 거하며 풍속을 선하게 한다.

53.2 居可久之德, 難從無徵之德, 君子不以責人. 君子以賢德自居, 不強率人, 待其心回, 故善俗自然. 一作不可推行無徵難從之德.

|번역| 오래갈 수 있는 덕에 거하며 징험이 되지 않은 덕을 따르는 것은 어려우니 군자는 그것으로 사람을 책임 지우지 않는다. 군자는 어진 덕으로 스스로 거하되, 억지로 사람들을 통솔하지 않고 그들이 마음을 돌이키기를 기다린다. 그러므로 풍속을 선하게 하는 것이 자연스럽다. 어떤 곳에서는 경험이 없고 따르기 어려운 덕을 밀고 나가 행할 수는 없다고 되어 있다.

| 해설 | 점괘의 하괘인 간은 산을 상징하고, 상괘인 손은 나무를 상징하므로 산 위에 나무가 있다고 했다. 산 위에 있는 나무의 자라남은 점진적이다. 이를 따라 배우는 군자가 풍속을 변화시키기 위한 행동을 할 때에도 점진적 변화의 원칙을 지켜야 한다. 군자는 사람들에게 덕이 변치 말고 오래 지속되기를 요구하거나 쉽게 징험되지 않는 높은 수준의 덕을 성숙시키기를 강요하지 않는다. 다만 그들이 스스로 회심하여 자연스럽게 변하도록 한다.

初六, (1)鴻漸于(2)干, (3)小子厲, 有言, 无咎. 「象」曰: "小子之厲", 義无咎也.[272]

초육은 기러기가 점차 물가로 간다. 어린아이가 위태로워 말이 있으나 허물은 없다. 「상전」에서 말했다. "어린아이가 위태로우나" 의리상 허물은 없다.

53.3 鴻爲水鳥, 漸進之始, 出至于干. 鴻鵠之志非小子所量, 見其出陸, 爭欲危之, 且疑其所處, 非君子信己而行, 義无咎也.

| 번역 | 기러기는 물새인데 점차 나아가는 시초에 나와서 물가에 이른다. 기러기의 뜻은 어린아이가 헤아릴 바가 아닌데, 그것이 육지로 나오는 것을 보고는 다투어 위태롭게 만들려고 하고, 게다가 그 처해 있는 상황을 의심하지만, 군자는 자신을 믿고 행하는 것이 아니므

272 (1)鴻(홍), 기러기. (2)干, 물가. (3)小子厲, 有言: '어린아이가 위태로워 말이 있다'는 구절에 대해서는 상이한 이해가 존재한다. 초육의 어린아이가 어른인 육사의 도움을 받아야 하지만 그러지 못함으로 인해 원망하는 말을 한다고 해석되기도 한다. 이와는 달리 장재는 이 구절을 어린아이가 기러기를 위태롭게 만들려고 하는 것으로 이해했다.

로 의리상 허물이 없다.

| 해설 | 장재는 기러기를 군자로, 어린아이를 소인으로 이해해 기러기가 물가에 이르렀다는 구절과 어린아이가 위태롭다는 구절을 연결된 것으로 보았다. 그리하여 위 조목은 기러기로 상징되는 군자가 물가와 같이 낮은 자리에 이르니, 어린아이 같은 소인은 군자의 뜻을 헤아리지 못하고, 그저 군자가 낮은 자리로 온 것만을 보고는 그를 위태롭게 만들려고 하고 그의 미미한 처지를 보고는 그의 위상을 의심함을 뜻한다. 하지만 군자가 물가로 나아간 것은 소인을 믿고 그렇게 한 것은 아니니 허물은 없다.

六二, 鴻漸于磐, 飮食(1)衎衎, 吉. 「象」曰: "飮食衎衎", 不(2)素飽也.[273]

육이는 기러기가 점차 반석으로 나아가니 먹고 마시는 것이 즐거워 길하다. 「상전」에서 말했다. "먹고 마시는 것이 즐겁지만" 헛되이 배부르지 않다.

53.4 衎衎, 和樂貌. 飮食和樂, 不徒飽而已, 言獲志之多也.

| 번역 | 간간(衎衎)은 화락하는 모습이다. 먹고 마시는 것이 화락하니, 단지 배만 부른 것이 아니고, 뜻을 얻음이 많음을 뜻한다.

| 해설 | 육이는 신하로서 구오의 군주와 상응한다. 기러기로 상징되는 신하가 군주를 도와 국가를 점차 반석 위에 올려놓는 것을 뜻한다. 따라서 기러기가 먹고 마시며 즐거워한다는 것은 단지 배불리 먹는 것만을 뜻하지 않고, 그 정치적 뜻 역시

273 (1)衎衎(간간), 즐거운 모습. (2)素, 헛되다.

상당히 실현함을 뜻한다.

九三, [(1)]鴻漸於陸, [(2)]夫征不復, [(3)]婦孕不育, 凶, 利禦寇. 「象」曰: "夫征不復", 離羣醜也, "婦孕不育", 失其道也, "利用禦寇", 順相保也.[274]

구삼은 기러기가 점차 육지로 나아가는 것이니, 남편은 나아가면 돌아오지 못하고, 부인은 임신을 해도 기르지 못하여 흉하다. 도적을 막는 것이 이롭다. 「상전」에서 말했다. "남편이 나아가면 돌아오지 못하는" 것은 무리를 벗어나 추한 것이다. "부인이 임신을 해도 기르지 못하는" 것은 그 도를 잃은 것이다. "도적을 막는 것이 이롭다"는 것은 유순하여 서로 지키는 것이다.

53.5 漸卦九三六四易位而居, 三離上卦, 四離下體, 故曰"夫征不復, 婦孕不育", 然相與之固, 物莫能間, 故利用禦寇. "征不復"者, 變爲艮且得位也, 如六四之得[(1)]桷; 三四非正合, 故曰"失其道"也.[275]

| 번역 | 점(漸)괘는 구삼과 육사가 위치를 바꾸어 머무르는 것으로, 구삼은 상괘를 벗어나 있고, 육사는 하체를 벗어나 있다. 그리하여 "남편은 나아가면 돌아오지 못하고, 부인은 임신을 해도 기르지 못한다"고

274 (1)鴻漸於陸: 구삼은 지나치게 강하고, 위로 응하는 것도 없다. 그래서 함부로 나아가서는 안 되는데도 나아가니, 구삼과 육사가 비정상적으로 결합한다. (2)夫征不復: 나아가 비정상적으로 결합했기 때문에 남편은 그가 본래 속해 있었던 집단으로 돌아오지 못한다. (3)婦孕不育: 부인은 임신을 하지만, 낳은 아이를 정상적으로 기르지 못한다.

275 (1)桷(각), 원뜻은 서까래. 서까래는 처마 위에 기와를 얹고 있는 장방형의 나무판을 가리킨다. 육사에서는 평평한 나뭇가지를 뜻한다.

했다. 하지만 서로 함께하는 것이 단단하여, 외물이 간여함이 없다. 따라서 도적을 막는 것이 이롭다. "나아가면 돌아오지 못하는" 것은 간(艮)괘로 변하여 위치를 얻는 것이다. 육사가 평평한 나뭇가지를 얻는 것처럼 말이다. 구삼과 육사는 올바른 결합이 아니다. 그러므로 "그 도를 잃었다"고 했다.

| 해설 | 장재는 구삼이 육사와 비정상적으로 결합하는 것을 원래는 태䷊괘였는데, 삼과 사가 위치를 바꾸어 점䷴괘의 상태로 머무르는 것이라 설명한다. 구삼은 상괘의 무리를 벗어나 있고, 육사는 하체를 벗어나 있다. 비록 비정상적이기는 하지만 둘의 결합은 견고해 아무도 그 둘 사이에 끼어들지 못한다. 그래서 도적을 막는 것이 이롭다고 설명한다.

六四, 鴻漸於木, 或得其桷, 无咎. 「象」曰: "或得其桷", 順以巽也.

육사는 기러기가 점차 나무로 나아가니 혹 그 평평한 나뭇가지를 얻으면 허물이 없을 것이다. 「상전」에서 말했다. "혹 그 평평한 나무판을 얻는" 것은 유순하고 겸손하기 때문이다.

53.6 木非鴻所居, 如六四之易位而在上也, 然本坤之爻, 進而爲巽, 故或得其桷, 居之可安也. 順巽則衆所與也, 故得所安.

| 번역 | 나무는 기러기가 기거할 곳이 아니니, 이는 육사가 위치를 바꾸어 위에 있는 것과 같다. 하지만 본디 곤(坤)의 효가 나아가 손(巽)이 된 것이니, 혹 평평한 나뭇가지를 얻어 거기에 기거하면 편안할 수 있다. 유순하고 공손하면 뭇사람들이 함께하는 바이다. 그러므로 편

안할 곳을 얻는다.

| 해설 | 기러기는 발톱이 없어서 나무 위에 앉는 것이 적합지 않다. 장재는 이를 본디 곤괘의 육삼이었던 것이 위치를 바꾸어 육사가 된 것이라 설명한다. 하지만 본디 곤이었던 것이 손으로 바뀐 것으로, 그것이 의미하는 바는 본디 유순한 태도를 갖고 있던 것이 점차 위로 나아가되 여전히 공손한 자세를 유지함이다. 그런 태도를 보이기 때문에 평평한 나뭇가지처럼 편안히 의존할 수 있는 백성들을 얻을 수도 있다.

九五, 鴻漸於陵, (1)婦三歲不孕, 終莫之勝, 吉. 「象」曰: "終莫之勝吉", 得所願也. 上九, 鴻漸於陸, 其羽可用爲儀, 吉. 「象」曰: "其羽可用爲儀吉", 不可亂也.[276]

구오는 기러기가 점차 언덕으로 나아가니, 부인이 3년 동안 임신을 못 하지만, 마침내 (구삼과 육사가) 이기지 못하니, 길하다. 「상전」에서 말했다. "마침내 (구삼과 육사가) 이기지 못하니 길하다"는 것은 원하던 바를 얻는다는 뜻이다. 상구는 기러기가 점차 육지에서 날아오르니, 그 날개는 모범으로 삼을 만하여 길하다. 「상전」에서 말했다. "그 날개는 모범으로 삼을 만하여 길하다"는 것은 어지러울 수 없기 때문이다.

53.7 無應於下, 羽潔無(1)汙, 且處於高, 故曰漸陸.[277]

276 (1)婦三歲不孕, 終莫之勝, 吉: 구오는 육이와 상응하지만, 구삼과 육사가 가로막고 있어 바라는 바를 실현하는 데 장애가 된다. 하지만 결국은 이들의 방해를 이겨 내고 육이와 결합한다.

277 (1)汙(오), 더럽다.

|번역| 아래에서 응하는 것이 없고 날개는 깨끗해 더러운 것이 없으며 높은 곳에 처하므로 점차 육지에서 날아오른다고 했다.

|해설| 상구의 육(陸)은 규(逵)라 하여 구름길을 뜻한다고 해석하곤 한다. 장재는 그런 뜻이라고 명시적으로 언급하지 않았으므로 여기서는 육지라고 그대로 풀이한다. 다만 날개가 언급된다는 점에서 육지에서 기러기가 높이 날아가는 형상이라고 이해했다. 보통 기러기가 모범으로 삼을 만한 점은 그것이 무리 속에서 질서를 지어 날아가고, 짝을 버리지 않는다는 것이다. 그런데 장재는 그런 점을 언급하기보다는 상구는 아래에 상응하는 것이 없다는 점에 착안하여 홀로 깨끗하고 고고한 사람을 상징하는 것으로 이해했다.

54

귀매

歸妹䷵

(1)歸妹. 征凶, 无攸利. 「彖」曰: 歸妹, 天地之大義也. 天地不交, 而萬物不興, 歸妹, 人之終始也. 說以動, 所歸妹也, "征凶", 位不當也, "无攸利", 柔乘剛也.[278]

귀매(歸妹). 나아가면 흉하니, 이로운 바가 없다. 「단전」에서 말했다. 귀매는 천지의 대의이다. 천지가 교제하지 않으면 만물이 흥기하지 않으니, 귀매는 사람의 끝과 시작이다. 기뻐하며 움직이니, 시집가는 어린 동생이다. "나아가면 흉한 것"은 위치가 부당하기 때문이다. "이로운 바가 없는 것"은 유가 강을 타고 있기 때문이다.

54.1 泰之九三進而在四, 六四降而在三, 故曰"天地之大義"也. 然泰道

278 (1)歸妹. 征凶, 无攸利: 귀매는 시집가는 어린 동생이라는 뜻이다. 시집가는 일이라면 일반적으로 길하다고 하는데, 왜 여기서는 나아가면 흉하다고 하는가? 일반적으로는 두 측면에서 그 이유를 제시한다. 하나는 이효에서 오효까지 모두 위치가 부당하다는 점이고, 다른 하나는 육삼과 육오가 모두 유로서 강을 타고 있다는 점이다.

將終, 征將爲否, 故曰"凶."

|번역| 태(泰)괘의 구삼이 전진해 사에 있게 되고, 육사는 하강해 삼에 있게 되므로 "천지의 대의"라고 했다. 그러나 태평한(泰) 도가 장차 종결되면 나아감은 장차 막히게 되므로 "흉하다"고 했다.

|해설| 장재는 괘변설에 근거해 귀매괘가 흉한 이유를 설명했다. 귀매괘䷵는 태괘䷊의 구삼과 육사가 자리를 바꾼 모양을 하고 있다. 음양이 교감한 것이므로 천지의 만물을 낳고 기르는 대의를 따른 것이라 할 수 있다. 그 점에서 보면 어린 동생이 시집을 가는 것도 남편과 새 생명을 낳고 기르는 새로운 생을 시작하는 것이라 할 수 있다. 하지만 태괘가 귀매괘로 변했다고 함은 음과 양이 원활하게 소통하던 태평한 시대가 끝나고 양자 사이에 막힘이 있는 시기로 넘어감을 뜻하기도 한다. 그런 이유에서 흉하다는 것이다.

54.2 三五皆乘剛, 必退反乃吉.

|번역| 삼효와 오효는 모두 강을 타고 있으니, 반드시 물러나 돌아와야 길하다.

54.3 歸妹與革, 均是澤爲大卦, 義不相干, 故[(1)]革具四德而歸妹初不言德也. 妹者是少女之稱也, 對長男而言之, 故言少女. 先儒謂[(2)]姪娣之義於卦不見, 於爻辭則有君與娣之稱. 長男而與長女, 是人之常也; 少女而與少男, 是人之感也. 說以動須是歸妹, 聖人直是盡人情.[279]

|번역| 귀매괘와 혁괘는 모두 못을 대괘로 삼고 있지만, 의미는 서로 관련이 없다. 그리하여 혁은 원형리정의 사덕을 갖추고 있지만 귀매괘는 애초부터 덕을 말하지 않았다. 매(妹)란 어린 여자의 칭호로, 성년의 남자에 상대되어 말하여 어린 여자라 한다. 선대 유자는 시첩 사이의 의리는 괘사에서는 보이지 않지만, 효사의 경우에는 정실(君)과 제첩(娣)의 칭호가 있다고 했다. 성년의 남자가 성년의 여자와 함께하는 것은 사람의 통상적인 일이요, 어린 여자가 어린 남자와 함께하는 것은 사람의 교감이다. 기뻐하면서 움직이는 것은 시집가는 여동생이니, 성인은 다만 인정을 다할 따름이다.

|해설| 어린 여자가 성년의 남자와 혼인을 하는 것은 옛날에도 그리 정상적인 상황은 아니었다. 춘추시대에는 제후에게 시집을 보낼 때 자신의 딸과 함께 여동생을 딸려 보내 시첩으로 삼게 하는 일이 종종 있었는데, 그런 일들은 괘사에는 잘 보이지 않고, 효사에는 관련된 호칭과 일들이 기록되어 있다. 왜 귀매괘의 괘사가 좋지 않은지 그 숨어 있는 이유를 설명하는 대목이다. 장재는 어린 남녀 간에 결합하는 일도 사람 사이의 교감이라고 했다. 가끔 어린 여성이 주동적으로 성인인 남성을 좋아하는 경우가 있는데, 이럴 때 성인은 다만 인간의 정상적인 감정에 따라 행동할 뿐이라고 했다.

「象」曰: 澤上有雷, 歸妹, 君子以永終知敝.

「상전」에서 말했다. 못 위에 우레가 있으니 귀매이다. 군자는 이를

279 (1)革具四德: 혁괘의 괘사에 원형리정의 사덕이 갖추어져 있는 것을 가리킨다. "혁革. 시기가 무르익은 날이어서 믿으니, 크게 형통하고 바르면 이로우며 후회가 없을 것이다."(革. 巳日乃孚, 元亨利貞, 悔亡.) (2)姪娣, 제후의 시첩. 주로 춘추시대에 귀족들이 자신의 딸을 제후에게 시집보낼 때 질녀와 여동생을 함께 딸려 보내 시첩으로 삼게 했는데, 질제는 이 제후의 시첩을 가리킨다.

본받아 끝까지 영원히 하되 폐단을 안다.

54.4 永常禮之終, 知人情之敝.

|번역| 영원한 예의 끝을 영구히 하고 인정의 폐단을 안다.

|해설| 귀매는 위에서 우레가 치고 아래의 못에 있는 물이 거기에 감응하는 형상으로, 음기가 양기를 기뻐하며 따르는 것, 어린 여동생이 시집감을 상징한다. 이런 형상을 보고 군자는 불변하는 예가 처음부터 끝까지 영구히 보존되도록 하는 한편, 인간의 감정이 지닌 폐단을 잘 알아 그것이 쌓이지 않도록 한다.

初九, 歸妹以(1)娣, 跛能履, 征吉. 「象」曰: "歸妹以娣", 以恒也, "跛能履吉", 相承也.[280]

초구는 여동생을 제첩(娣妾)으로 시집보낸다. 절름발이처럼 걸을 수 있으니, 나아가면 길하다. 「상전」에서 말했다. "여동생을 제첩으로 시집보낸 것"은 항구적인 도로 하는 것이요, "절름발이처럼 걸을 수 있으니 길하다"는 것은 도와 받들기 때문이다.

54.5 陽處於上, 不可不隨, 故征吉, 以兌應震, 合卦之義, 常道也. 爻爲陽故能履, 非匹故跛.

280 (1)娣, 제후에게 시집보낼 때 언니는 정부인으로 여동생은 첩으로 삼게 하는 일이 있었는데, 이 여동생인 첩을 제첩(娣妾)이라 칭했다.

|번역| 양이 위에 처해 있으니 따르지 않을 수 없다. 그러니 나아가면 길하다. 태(兌)의 기쁨으로 진(震)의 움직임에 응하니 괘의 의미에 합치되고 영원한 도이다. 효가 양이므로 걸을 수 있지만, 짝이 아니므로 절름거린다.

|해설| 장재의 말처럼 위에 양인 제후가 있으니 따르지 않을 수 없고, 그래서 나아가면 길하다. 전체 괘상으로 보아도 귀매괘는 하괘는 기쁨을 뜻하고, 상괘는 움직임을 뜻하여, 기뻐하며 움직여 나아가는 것이니, 그와 같은 제첩의 행동은 전체 괘의 의미와도 합치되는 상도인 것이다. 이렇게 초구인 여동생은 나아갈 수 있지만, 첩인 관계로 언니를 도와 제후를 보좌하는 움직임은 절름거리는 것처럼 약하다.

九二, (1)眇能視, 利(2)幽人之貞. 「象」曰: "利幽人之貞", 未變常也.[281]

구이는 애꾸눈으로 볼 수 있으니, 숨어 사는 사람이 바르면 이로울 것이다. 「상전」에서 말했다. "숨어 사는 사람이 바르면 이로운 것"은 아직 상도를 바꾸지 않았기 때문이다.

54.6 震動乎上, 雖匹而不至, 所以眇, 陽中, 故能視. 不援上, 幽人之貞也.

|번역| 진(震)의 우레가 위에서 움직이면 비록 짝하지만 이르지 않으니 애꾸눈이요, 양으로 중이므로 볼 수 있다. 위를 응원하지 않으니, 숨어

281 (1)眇(묘), 애꾸눈. (2)幽人, 숨어 사는 사람. 은자.

사는 사람의 바름이다.

| 해설 | 구이는 육오와 상응한다. 따라서 본래는 위에서 우레가 치듯 움직이면 육오에 짝하는 것으로서 나아가야 맞을 듯하다. 하지만 구이가 그곳으로 가지 않는 것은 구이는 중정하지만 육오는 음유하며 바르지 못하기 때문이다. 그래서 구이는 육오를 응원하지 않고, 홀로 숨어 지내며 바름을 유지한다.

六三, 歸妹以(1)須, 反歸以娣. 「象」曰: "歸妹以須", 未當也.[282]

육삼은 동생을 시집보내는 데 기다려야 하니, 돌아와 제첩으로 시집간다. 「상전」에서 말했다. "동생을 시집보내는 데 기다려야 하는" 것은 합당하지 않기 때문이다.

54.7 三陰本彙征在上, 今六三反下而爲兌, 故曰"歸妹以須, 反歸以娣." 女當(1)待年於家, 今待年夫家而反歸, 故曰"未當."[283]

| 번역 | 세 음이 본래 위에서 모여 나아갔으나, 지금 육삼이 아래로 돌아와 태(兌)가 되었으므로 "여동생을 시집보내는 데 기다려야 하니, 돌아와 제첩으로 시집간다"고 했다. 여자는 마땅히 집에서 나이가 차기를 기다려 시집가야 하는데, 지금 지아비 될 자의 집에서 나이가 차기를 기다리다가 돌아와 시집을 가니 "합당하지 않다"고 했다.

| 해설 | 육삼은 유약하고 위치도 합당하지 못하다. 그래서 기다려야 하는데, 가볍게 움

282 (1)須, 기다리다.
283 (1)待年, 옛날에 여성이 시집을 가기 위해 나이가 차기를 기다리는 것.

직여 집을 나갔다가 다시 돌아와 제첩으로 시집갈 운이다. 장재의 설명은 괘변설에 근거해 하고 있다. 육삼은 본래 곤괘의 세 음효 가운데 일원으로 위쪽에 있었으나, 아래로 돌아왔다는 것이다. 그리고 그 의미를 여자가 집에서 나이가 차기를 기다린 후에야 시집갈 수 있는데, 참지 못해 가벼이 지아비 될 사람의 집에 먼저 갔다가 다시 돌아오는 것이라고 했다.

九四, 歸妹(1)愆期, 遲歸有時. 「象」曰: 愆期之志, 有待而行也.[284]

구사는 동생을 시집보내는 데 혼기를 넘기는 것이니, 늦게 시집가야 할 때가 있다. 「상전」에서 말했다. 혼기를 넘기는 뜻은 기다렸다가 가는 데 있다.

54.8 九四當速交而爲泰, 今獨後者, 三有所待也, 故曰"愆期".

|번역| 구사는 마땅히 신속히 교감하여 태평하게 되어야 하지만 지금 유독 뒤에 하는 것은 육삼이 기다리는 바가 있기 때문이다. 그래서 "혼기를 넘긴다"고 했다.

|해설| 일반적으로 구사가 혼기를 넘겨 시집가는 이유에 대해서는 그것이 상응하는 것이 없기 때문이라고 한다. 하지만 장재는 구사가 육삼과 함께한다고 하였으니, 일반적인 해석과는 다르다. 육삼이 혼기가 차기를 기다리기 때문에 구사도 기다린다는 것이다.

284 (1)愆期: 愆(건), (기한을) 어기다, 넘기다. 愆期, 혼기를 넘어 버림.

六五, 帝乙歸妹, 其(1)君之袂, 不如其娣之袂良, (2)月幾望, 吉. 「象」曰: "帝乙歸妹", 不如其娣之袂良也; 其位在中, 以貴行也.[285]

육오는 제을이 여동생을 시집보내니, 그 정실의 옷소매가 그 첩실의 옷소매만 못하다. 달이 거의 보름달에 가까워진 듯하되 길하다. 「상전」에서 말했다. "제을이 여동생을 시집보내니" 그 첩실의 옷소매보다 못한 것은 그 위치가 중에 있어 귀함으로 행하기 때문이다.

54.9 歸妹, 交泰之事備矣, (1)與泰六五同, 又於此見□□[286]爲之戒也. 以其貴行, 故戒其滿以幾望.[287] 一作又於此見新故之戒也.

| 번역 | 귀매에서 소통하여 태평하게 되는 일이 완비되니, 태괘의 육오와 같다. 또 여기에서 (혼기를 넘기는 것을) 경계함이 보인다. 그녀가 귀함으로 행하므로 그녀가 거의 보름달처럼 가득 차는 것을 경계하고 있다. 어떤 곳에서는 여기에서 새로 온 사람과 옛날부터 있던 사람의 경계함이 보인다고 했다.

| 해설 | 장재는 귀매괘의 육오가 태괘의 육오와 같은 의미임을 발견했다. 그래서 귀매 육오에 이르러 소통하여 태평하게 하는 일이 완성된다고 했다.

285 (1)君之袂, 不如其娣之袂良: 君, 정실(正室), 본처. 袂(메), 옷소매. 이 구절은 제을이 시집보낸 누이동생이 구이의 정실이 됨을 뜻한다. 그런데 육오인 정실은 겸손하기 때문에 옷차림 또한 소박하여 옷소매가 첩실의 그것보다 못할 정도이다. (2)月幾望: 달이 거의 보름달에 가까워졌다는 것은 덕이 가득 찼음을 뜻한다고 보는 사람도 있지만, 장재는 이를 혼기가 가득 차는 것을 비유한 것이라고 이해했다.

286 〈중화 주석〉 이 빠진 글자는 의심컨대 "愆期"라는 두 글자가 아닌가 한다.

287 (1)與泰六五同: 태(泰)괘의 육오는 다음과 같다. "육오는 제을이 여동생을 시집보내니 복을 받으며 크게 길하다."(六五, 帝乙歸妹, 以祉元吉.)

上六, 女承筐无實, 士(1)刲羊无血. 无攸利. 「象」曰: 上六无實, 承虛筐也.[288]

상육은 여자가 광주리를 받았으나 내용물이 없고 남자가 양을 찔렀으나 피가 안 나니, 이로운 바가 없다. 「상전」에서 말했다. 상육이 내용물이 없는 것은 빈 광주리를 받았기 때문이다.

54.10 上六與六三皆陰, 故士女無實.

|번역| 상육과 육삼은 모두 음이다. 그러므로 남자와 여자가 모두 알맹이가 없다.

|해설| 상육은 너무 높이 올라가 더는 시집갈 수 없게 된다. 이를 여자가 빈 광주리를 받은 것에 비유했다. 한편 상육과 상응하는 남자는 양을 찔러도 피가 안 난다고 했는데, 광주리의 내용물과 양을 언급한 것은 그것들이 있어야 부부가 결혼한 뒤에 그 제물을 가지고 조상에게 혼인을 고하는 제사를 지낼 수 있기 때문이다. 그런데 이것들이 모두 없다는 것은, 남녀가 모두 알맹이를 얻지 못하여 혼인이 성사되지 못했음을 뜻한다.

288 (1)刲(규), 찌르다.

55

풍

豐 ䷶

豐. 亨, 王(1)假之, 勿憂, 宜日中.[289]

풍(豐)은 형통한다. 왕이 거기에 이르니, 근심하지 말고 해가 중천에 있듯이 해야 할 것이다.

55.1 宜日中, 不宜過中也.

|번역| 마땅히 해가 중천에 있듯이 해야 하지, 중을 지나쳐서는 안 된다.

|해설| 풍은 거대함, 풍성함을 뜻한다. 이 시기에는 거대하고 풍성하게 형통하는데, 왕이 그런 일을 할 수 있으니, 그러지 못할까 걱정하지 말고, 해가 중천에 떠 만물을 두루 밝게 비추듯이 밝은 덕으로 백성을 돌보라는 뜻이다. 장재는 해가 중천에 떠 있듯이 하라는 말을 중용의 원칙을 지켜야지, 지나치게 해서는 안 된다는 뜻이라고 풀이했다.

289 (1)假, 이르다(至).

「彖」曰: 豐, 大也. 明以動, 故豐. "王假之", 尙大也, "勿憂, 宜日中", 宜照天下也. 日中則昃, 月盈則食, 天地盈虛, 與時消息, 而況於人乎? 況於鬼神乎?

「단전」에서 말했다. 풍은 거대함이다. 밝음으로써 움직이므로 풍이다. "왕이 거기에 이른다"는 것은 거대함을 숭상하기 때문이다. "근심하지 말고 해가 중천에 있듯이 해야 할 것이다"라는 말은 의당 천하를 비추어야 함을 말한다. 해가 중천에 있으면 기울고, 달이 가득 차면 줄어들고, 천지는 가득 차고 텅 비어 때와 함께 잦아들고 불어나니, 하물며 인간이랴? 하물며 귀신이랴?

55.2 月盈則食, 中弦盈之極也, 此人鬼所以惡盈禍盈也.

|번역| 달은 가득 차면 줄어드니, 중현은 가득 참의 극한이다. 이것이 사람과 귀신이 가득 차는 것을 싫어하고 가득 찬 것에 화를 내리는 까닭이다.

|해설| 풍은 풍성함 외에, 거대하다는 뜻도 있다. 괘상의 측면에서 보면 풍괘의 하괘는 이(離)로 밝음이요, 상괘는 진(震)으로 움직임이다. 밝게 움직여야 거대해진다. 사회적인 측면에서 보면 왕만이 거대한 것을 소유한 존재로서 밝은 덕을 가지고 활동해 거대한 성취를 할 수 있다. 이를 괘사에서는 해가 중천에 있듯이 하는 것으로 비유해 말했다. 그런데 이로부터 한걸음 더 나아가 「단전」에서는 중천에 있는 해도 틀림없이 기운다는 점을 지적한다. 해뿐만 아니라 달도, 천지도 그렇고, 사람도 귀신도 그렇다는 것이다. 이 지적을 이어받아 장재는 가득 차면 곧 비기 때문에 사람들은 가득 차는 것을 싫어하고 귀신 또한 가득 차는 것에 화를 내린다고 했다.

「象」曰: (1)雷電皆至, 豐, 君子以折獄致刑.[290]

「상전」에서 말했다. 우레와 번개가 모두 이르니 풍이다. 군자는 이를 본받아 옥사를 판결하고 형벌을 집행한다.

55.3 盛明如天, 大之至也, 動於上而明於下, 故折獄致刑, 民不惑矣.

| 번역 | 성대하게 밝은 것이 하늘과 같으니, 거대함이 지극한 것이다. 위에서 움직이고 아래에서 밝으니 옥사를 판결하고 형벌을 집행하여 백성은 미혹되지 않는다.

| 해설 | 거대한 하늘에서 밝은 우레와 번개가 함께 치는 것처럼 군자는 밝은 지혜로 옥사를 판결하고 과감하게 형벌을 집행한다.

初九, 遇其配主, 雖(1)旬无咎, 往有尙. 「象」曰: "雖旬无咎", 過旬災也.[291]

초구는 그 짝이 되는 주인을 만나니 비록 균등하지만 허물이 없고 나아가면 가상한 일이 있다. 「상전」에서 말했다. "비록 균등하지만 허물이 없다"는 것은 균등함을 넘어서면 재앙이 올 것이라는 뜻이다.

290 (1)雷電皆至: 풍괘는 상괘가 진(震)으로 우레이고, 하괘는 이(離)괘로 번개를 상징한다.
291 (1)旬, 여기서는 均의 뜻. 초구와 구사는 모두 똑같이 양효라는 점에서 균등하다.

55.4 所之在進, 光大其宜也, 故往而有尚. 非均是陽爻, 則(1)蔀暗之災, 與六二(2)疑疾無以異也.[292]

|번역| 가는 바가 전진함에 있으니, 마땅히 크게 빛날 것이다. 그러니 나아가면 가상한 일이 있다. 똑같이 양효가 아니라면 가려지고 어두워지는 재앙이 육이의 의심하고 미워하는 것과 다른 점이 없게 될 것이다.

|해설| 초구의 짝이 되는 주인이란 구사를 가리킨다. 그런데 이 둘은 똑같이 양이다. 일반적으로 짝이 되는 것이 똑같으면 상응하지 않는다고 하여 좋게 보지 않는다. 하지만 풍괘에서만은 같은 것끼리 서로를 인정하며 크게 되는 데 기여한다는 점에서 좋게 본다. 초구와 구사가 똑같지만, 그래야 크게 밝아져 가상한 일이 있다. 장재 역시 그런 맥락에서 둘 다 양이 아니라면 육이에서처럼 어두워지는 재앙이 있을 것이라고 했다.

六二, 豐其(1)蔀, 日中見斗, 往得疑疾, 有孚發若, 吉. 「象」曰: "有孚發若", 信以發志也.[293]

육이는 그 가리는 것을 더욱 크게 하니 해가 중천에 있을 때 북두성을 본다. 나아가면 의심과 미움을 받으니, 진실한 마음으로 발하면 길하다. 「상전」에서 말했다. "진실한 마음으로 발한다"는 것은 신실함으로 뜻을 발하는 것이다.

292 (1)蔀(부)暗, 가려지고 어두워짐. (2)疑疾, 의심하고 미워함.
293 (1)蔀(부), 차양. 햇빛을 가리는 것.

55.5 凡言往者，皆進而之上也．初進而上則(進)[遇][294]陽而有尚．二既以陰居陰而又所應亦陰，故往無所發，愈增疑疾，能不私於累，信然接物乃吉．宜日中而所應得陰，故曰“見斗”，五在君位，故以斗喻夜見之象．

|번역| 나아간다고 말하는 것은 모두 전진하여 위로 가는 것이다. 초구가 전진해 올라가면 양을 만나 가상한 일이 생긴다. 한편 육이는 음으로서 음에 머무르며 또 상응하는 것도 음이다. 그래서 나아가 발하는 바가 없고 갈수록 의심과 미움을 증가시킨다. 얽매는 것에 사사롭지 않을 수 있어 진심으로 외물과 접촉한다면 길할 것이다. 마땅히 해가 중천에 떠 있어야 하는데 상응하는 것으로 음을 얻었으니, “북두성을 본다”고 했다. 육오가 군주의 위치에 있으므로 북두성으로 밤이 나타나는 형상을 비유했다.

|해설| 육이는 본래 중정하는 존재이다. 그런데 육오가 어두운 군주여서 육이의 밝음을 가린다. 그래서 의심과 미움을 받는다. 하지만 육이가 여전히 진실한 마음을 발할 수 있다면 길할 것이라고 했다. 장재는 초구와 구사의 양끼리 만나면 가상한 일이 생기는 데 반해, 육이와 육오의 음끼리 만나면 의심, 미움 같은 어둠이 증대된다고 했다. 하지만 육이가 사사로운 마음을 제거하고 진심으로 육오를 대한다면 길할 것이라고 했다. 북두성은 육오의 어두운 군주를 상징한다. 육이가 중천에 뜬 해와 같다면 육오는 그것을 가리는 밤의 북두성 같다.

九三，(1)豐其沛，(2)日中見沬，折其右肱，无咎．「象」曰: “豐其沛”，不可大事也，“折其右肱”，終不可用也．[295]

294 〈중화 주석〉 ‘遇’는 『통지당』(通志堂)본에 근거해 고쳤다.

구삼은 그 휘장을 크게 하니, 해가 중천에 있을 때 희미한 별이 보인다. 오른쪽 팔을 부러뜨리면 허물이 없게 될 것이다. 「상전」에서 말했다. "그 휘장을 크게 하니" 일을 크게 할 수 없고, "오른쪽 팔을 부러뜨리니" 끝내 쓰일 수 없다.

55.6 所應在陰, 故曰"豐沛." 能折其右肱, 絕去上六而不累其明, 則可免咎也. 光大之上, 陰柔之終, 不可用也.

| 번역 | 상응하는 것이 음에 있으므로 "큰 휘장"이라고 했다. 오른쪽 팔을 부러뜨릴 수 있어, 상육과 단절해 떠나 그 밝음에 걸리지 않는다면 허물을 면할 수 있을 것이다. 위에서 크게 빛나는 것과 끝에서 음유한 것은 쓰일 수 없다.

| 해설 | 구삼은 밝은 지혜를 지닌 자를, 상육은 그 지혜를 가리는 자를 상징한다. 따라서 구삼과 상육의 상응은 결코 좋은 일이 아니다. 그래서 장재는 "오른팔을 부러뜨리는" 일을 상육과의 단절로 이해했다. 그래야 구삼 자신의 밝음에 누가 되지 않고 허물을 면할 수 있다는 것이다.

九四, 豐其蔀, 日中見斗, 遇其(1)夷主, 吉. 「象」曰: "豐其蔀", 位不當也, "日中見斗", 幽不明也, "遇其夷主", 吉行也.[296]

295 (1)豐其沛: 沛(패)는 旆(패)로 휘장을 뜻한다. 그렇다면 "豐其沛"는 "그 휘장을 크게 한다"는 뜻이 된다. 장재의 "豐沛" 역시 "큰 휘장"이라는 뜻이다. (2)日中見沫: 沫(매), 희미한 별, 어두운 것. 구삼은 밝지만 상응하여 나아가는 것은 상육에 있어, 큰 휘장을 드리운 것처럼 어둡다.

296 (1)夷主: 夷는 균등함, 평등함을 뜻함. 균등한 주인이란 여기서는 구사와 균등한 초구를

구사는 그 가리는 것을 크게 하니, 해가 중천에 있을 때 북두성을 본다. 대등한 주인을 만나면 길할 것이다. 「상전」에서 말했다. "그 가리는 것을 크게 한다"는 것은 위치가 부당하기 때문이고, "해가 중천에 있을 때 북두성을 본다"는 것은 어두워 밝지 않다는 뜻이며, "그 대등한 주인을 만난다"는 것은 길함이 행해지는 것이다.

55.7 無應於下, 近比於五, 故亦云"見斗"; 正應亦陽, 故云"夷主."

|번역| 아래에 상응하는 것이 없고 육오와 가까이 지내므로 여기서도 "북두성을 본다"고 했다. 바로 응하는 것 또한 양이므로 "대등한 주인"이라고 했다.

|해설| 구사는 자신이 중정하지 못하고 아래에 상응하는 것이 없다. 오직 가까이로 육오의 어두운 군주가 있다. 그래서 구이와 비슷하게 한낮에도 북두성이 보이는 어두운 때이다. "대등한 주인"이란 초구를 가리킨다. 초구는 구사와 똑같이 밝은 빛을 내는 양으로 함께하기 때문이다.

六五, 來章, 有慶譽, 吉. 「象」曰: 六五之吉, 有慶也.

육오는 빛나는 아름다운 것들을 오게 하면 경사와 영예가 있어 길할 것이다. 「상전」에서 말했다. 육오의 길함은 경사가 있음을 뜻한다.

뜻한다.

55.8 來章, 反比陽則明也; 有慶, 得配於四也.

| 번역 | 빛나는 아름다운 것들을 오게 한다는 것은 돌이켜 양을 가까이하면 밝게 된다는 뜻이다. 경사가 있다는 것은 구사에서 짝을 얻음을 뜻한다.

| 해설 | 육오는 유약하고 어두운 군주이다. 하지만 아래에서 빛나는 아름다운 덕을 지닌 신하를 오게 하면 경사와 영예가 있을 것이라 하였다. '빛나는 아름다운 것'을 무엇으로 보느냐 하는 문제에서 일반적으로는 구이로 보는 경우가 많다. 그러나 장재는 여기서 그것을 구사로 보았다.

上六, 豐其屋, 蔀其家, 闚其戶, (1)闃其无人, 三歲不覿, 凶. 「象」曰: "豐其屋", 天際翔也, "闚其戶, 闃其无人", 自藏也.[297]

상육은 그 가옥을 크게 하고 그 집을 가리니 그 문틈으로 엿보면 고요하여 사람이 없고 3년이 되도록 보이지 않으니 흉하다. 「상전」에서 말했다. "그 가옥을 크게 하는 것"은 하늘 끝까지 비상하는 것이고, "그 문틈을 엿보면 고요하여 사람이 없는" 것은 스스로 숨었기 때문이다.

55.9 豐屋蔀家, 自蔽之甚, 猶大明之世而(1)夷墨其行, (2)窮大而失居者也. 處上之極, 不交於下而居動之末, 故曰"天際翔"也.[298]

297 (1)闃(격), 고요함, 조용함.

298 (1)夷墨, 夷는 『맹자』에 나오는 묵가학파의 이자(夷子)를 가리킨다. 『孟子』, 「滕文公上」, "저는 이자께서 묵가라고 들었습니다."(吾聞夷子墨者.) 따라서 夷墨은 묵가를 뜻한다.

|번역| 가옥을 크게 하고 집을 가리는 것은 자기를 가림이 심한 것으로 이는 크게 밝은 세상에 묵가의 설이 행해지고, 큰 것을 끝까지 추구하다가 머물 곳을 잃는 것과 같다. 위의 극한에 처하여 아래와 교감하지 않고 움직임의 끝에 머무른다. 그래서 "하늘 끝까지 비상한다"고 했다.

|해설| 상육은 음유함으로 풍괘의 극한에 있다. 소인으로서 너무 높이 올라가 자기 집을 크게 짓고는 타인과는 오랫동안 전혀 교류함이 없다. 이런 자는 당연히 흉하다.

(2)窮大而失居者,『周易』,「序卦傳」, "큰 것을 끝까지 추구하는 자는 반드시 그 머물 곳을 잃는다."(窮大者必失其居.)

56

여

旅 ䷷

旅. 小亨, 旅貞吉. 「彖」曰: "旅, 小亨", (1)柔得中乎外而順乎剛, 止而麗乎明, 是以"小亨, 旅貞吉"也. 旅之時義大矣哉! 「象」曰: (2)山上有火, 旅, 君子以明愼用刑而不留獄. 初六, 旅(3)瑣瑣, 斯其所取災. 「象」曰: "旅瑣瑣", 志窮災也.[299]

여(旅)는 조금 형통한다. 여행할 때 바르면 길하다. 「단전」에서 말했다. "여가 조금 형통한다"는 것은 부드러운 것이 밖에서 중을 얻고 강한 것을 따르며, 그치고 밝은 것에 붙어 있기 때문이다. 그래서 "조금 형통하고 여행할 때 바르면 길하다." 여의 때에 따른 의리는 중대하다! 「상전」에서 말했다. 산 위에 불이 있으니 여이다. 군자는 이를 본받아 형벌을 사용하는 것이 명확하고 신중하며 옥사에 대한 판결을 남겨 두지 않

299 (1)柔得中乎外而順乎剛: 부드러운 음효가 외괘의 중효에 있으면서 상구와 구사의 강한 자를 따른다. (2)山上有火, 旅, 君子以明愼用刑而不留獄: 산불은 여행하듯 이리저리 옮겨 붙는다. 군자는 이 형상을 본받아 형벌을 신중하면서도 명확하게 가하며 중요한 옥사는 남겨 두지 않고 신속히 판결한다. (3)瑣瑣, 瑣는 부서진 옥가루. 瑣瑣는 부서진 옥가루처럼 자잘하고 좀스럽다는 뜻이다.

는다. 초육은 여행을 하는데 좀스러우니, 이것이 재앙을 취하는 바이다. 「상전」에서 말했다. "여행을 하는데 좀스럽다"는 것은 뜻이 궁해 재앙을 부르는 것이다.

56.1 瑣瑣, 不能致命遂志, 身窮而志卑也, (1)冗細其所爲, 取災之道也.[300]

|번역| 좀스러우면 사명을 다해 뜻을 이루지 못하여, 몸은 궁해지고 뜻은 낮아지며, 그 하는 일은 번잡하고 자질구레하니, 재앙을 취하는 길이다.

|해설| 초육은 여행을 할 때 뜻이 굳건하지 않고 유약하여 좀스럽게 자기 이익을 따지는 자를 상징한다. 장재는 이런 자는 결코 주어진 사명을 다해 뜻을 이루지 못한다고 했다.

六二, 旅(1)卽次, 懷其資, 得童僕, 貞. 「象」曰: "得童僕貞", 終无尤也.[301]

육이는 여행을 하다 여관에 머물고 노자를 품고 있으며 어린 노복을 얻으니 바르다. 「상전」에서 말했다. "어린 노복을 얻으니 바르다"는 것은 끝내 허물이 없다는 뜻이다.

300 (1)冗細, 번잡하고 자질구레하다.

301 (1)卽次: 卽, 머물다, 들어가다. 次, 여관.

56.2 居得位, 即次之義, 得三之助, 故曰"懷其資", 下有一陰, 無所係累, 故曰"得童仆貞."

|번역| 기거하는 데 위치를 얻은 것이 여관에 머문다는 말의 의미이다. 구삼의 도움을 얻으므로 "그 노자를 품고 있다"고 했다. 아래에 하나의 음이 있는데, 얽매이는 바가 없으므로 "어린 노복을 얻으니 바르다"고 했다.

|해설| 육이는 음유한 자가 중의 위치에 있는 것이다. 음유하고 중정한 육이는 함부로 나아가지 않고 여관에 머문다. 위로는 구삼의 도움을 받는다. 그래서 재물을 지니고 있다. 아래로는 어린 노복에 해당하는 초육을 얻어 도움을 받는다. 이 모든 것은 육이가 바르기 때문이니, 끝내 허물은 없다.

九三, 旅焚其次, 喪其童僕, 貞厲. 「象」曰: "旅焚其次", 亦以傷矣, (1)以旅與下, 其義喪也.[302]

구삼은 여행을 하다가 그 여관을 불태우고 그 어린 노복을 잃으니, 바름이 위태로워진다. 「상전」에서 말했다. "여행을 하다가 그 여관을 불태우는 것"은 또한 손상을 입히는 것이고, 여행으로 인해 아랫사람과 함께하니 그 의리가 상실된다.

302 (1)以旅與下: 以旅與下의 與를 지나치게 엄격하게 대하는 것으로 풀이하는 경우도 있다. 그렇게 되면 구삼이 지나치게 엄격하게 어린 노복을 대해 그를 잃는다는 의미가 된다. 반면 장재는 구사가 초육 등과 지나치게 친하여 아랫사람을 적절히 제어할 줄 몰랐기 때문에 어린 노복을 잃었다는 식으로 설명했다.

56.3 以陽居陽, 其志亢也, 旅而驕亢, 焚次宜也. 下比二陰, 喪其禦下之正, 危厲之道.

|번역| 양으로서 양에 머무르니 그 뜻이 지나치다. 여행하면서 교만이 지나치니, 여관을 불태우는 것을 마땅하게 여긴다. 아래로 두 음과 친하여, 그 아래를 제어하는 바름을 잃으니, 위태로운 도이다.

|해설| 구삼은 지나치게 강하여 중을 얻지 못한 자이다. 그래서 여관에서 자중하며 머무는 육이와는 반대로 지나치게 교만하여 여관을 불태운다. 아래로는 초육, 육이와 지나치게 친하여, 아랫사람을 적절히 제어할 줄 모른다.

九四, 旅于處, 得其資斧, 我心不快. 「象」曰: "旅于處", 未得位也, "得其資斧", 心未快也.

구사는 여행 중에 잠시 거처하니, 노자와 도끼를 얻었으나 '내' 마음은 불쾌하다. 「상전」에서 말했다. "여행 중에 잠시 거처한다"는 것은 아직 위치를 얻지 못했기 때문이다. "그 노자와 도끼를 얻었지만" 마음은 유쾌하지 못하다.

56.4 以陽居陰, 旅於處也. 所應在初, 初爲瑣瑣, 志窮卑下, 不能大助於己, 但得其資斧之用而已, 志未有得, 故其心不快.

|번역| 양으로 음에 머무르니 여행 중에 잠시 거처하는 것이다. 상응하는 것이 초육에 있으나, 초육은 좀스러워 뜻이 궁색하고 비천하고 낮

아 자기에게 크게 도움이 되지 못하고 단지 노자와 도끼의 쓰임을 얻을 따름이다. 뜻을 얻지 못하였으니, 그 마음이 불쾌하다.

|해설| 구사는 양으로 음의 자리에 있어 위치가 바르지 않다. 그래서 육이처럼 여행 중에 잠시 거처할 따름이다. 장재는 구사가 얻는 노자와 도끼를 그것과 상응하는 초육에게서 얻는 것으로 이해했다. 그런데 앞서 말했듯 초육은 뜻이 저급해 행위도 좀스럽고, 그리하여 자잘한 도움이 될 뿐, 큰 도움이 되지 못한다. 그래서 구사는 마음이 불쾌하다.

六五, 射雉, 一矢亡, 終以(1)譽命. 「象」曰: "終以譽命", 上逮也.[303]

육오는 꿩을 쏘느라 화살 하나를 없앴으나 마침내 영예와 작록을 얻는다. 「상전」에서 말했다. "마침내 영예와 작록을 얻는다"는 것은 위에 이르는 것이다.

56.5 四處陰應下, (1)堅介難致, 雉之象也, 以力致之, 徒喪其矢, 喪矢, 喪其直也, 文明在中, 必不失其直, 當終得譽美.[304]

|번역| 구사는 음에 처하고 아래의 초육에 응하여 굳세고 바름을 온전히 다하기 어려우니, 꿩의 모습이다. 힘으로 그것을 다하게 하면 그 화살만 잃을 뿐이다. 화살을 잃는 것은 그 곧음을 잃는 것이다. 문덕의 밝음으로 중에 있으면 틀림없이 그 곧음을 잃지 않을 것이고, 마땅

303 (1)譽命: 譽, 영예. 命, 爵命, 즉 작록.
304 (1)堅介, 굳세고 바르다.

히 마침내 영예와 찬미를 얻을 것이다.

| 해설 | 육오는 상괘인 이(離)괘의 주효로서 밝고 유순하며 중용의 덕을 지니고 있다. 이런 육오가 처음에는 "꿩을 쏘느라 화살을 하나 없앤다." 장재는 여기서 말하는 꿩을 구사를 상징하는 것으로 본다. 구사는 굳세고 바른 덕을 온전히 다 발휘하지 못하니, 육오는 그런 구사를 바로잡기 위해 애쓰지만, 헛수고일 뿐이고 곧았던 자기의 덕마저 잃는다. 이런 경험을 교훈 삼아 밝고 부드럽고 밝은 덕과 지혜로 중용의 원칙을 지키면 곧음을 잃지 않고 타인으로부터 영예를 얻게 된다.

上九, 鳥焚其巢, 旅人先笑後號咷, 喪牛于(1)易, 凶. 「象」曰: 以旅在上, 其義焚也, 喪牛于易, 終莫之聞也.[305]

상구는 새가 자신의 둥지를 불태우니, 여행하던 사람이 처음에는 웃다가 나중에는 울부짖는다. 제멋대로 하는 데서 소를 잃으니 흉하다. 「상전」에서 말했다. 여행하면서 위에 있으니 그 뜻은 불태워지고, 제멋대로 하는 데서 소를 잃으니 결국은 누구의 말도 듣지 못한 것이다.

56.6 以陽極上, 旅而驕肆者也, 失柔順之正, 故曰"喪牛於易." 易, 肆也, 肆怒而(1)忤物, 雖有凶危, 其誰告之, 故曰"終莫之聞"也.[306]

| 번역 | 양으로서 위의 극한에 이르니, 여행하되 교만하고 제멋대로인 자이다. 부드럽고 순한 바름을 잃으니, "제멋대로인 데서 소를 잃는다"

305 (1)易, 일반적으로는 埸, 즉 밭의 경계를 뜻하는 것으로 본다. 그러나 장재는 易를 멋대로 함으로 풀이했다.

306 (1)忤物: 忤(오), 거스르다. 物, 사람. 忤物, 사람을 건드리다.

고 했다. 역(易)은 제멋대로 함이다. 제멋대로 노하여 사람을 건드린다. 비록 흉하고 위태로움이 있으나 그 누가 그것을 알려 주겠는가? 그러므로 "결국은 누구의 말도 듣지 못한다"고 했다.

|해설| 상구는 마치 지나치게 높은 곳에 있는 새처럼 교만하고 제멋대로이다. 그래서 새가 자신의 둥지를 불태우는 것처럼 큰 화를 자초한다. 易를 장재는 제멋대로 마구 바뀌는 역易으로 읽었다. 제멋대로 행동함으로 인해 소와 같이 귀중한 것을 잃는다는 이야기이다. 이와는 달리 易를 이(易)로 읽어 밭의 경계라는 뜻으로 보는 견해도 있다. 밭의 경계에서 소를 잃는다는 것은 너무 높이 위치한 상구가 교만하게 굴다가 자신의 힘이 미치는 경계의 끝에서 귀중한 것을 잃는다는 뜻이다.

57

손
巽 ䷸

巽. 小亨, 利有攸往, 利見大人. 「彖」曰: 重巽以(1)申命. (2)剛巽乎中正而志行, 柔皆順乎剛, 是以"小亨, 利有攸往, 利見大人." 「象」曰: 隨風, 巽, 君子以申命行事. 初六, 進退, 利武人之貞. 「象」曰: "進退", 志疑也, "利武人之貞", 志治也.[307]

손(巽). 조금 형통한다. 가는 바가 있으면 이롭고 대인을 보는 것이 이롭다. 「단전」에서 말했다. 거듭 겸손하니 거듭 명을 내린다. 강한 것이 중정으로 겸손하여 뜻이 행해지고, 부드러운 것은 모두 강한 것을 따른다. 그래서 "조금 형통한다. 가는 바가 있으면 이롭고 대인을 보는 것이 이롭다"고 했다. 「상전」에서 말했다. 따라 이어지는 바람이 손이니, 군자는 이를 본받아 거듭 명령해 일을 행한다. 초육은 나아갔다가 물러나니 무인의 바름이면 이롭다. 「상전」에서 말했다. "나아갔다 물러나는 것"은 뜻이 의심스러운 것이고, "무인의 바름이면 이롭다"는 것은 뜻이

307 (1)申命: 申, 거듭하다. 申命, 거듭 명령하다. (2)剛巽乎中正而志行, 柔皆順乎剛: 상하괘가 모두 손괘로 양의 강한 것이 모두 이효와 오효에 있고, 음의 부드러운 것이 상하괘 모두 맨 밑에 있다.

다스려지는 것이다.

57.1 體柔居下, 在巽之始, 謙抑過中, 故施於武人之貞則適得其宜. 進退者, 柔不自決之象也.

|번역| 몸이 부드럽고 아래에 머무르니, 겸손함(巽)에 있음의 시작이다. 겸손하고 억제함이 중을 지나치므로, 무인의 바름을 실시하면 그 적절함을 얻게 된다. 나아갔다 물러난다는 것은 부드러운 자가 스스로 결정하지 못하는 모습이다.

|해설| 손(巽)은 겸손함을 뜻한다. 겸손한 자가 상하괘의 밑에 자리하여 복종하므로 크게 형통하지는 않지만 조금 형통한다. 초육은 부드러운 것이 이제 막 겸손한 자세로 임하는 것이다. 그런데 그는 유약하여 겸손함이 지나치다. 그래서 나아갔다 물러나며 스스로 처신해야 할 바를 결정하지 못한다. 이에 무인처럼 결단력 있게 처신하면 이롭다.

九二, 巽在牀下, 用(1)史巫紛若吉, 无咎. 「象」曰: "紛若之吉", 得中也.[308]

구이는 겸손함이 침상 아래에 있으니, 축사(祝史)와 무격(巫覡)처럼 정성을 다하는 자가 많아져 길하고 허물이 없을 것이다. 「상전」에서 말했다. "정성을 다하는 자가 많아지는 것이 길한 것"은 중을 얻었기 때문이다.

308 (1)史巫: 축사와 무격. 축사는 인간의 뜻을 하늘에 고하고 무격은 하늘의 뜻을 인간에게 전한다.

57.2 以陽居陰, 其志下比, 無應於上, 故曰"巽在床下." 然不失中道, 下爲之用, 故史巫紛若樂爲之使, 吉而无咎, 非如上九喪其資斧. 史巫, 喻虛華過實者, 言不失中道, 則樂盡其誠者衆矣.

| 번역 | 양으로서 음에 머무르니, 그 뜻은 아래와 친하게 지내는 데 있고, 위로는 상응하는 것이 없다. 그러므로 "겸손함이 침상 아래에 있다"고 했다. 하지만 중도를 잃지 않아 초육이 쓰이게 된다. 축사와 무격이 많아져 즐거이 부려지니 길하고 허물이 없다. 상구의 그 노자와 도끼를 잃는 것과 같지 않다. 축사와 무격은 헛되이 화려한 것이 실질을 넘어서는 자를 비유한 것이니, 중도를 잃지 않으면 즐거이 그 정성을 다하는 자가 많을 것임을 말한다.

| 해설 | 구이는 양으로서 음에 머무른다. 그 겸손함이 마치 "침상 아래에서" 무릎을 꿇고 앉아 있는 것과 같다. 장재는 그 의도가 "아래", 즉 초육과 "친하게 지내는 데 있다"고 했다. 겸손함이 지나친 듯 보이지만, 중에 머무르기 때문에 초육이 쓰인다. 초육은 정성을 다하는 축사와 무격 같은 자를 상징한다. 겸손한 구이와 관계를 맺으면 초육에 속하는 많은 이들은 겉만 화려하고 알맹이는 없는 데서 벗어나 실제로 즐거이 정성을 다하는 태도를 보인다.

九三, (1)頻巽, (2)吝. 「象」曰: "頻巽之吝", 志窮也.[309]

구삼은 얼굴을 찌푸리며 겸손하니 안타까워함이다. 「상전」에서 말했다. "얼굴을 찌푸리며 겸손한 안타까워함"은 뜻이 궁하기 때문이다.

309 (1)頻巽: 頻, 嚬蹙의 嚬, 즉 얼굴을 찡그림. 頻巽은 얼굴을 찡그리며 겸손한 체함. (2)吝, 안타까움.

57.3 三處陽剛, 失巽之道, 乘剛而動, 頻吝所宜, 志在比物, 故吝, 如復之六三志窮也.

| 번역 | 구삼은 양의 강함에 처하여 겸손함의 도를 잃는다. 강함을 타고 움직이니 얼굴을 찌푸리며 안타까워함이 마땅한 바이다. 뜻이 외물과 가까이 지내는 데 있으므로 안타까워한다. 마치 복괘의 육삼이 뜻이 궁한 것과 같다.

| 해설 | 구삼은 양의 강한 자로서 바른 위치에 있지 않아 겸손함을 잃는 자이다. 빈(頻)을 장재는 빈축(顰蹙)의 빈, 즉 얼굴을 찡그린다는 뜻으로 보았다. 따라서 빈손(頻巽)은 얼굴을 찡그리며 억지로 겸손한 체한다는 뜻이 된다. 왜 구삼은 억지로 얼굴을 찡그리는가? 장재의 설명에 따르면 구이의 강함을 타고 억지로 움직이기 때문이다. 자신의 뜻은 외물과 가까이 지내는 데 있는데, 그러지 못하여 그 뜻이 궁해졌기 때문에 얼굴을 찡그리며 안타까워한다고 한다. 이는 마치 복괘 육삼이 얼굴을 찌푸리며 돌아와 위태로워지는 것과 같다. 이 역시 뜻이 궁해졌기 때문이라는 것이다. 한편 다른 해석으로 빈(頻)을 빈번하다는 뜻으로 보는 경우도 있다. 그러면 위 구절은 "빈번하게 겸손하니 부끄러운 일을 당할 것이다"의 뜻이 된다. 지나치게 겸손하여 부끄러운 일을 당하게 된다는 뜻이다.

六四, 悔亡, 田獲(1)三品. 「象」曰: 田獲三品, 有功也.[310]

육사는 뉘우침이 없어지니 사냥을 해 삼품을 얻는다. 「상전」에서 말

310 (1)三品: 삼품은 고대에 천자나 제후가 사냥을 하여 얻은 세 등급의 짐승을 가리킨다. 화살이 심장에 맞은 것은 상살(上殺)이라고 하여 그 고기를 말려 제사에 썼고, 화살이 대퇴부에 맞은 것은 중살(中殺)이라 하여 손님을 접대하는 데 올렸으며, 화살이 내장을 맞은 것은 하살(下殺)이라 하여 자신들이 식용했다.

했다. 사냥을 해 삼품을 얻는다는 것은 공이 있는 것이다.

57.4 柔順之德, 以陰居位, 雖或乘剛, 悔終可亡. 近比於五, 不爲諂妄, 而又二三並爲所獲, 不私其累而樂爲己用, 田獲之類也. 使三陽見獲, 四之功也.

|번역| 유순한 덕으로 음으로서 자리에 머무른다. 비록 혹 강함을 타지만 뉘우침은 끝내 없어질 수 있다. 가까이로 구오와 친하게 지내지만 아첨하고 망동하지 않으며, 또한 구이와 구삼이 함께 획득된다. 그 연루된 것을 사사로이 여기지 않고 즐거이 자신이 사용하니 사냥의 부류이다. 양 셋이 획득되도록 하니 육사의 공이다.

|해설| 육사는 유순한 태도로 음의 자리에 있다. 비록 구삼을 타고 있어 뉘우칠 일이 있지만, 겸손함으로 임하기 때문에 끝내는 뉘우칠 일이 없어진다. 장재의 설명에 따르면 가까이로 구오와 친하게 지내지만 아첨하고 망동하지 않고 겸손한 태도로 일관하여 구이, 구삼을 비롯한 양 셋을 얻어 자신이 활용할 수 있게 된다. 이는 마치 사냥을 하여 삼품(三品)을 얻는 것과 같다.

九五, 貞吉悔亡, 无不利, 无初有終, (1)先庚三日, 後庚三日, 吉.「象」曰: 九五之吉, 位正中也.[311]

311 (1)先庚三日, 後庚三日: 이 구절은 장재의 풀이와는 달리 다음과 같이 이해되기도 한다. 즉 경일 사흘 전인 정일(丁日)의 丁에 당부한다는 뜻이 있고, 경일 사흘 후인 계일(癸日)의 癸는 헤아린다는 뜻이라고 보아, 일의 선후에 따라 그 일이 순조롭게 되도록 신중히 한다는 뜻이라고 설명하는 것이 그것이다.

구오는 바르면 길하고 뉘우침이 없어져 이롭지 않음이 없다. 처음은 좋은 일이 없으나 끝에는 좋은 일이 있다. 경일(庚日) 3일 전에 하고 경일 3일 후에 하면 길할 것이다. 「상전」에서 말했다. 구오의 길함은 위치가 바르고 중이기 때문이다.

57.5 [(1)]解見蠱卦. 志不以正, 則將有悔. "先庚三日", 讓始也; "後庚三日", 存終也; 雖體陽居尊, 無應於下, 故不可爲事之唱乃吉. 不著於繇辭者, 巽非憂患之時故也.[312]

|번역| 이 효사에 대한 해설은 고(蠱)괘에 보인다. 뜻이 바르지 않으면 장차 뉘우침이 있게 된다. "경일 3일 전에 한다"는 것은 시작을 양보하는 것이다. "경일 3일 후에 한다"는 것은 끝을 보존하는 것이다. 비록 몸은 양으로 존귀한 위치에 머무르지만 아래에 상응하는 것이 없다. 그러므로 일을 제창하지 않아야 길하다. 이런 말이 괘사에 드러나지 않는 것은 손(巽)이 우환일 때가 아니기 때문이다.

|해설| 구오는 겸손해야 할 때 강하기 때문에 뉘우칠 일이 있다. 하지만 중정의 덕으로 일관하기 때문에 처음에는 일이 잘 안 되지만 결국은 좋은 결과를 얻는다. 경일(庚日)은 10간 가운데 7일째 되는 날이다. 이날보다 3일 앞서는 날은 정일(丁日)이고, 3일 후는 계일(癸日)이다. "경일 3일 전에 한다"는 말과 "경일 3일 후에 한다"는 말을 장재는 모두 일이 일어나기 3일 전이나 3일 후 모두 구오가 겸손의

312 (1)解見蠱卦: 고괘 「단전」에 대한 주석 가운데 이 손괘 구오에 대한 해설이 보인다. 관련된 해설은 다음과 같다. "손괘(巽卦) 구오의 경우는 그 상괘와 하괘가 모두 유순하니, 처음은 좋지 않으나 끝은 틀림없이 좋게 된다. 그런 까닭에 경일(庚日) 전에 하고 경일 뒤에 할 때 다른 것들의 우두머리가 되지 않는다."(至於巽之九五, 以其上下皆柔, 故必無初有終, 是故先庚後庚, 不爲物首也.)

덕을 발휘해 먼저 앞장서 그 일을 선도하지 않는다는 뜻으로 풀이했다.

上九, 巽在牀下, 喪其資斧, 貞凶. 「象」曰: "巽在牀下", 上窮也, "喪其資斧", 正乎凶也.

상구는 겸손하여 침상 아래에 있으며 그 노자와 도끼를 잃으니, 바르더라도 흉하다. 「상전」에서 말했다. "겸손하여 침상 아래에 있다"는 것은 위에서 궁한 것이요, "그 노자와 도끼를 잃는 것"은 바른가? 흉하다.

57.6 柔順過極, 難爲之下, 物不爲用, 故曰"喪其資斧凶." 資斧尚喪, 餘用殫矣.

|번역| 유순함이 지나치게 극한에 이르러 그것의 아래가 되기가 어려우며 사물은 쓰이지 않는다. 그리하여 "그 노자와 도끼를 잃으니 흉하다"고 했다. 노자와 도끼도 잃었을진대 나머지의 쓰임도 다하게 된다.

|해설| 상육은 높은 위치에 있으면서도 지나치게 겸손한 것이다. 장재는 상구가 지나치게 겸손하여 그 어떤 것도 그 아래에 놓이기 어려우며, 그로 인해 어떤 사물들도 제대로 쓰임을 얻지 못한다고 했다.

58

태

兌䷹

兌. 亨, 利貞. 「彖」曰: 兌, 說也. 剛中而柔外, 說以利貞. 是以順乎天而應乎人. 說以先民, 民忘其勞, 說以犯難, 民忘其死, 說之大, 民勸矣哉! 「象」曰: (1)麗澤, 兌, 君子以朋友講習. 初九, 和兌, 吉. 「象」曰: 和兌之吉, 行未疑也.[313]

태(兌). 형통하니 바르면 이롭다. 「단전」에서 말했다. 태는 기쁨함이다. 강함이 가운데에 있고 부드러움이 밖에 있어, 기뻐하되 바르면 이롭다. 이에 하늘에 순종하고 인정에 순응한다. 기뻐하며 백성에게 솔선수범하니 백성들이 자신의 수고를 잊는다. 기뻐하며 어려움 속에 있으면 백성들이 자신의 목숨을 잊는다. 기뻐함이 위대하니 백성들은 근면하다! 「상전」에서 말했다. 못이 연속해 붙어 있는 것이 태(兌)이니, 군자는 이를 본받아 벗들과 강습한다. 초구는 화합하여 기뻐하니 길하다. 「상전」에서 말했다. 화합하여 기뻐하여 길한 것은 행동을 의심하지 않는 것이다.

313 (1)麗澤: 麗, 붙어 있음. 麗澤, 두 개의 못이 연속해서 붙어 있음.

58.1 以陽居下, 無所比附, 出門同人, 行自信者也.

|번역| 양으로 아래에서 지내며 붙는 것이 없다. 문밖으로 나가면 사람들과 함께하니 행동이 자신이 있는 자이다.

|해설| 태(兌)는 바른 것, 옳은 것에 기뻐하는 것을 뜻한다. 초구는 아랫자리에 있으면서 자신의 강직함을 지키며 바르게 사람들과 화합하며 기뻐하는 자이다. 자신의 행동의 올바름을 자신하는 자이다.

九二, 孚兌, 吉, 悔亡.「象」曰: "孚兌之吉", 信志也.

구이는 진실하여 기뻐하니 길하고 뉘우침이 없어진다.「상전」에서 말했다. "진실하여 기뻐하니 길하다"는 것은 뜻이 신실하기 때문이다.

58.2 私係於近, 悔也. 誠於接物, 信而不妄, 吉且悔亡.

|번역| 사사로움이 가까이에 있는 육삼에 묶여 있으면 뉘우치게 된다. 외물과 접하는 데 진실하면 미덥고 망령되지 않아 길하며 뉘우침이 없어진다.

|해설| 구이는 양으로 중의 자세를 유지하고 있다. 그래서 진실하면 기뻐하고 길하다. 다만 가까이로 육삼의 소인이 있어 그와의 관계에 연연하면 뉘우칠 일이 생긴다. 내면의 진실함으로 외물과 접촉하면 미덥고 망령되게 행동하지 않아 뉘우칠 일도 없게 된다.

六三, (1)來兌, 凶. 「象」曰: "來兌之凶", 位不當也. 九四, (2)商兌未寧, (3)介疾有喜. 「象」曰: 九四之喜, 有慶也.[314]

육삼은 와서 기뻐하니 흉하다. 「상전」에서 말했다. "와서 기뻐함이 흉한 것"은 위치가 부당하기 때문이다. 구사는 기쁨을 헤아리되 아직 평안하지 않으니, 사이에 끼어서 미워하면 기쁨이 있을 것이다. 「상전」에서 말했다. 구사의 기쁨은 경사가 있는 것이다.

58.3 通其邪佞, 使進而上, 則小人道長而不寧, 以諂爲疾而拒外之, 則終不失其得偶之慶也.

|번역| 간사한 자와 통하여 그를 전진시켜 올라가게 하면 소인의 도가 자라나 평안하지 않게 된다. 알랑대는 것을 싫어하여 그것을 배격하면 마침내 짝을 얻는 경사를 잃지 않게 될 것이다.

|해설| 구사는 아래로는 육삼의 소인이 있고, 위로는 구오의 중정한 군주가 있는데, 기쁨의 정도를 헤아리며 바르게 결단하지 못해 육삼의 간사한 자를 올라가게 하면 평안하지 못하다. 육삼과 구오 사이에서 육삼의 병폐를 미워하면 자신의 짝인 구오를 얻게 되는 경사가 있을 것이다.

九五, 孚于剝, 有厲. 「象」曰: 孚于剝, 位正當也!

314 (1)來兌: 초효와 이효의 두 양이 육삼에게로 와서 기뻐하는 것을 뜻한다. (2)商, 계산함, 헤아림. (3)介疾, 육삼과 구오 사이에 끼어서 육삼을 미워함.

구오는 양을 깎아내리는 자를 믿으면 위태함이 생긴다. 「상전」에서 말했다. 깎아내리는 자를 믿는 것이 위태로운 것은 위치가 바른 자이기 때문이다.

58.4 說六三之進, 則是孚於剝, 近危之道也. 故處乎盛位者, 佞不可親也. 當正位而進小人, 信乎剝之道也.

|번역| 육삼의 나아감을 기뻐하는 것은 깎아내리는 자를 믿는 것으로서 위태로움을 가까이하는 길이다. 그러므로 성한 위치에 처해 있는 자는 알랑대는 자를 친하게 대해서는 안 된다. 올바른 위치에 있으면서 소인을 들이는 것은 깎아내리는 자를 믿는 길이다.

|해설| 박(剝)은 군자를 깎아내리는 자, 즉 소인을 가리킨다. 장재는 이 소인을 육삼이라 특정했다. 이 군자를 깎아내리는 자를 군주가 믿으면 위태롭다. 왜냐하면 그는 사회 전체를 책임지는 위치에 있기 때문이다.

上六, 引兌. 「象」曰: "上六引兌", 未光也.

상육은 이끌어 기뻐한다. 「상전」에서 말했다. "상육이 이끌어 기뻐하지만" 아직 광대하지는 않다.

58.5 與三爲類而引升之, 雖不傷類, 然未足多也.

|번역| 육삼과 동류가 되어 이끌어 오르게 한다. 비록 동류를 해치지는 않지만 족히 많지는 않다.

|해설| 상육은 음유로서 같은 종류인 육삼을 이끌어 주면서 기뻐하는 자이다. 비록 음유를 해치지 않고 이끌어 주는 행위를 하지만, 이끌어 주는 소인이 아주 많은 것은 아니다.

59

환

渙 ䷺

渙. 亨, 王假有廟, 利涉大川, 利貞.

환(渙). 형통한다. 왕이 사당에 이르고 큰 내를 건너면 이로우며, 바르면 이롭다.

59.1 萃"王假有廟", 渙然後聚道乃久, 故"王假有廟"互見於此. 凡言"有廟"者, 聚道之極也.

| 번역 | 췌(萃)괘에서 "왕이 사당에 이른다"고 했다. 흩어진 후에야 모이는 도가 오래간다. 그러므로 "왕이 사당에 이른다"는 말이 여기에서도 함께 보인다. 무릇 "유묘(有廟)"라고 말하는 것은 모이는 도의 극치이다.

| 해설 | 환(渙)은 흩어진다는 뜻이다. 사회가 흩어져 풀어지면 왕은 다시 이 흩어진 역량을 하나로 모아야 한다. 고대사회에서 이 역량을 하나로 모으는 데 가장 효과적

이었던 수단은 종묘제사였다. 그래서 췌괘와 환괘 모두 "왕이 사당에 이른다"는 말이 있다. 사당에 이르러 제사를 지내고 나면 역량이 하나로 합쳐져 큰일을 할 수 있게 된다. 그래서 "큰 내를 건너면 이롭다"고 했다. 환괘는 하괘가 감(坎)으로 물을 상징하고, 상괘는 손(巽)으로 나무를 상징한다. 나무로 만든 배를 타고 큰 내를 건너는 형상이다.

「彖」曰: 渙亨, 剛來而不窮, 柔得位乎外而上同. "王假有廟", 王乃在中也, "利涉大川", 乘木有功也. 「象」曰: (1)風行水上, 渙, 先王以享于帝立廟.[315]

「단전」에서 말했다. 환은 형통함이다. 구이의 강한 것이 와서 궁하지 않고 육사의 부드러운 것이 밖에서 위치를 얻어 위의 오효, 상효와 함께 한다. "왕이 사당에 이른다"는 것은 왕이 사당 가운데에 있는 것이다. "큰 내를 건너는 것이 이롭다"는 것은 나무를 타서 공이 있는 것이다. 「상전」에서 말했다. 바람이 물 위에서 부니 환이다. 선왕은 이를 본받아 상제에게 제사 지내고 사당을 세운다.

59.2 財散則民聚, 王乃在渙中之一也.

|번역| 재물을 흩어 나누어 주면 백성들이 모이니, 왕은 흩어 주는 것 가운데에 있는 하나이다.

315 (1)風行水上, 상괘인 巽의 바람이 하괘인 坎의 물 위에 불어 물결이 흩어지는 것을 상징한다.

|해설| 강한 것, 즉 구오가 내려와 초육, 육삼, 육사와 부단히 소통해 그들을 하나로 모은다. 육사는 외괘에 바르게 위치하여 구오, 상구를 받들어 함께한다. 또 "왕이 사당에 이른다"는 말을 왕이 사당 가운데에 있는 것으로 풀이했는데, 이 말을 장재는 정치적 의미로 확대해석하여 왕이 중심에 서서 재물을 나누어 주어 백성들을 모은다고 했다.

初六, 用拯馬壯, 吉. 「象」曰: 初六之吉, 順也.

초육은 구원을 하려 하는데 말이 건장하니 길하다. 「상전」에서 말했다. 초육의 길함은 순종하기 때문이다.

59.3 處險之下, 故必用拯, 無應於上, 順比九二之剛, 拯而馬壯, 其吉宜也.

|번역| 험난함의 아래에 처해 있어 반드시 구제해야 하나, 위에 상응하는 것이 없어, 구이의 강한 것을 따르고 그와 친하게 지낸다. 구원하려 함에 말이 건장하니 그 길함은 당연하다.

|해설| 초육은 흩어져 험난한 상황에 있다. 그래서 반드시 구제해야 한다. 하지만 위로 육사와 상응하지 않는다. 다만 구이가 강해, 말처럼 건장한 구이를 따르면 길하다.

九二, 渙奔其(1)机, 悔亡. 「象」曰: "渙奔其机", 得願也.[316]

구이는 흩어지는 시기에 그 낮은 의자로 달려가니 뉘우침이 없어진다. 「상전」에서 말했다. "흩어지는 시기에 그 낮은 의자로 달려간다"는 것은 원하는 것을 얻는다는 뜻이다.

59.4 奮於險中, 進而之前, 則難解悔亡, 故曰"奔其杌", 三四皆險, 故曰"得願", 若退累於初, 則險不能出, 其悔終存.

|번역| 험난함 속에서 분투하여 전진해 앞으로 가면 어려움이 해결되고 뉘우침이 없어진다. 그러므로 "그 낮은 의자로 달려간다"고 했다. 육삼과 육사는 모두 험난하므로 "원하는 것을 얻는다"고 했다. 만약 물러나 초육에 얽매인다면 험난함은 벗어날 수 없고 그 뉘우침은 끝내 존재할 것이다.

|해설| 구이는 흩어져서 험난한 시기에 의자, 즉 편안히 기댈 만한 것을 향해 달려간다. 그래야 어려움이 해결된다. 장재는 험난한 존재를 육삼과 육사로 보고, 구이가 그들을 이겨 내 원하는 것, 즉 의지할 것을 얻는다고 풀이했다. 그리고 그런 맥락에서 만약 구이가 가까이에 있는 초육에 얽매인다면 앞으로 나아가 험난함을 벗어날 수 없다고 했다.

六三, (1)渙其躬, 无悔. 「象」曰: "渙其躬", 志在外也.[317]

육삼은 그 몸을 흩어 버리니 뉘우침이 없어진다. 「상전」에서 말했다.

316 (1)杌(올), 낮은 의자. 다른 판본에서 이 글자는 机(궤)라고도 되어 있다.

317 (1)渙其躬: '그 몸을 흩어 버린다'는 것은 자신의 생각을 버리고 상구에 자신을 의지한다는 뜻이다.

"그 몸을 흩어 버린다"는 것은 뜻이 밖에 있는 것이다.

59.5 援上而進, 惟求自脫於險, 无悔而已, 非能及物者也.

|번역| 위를 붙잡고 나아가니 오직 자신이 위험에서 벗어나기를 추구하는 것으로서 뉘우침이 없을 따름이고, 다른 이에게 미칠 수 있는 것은 아니다.

|해설| 육삼은 상구와 상응하여 그에게 기댐으로써 위험에서 벗어난다. 하지만 육삼은 중에 있지도 않고 음유하다. 그래서 장재는 단지 육삼 자신만이 위험에서 벗어날 수 있을 뿐, 타인까지 구제하지는 못한다고 했다.

六四, 渙其羣, 元吉, 渙有丘, 匪夷所思. 「象」曰: "渙其羣元吉", 光大也.

육사는 붕당을 흩어 버리니 크게 길하다. 흩어 버리지만 (생각이) 언덕 같은 것에 있다면, 이는 생각하는 것이 고르지 않은 것이다. 「상전」에서 말했다. "붕당을 흩어 버리니 크게 길하다"는 것은 광대한 것이다.

59.6 己處險外, 無私其應, 常以拯衆爲心, 則其志光大獲吉; 若志在所歸之地, 近累於五, 則非能平均其慮者也.

|번역| 자기는 험난함 바깥에 있고 그 응함에 사사로움이 없어 늘 대중을

구제하는 것을 마음에 두니, 그 뜻이 광대하고 길함을 얻는다. 만약 뜻이 귀의할 곳에 있어 가까이 구오에 얽매이면 그 사려를 고르게 할 수 있는 자가 아니다.

|해설| 육사는 아래에 상응하는 것이 없으니 사사로운 마음이 없는 자이다. 위로 구오를 받드니 늘 대중 구제를 마음에 둔 자이다. 그리하여 사사로운 붕당을 흩어 버린다. '언덕'을 장재는 구오를 가리키는 것으로 보았고, 夷(이)를 평평함, 고름을 뜻하는 것이라 보았다. 만약 육사가 붕당을 흩어 버리고 마음에 언덕 같은 구오만 있다면, 백성에 대한 생각을 놓치고 있다는 점에서 생각하는 것이 균형감이 없는 것이다. 이와는 달리 후대의 주자는 '언덕'을 사사로운 붕당을 없앤 뒤에 형성하는 대규모의 공동체로 보았고, 이(夷)를 평상, 즉 보통의 뜻으로 보았다. 그래서 그는 "그 작은 무리를 흩을 수 있어야 큰 무리를 이룰 수 있다. 흩어진 것을 언덕처럼 모이게 하는 것은 보통 사람의 생각이 미칠 수 있는 것이 아니다"라고 했다.

九五, 渙汗其大號, 渙王居, 无咎.「象」曰: "王居无咎", 正位也.

구오는 흩어 버리는 시기에 큰 호령을 땀이 나듯이 하고 흩어 버리는 시기에 왕도로 자처하면 허물이 없을 것이다.「상전」에서 말했다. "왕도로 자처하면 허물이 없을 것이다"라는 것은 바른 위치에 있기 때문이다.

59.7 爲渙之主, 使物徧被其澤, 正位(1)凝命, 可以免咎, 不私於應, 故能均布其大號也. (2)渙然廓大, 以王道自居乃无咎.[318]

318 (1)凝命: 凝, 엄정하다. 凝命, 명령을 엄정하게 하다. (2)渙然, 확 흩어 버리는 모양.

| 번역 | 흩어 버리는 주체가 되어 사람들이 그 은택을 두루 입도록 한다. 바른 위치에서 명령을 엄정하게 하면 허물을 면할 수 있다. 응함이 사사롭지 않으므로 그 큰 명령을 고르게 펼칠 수 있다. 확 넓혀 왕도로 자처하면 허물이 없을 것이다.

| 해설 | 구오는 땀이 날 정도로 온 힘을 다해 명령을 내리는 자이다. 장재는 이러한 구오의 명령이 다름 아니라 백성에게 은택을 골고루 베푸는 명령이라고 했다. 그리하여 왕의 흩어 버리는 행위란 곧 국가의 재물을 확 흩어 백성들에게 골고루 나누어 주는 것이다.

上九, 渙其血, 去(1)逖出, 无咎. 「象」曰: "渙其血", 遠害也.[319]

그 피를 흩어 버리고, 멀리 벗어나니 허물이 없다. 「상전」에서 말했다. "그 피를 흩어 버린다"는 것은 해를 멀리하는 것이다.

59.8 乘剛在上, 若係於三, 害不可免, 能絶棄陰類, 遠去其難, 則可免咎.

| 번역 | 강한 것을 타고 위에 있다. 만약 육삼에 묶인다면 해를 면할 수 없을 것이다. 음의 부류를 끊어 내 버릴 수 있어 그 어려움에서 멀리 벗어나면 허물을 면할 수 있다.

| 해설 | 피(血)는 해로운 것을 뜻한다. 상구는 험난한 시기의 끝에 있다. 그래서 해가 되는 것을 흩어 버리고 거기에서 벗어난다면 허물이 없게 된다. 하지만 장재가 말하듯 만약 아래로 육삼에 연연한다면 해를 입을 수도 있다.

319 (1)逖(적), 멀다.

60

절

節 ䷻

節. 亨, 苦節不可貞. 「彖」曰: 節亨, 剛柔分而剛得中. "苦節不可貞", 其道窮也. 說以行險, 當位以節, 中正以通. 天地節而四時成, 節以制度, 不傷財不害民. 「象」曰: (1)澤上有水, 節, 君子以(2)制數度, 議德行.[320]

절(節). 형통하되, 고달픈 절제는 바를 수 없다. 「단전」에서 말했다. 절이 형통하는 것은 강함과 부드러움이 나뉘고 강함이 중을 얻었기 때문이다. "고달픈 절제는 바를 수 없다"는 것은 그 도가 궁하기 때문이다. 기뻐하며 험난한 가운데서 행하고 합당한 위치에서 절제하고 중정으로 통한다. 천지가 절도가 있으니 사계절이 이루어지고, 제도로 절제하여 재물을 훼손하지 않고 백성을 해치지 않는다. 「상전」에서 말했다. 못 위에 물이 있는 것이 절이니, 군자를 이를 본받아 예수(禮數)와 법도를 제정하고 덕행을 논의한다.

320 (1)澤上有水, 節: 못 위의 물은 일정한 한도가 있으므로 절제하지 않을 수 없다. (2)制數度, 수량과 도량을 제정한다. 즉 관계의 친소존비에 따라 의식주 등 일상생활과 관련한 각종 물품의 쓰임에 여러 제한된 규정을 정한다.

60.1 以苦節爲貞, 其道之窮必矣.

|번역| 고달픈 절제를 바른 것으로 여긴다면 그 도가 궁해지는 것은 필연적일 것이다.

|해설| 절(節)은 절제한다는 뜻이다. 절제하면 형통한다. 하지만 고달프게 절제만 하는 것은 불가능하다. 그런 절제는 지속될 수 없기 때문이다.

初九, 不出戶庭, 无咎. 「象」曰: "不出戶庭", 知通塞也.

초구는 방 밖의 정원을 나가지 않으면 허물이 없다. 「상전」에서 말했다. "방 밖의 정원을 나가지 않는다"는 것은 통하고 막힌 것을 아는 것이다.

60.2 見塞於九二, 故不出.

|번역| 구이에 의해 막혀 있어 나가지 않는다.

|해설| 절괘의 가장 아래에 있는 초구는 육사와 상응하지만 구이에 의해 막혀 있다. 그래서 방 밖으로 한 걸음도 나가지 않고 절제하며 조심한다.

九二, 不出門庭, 凶. 「象」曰: "不出門庭", 失時極也.

구이는 문 안의 정원을 벗어나지 않으니 흉하다. 「상전」에서 말했다.

"문 안의 정원을 벗어나지 않는 것"은 때를 잃음이 지극함이다.

60.3 (1)體柔位陰, 故不出門庭凶.[321]

|번역| 몸이 부드럽고 위치가 음이므로 문 안의 정원을 벗어나지 않으면 흉하다.

|해설| 구이는 음의 위치에 있지만 밖에 육삼, 육사가 있어 충분히 밖으로 나가도 되는 자이다. 그럼에도 위치가 음이라는 점에 연연하여 과도하게 절제하므로, 흉하다. 이는 적절한 시기를 놓치는 행위이다.

六三, 不節若, 則嗟若, 无咎. 「象」曰: "不節之嗟", 又誰咎也!

육삼은 절제하지 않으나 탄식할 것이니, 허물이 없다. 「상전」에서 말했다. "절제하지 않았으나 탄식하니" 또 누구를 허물하겠는가!

60.4 處非其位, 失節也, 然能居不自安, 則人將容之, 故無咎. 兌, 說也, 故能嗟咨取容.

|번역| 처한 곳이 그 위치가 아니니 절제를 잃은 것이다. 하지만 머물면서 스스로 편안하지 않을 수 있다면 다른 사람이 장차 그를 포용할 것

321 (1)장재는 구이의 "몸이 부드럽다"고 했는데, "몸이 강하다"는 말을 잘못 쓴 것이 아닌가 한다.

이니 허물이 없을 것이다. 태(兌)는 기뻐함이다. 그러므로 탄식하여 포용될 수 있다.

|해설| 육삼은 유약한 자가 절제하지 못하고 바른 위치에 있지 못한 것이다. 하지만 허물이 없다고 한다. 왜 그런가? 장재는 육삼이 자신을 탄식하며 불안해하고 타인이 그런 육삼을 포용하기 때문이라고 한다.

60.5 (1)王弼於此无咎又別立一例, 只舊例亦可推行, 但能嗟其不節有過之心則亦无咎也. 若武帝下罪己之詔而天下悅, 大人過旣改, 則復何咎之有![322]

|번역| 왕필은 여기에서의 무구(无咎)에 대해 따로 하나의 예를 세웠으나, 통례만으로도 미루어 갈 수 있다. 그 절제하지 못해 잘못이 생겨난 마음을 탄식할 수만 있어도 허물은 없을 것이다. 마치 무제가 자신을 벌하는 조서를 내리자 천하가 기뻐한 것과 같다. 대인의 잘못이 고쳐졌거늘 다시 무슨 허물할 것이 있겠는가!

|해설| 왕필은 '무구'를 '탓할 곳이 없음'이라 풀이했다. 그러나 장재는 '허물이 없다'는 일반적인 통례에 따라도 충분히 의미가 통한다고 주장하였다. 스스로 자신의 무절제함으로 초래된 잘못을 탄식하며 반성할 수 있다면 사람들이 그를 포용해 더는 허물이 없게 된다는 것이다. 후대의 주자는 장재의 이런 해석을 따르지 않고, 왕필의 해석을 그대로 따르고 있다. 왕필과 주자의 이해에 따르면 육삼의 효

322 (1)王弼於此无咎又別立一例: 왕필이 여기서 무구(无咎)에 대해 따로 세운 하나의 예란 다음을 말한다. "음으로서 양에 처하고 부드러움으로서 강함을 탔으니, 절제에 위배되는 도로 슬피 탄식함에 이르게 된다. 자신이 초래한 것으로 원망하고 탓할 곳이 없다. 그러므로 무구无咎라고 했다."(以陰處陽, 以柔乘剛, 違節之道, 以至哀嗟. 自己所致, 无所怨咎, 故曰无咎也.) '무구'를 '원망하여 탓할 곳이 없음'의 의미로 풀이한 것을 가리킨다.

사는 이렇게 해석된다. "육삼은 절제하지 않으면 탄식할 것이니, 탓할 데가 없다." 즉 육삼의 무절제함은 자신이 초래한 것이니 어느 누구도 탓할 수가 없다는 뜻이다.

六四, 安節, 亨. 「象」曰: 安節之亨, 承上道也. 九五, 甘節, 吉, 往有尙. 「象」曰: 甘節之吉, 居位中也.

육사는 편안하게 절제하니 형통한다. 「상전」에서 말했다. 편안하게 절제하여 형통하는 것은 위의 도를 받드는 것이다. 구오는 달갑게 여겨 절제하니 길하다. 나아가면 숭상함이 있다. 「상전」에서 말했다. 달갑게 여겨 절제하니 길한 것은 머무는 위치가 중이기 때문이다.

60.6 以剛居中, 得乎盛位, 優爲其節者也, 守之不懈, 富貴常保, 故曰 "往有尙."

|번역| 강함으로 중에 머무르니 성대한 자리를 얻어 우아하게 그 절제를 하는 자이다. 그것을 지킴이 게으르지 않으니 부귀함이 항상 보전된다. 그러므로 "나아가면 숭상함이 있다"고 했다.

|해설| 구오는 높은 위치에 있으면서 우아하게 절제해 중정을 행하는 자이다. 끊임없이 적절히 절제하는 노력을 해 부귀함이 유지되고 숭상을 받는다.

上六, 苦節, 貞凶, 悔亡. 「象」曰: "苦節貞凶", 其道窮也.

상육은 고달프게 절제하니, 바르면 흉하나, 뉘우침은 없어진다. 「상전」에서 말했다. "고달프게 절제하니 바르면 흉하다"는 것은 그 도가 궁해지는 것이다.

60.7 處險之極, 故曰"苦節." 苦節而不正, 悔也, 必正而凶, 則道雖窮而悔亡; 苦節反若獲吉, 取悔必多.

|번역| 험난함의 극한에 처해 있으므로 "고달프게 절제한다"고 말한다. 고달프게 절제해도 바르지 않아 뉘우치게 된다. 기필코 바르게 해 흉하면 도는 비록 궁해도 뉘우침은 없어진다. 고달프게 절제함은 도리어 길함을 얻을 것 같지만 뉘우칠 일이 틀림없이 많아진다.

|해설| 장재는 상육을 험난한 상황의 극한에 처해 있는 것으로 보아 이때는 고달프게 절제한다고 했다. 하지만 고달프게 절제함은 장재가 보기에는 절괘 괘사에서 말한 것처럼 바르지 않은 것이다. 따라서 바르게 하는 것이 흉하기는 해도 뉘우침은 사라진다. 고달프게 절제하면 길함을 얻을 것 같지만, 바르지 않기 때문에 뉘우칠 일이 많아진다. 여기서 장재가 말하는 바르게 함(正)이란 지나치게 절제하지 않고 적절히 절제하는 것을 뜻한다.

61

중부

中孚䷼

中孚, 豚魚吉. 利涉大川, 利貞.「彖」曰: 中孚, 柔在內而剛得中, 說而巽, 孚乃化邦也. "豚魚吉", 信及豚魚也; "利涉大川", (1)乘木舟虛也, 中孚以利貞, 乃應乎天也.「象」曰: 澤上有風, 中孚, 君子以議獄緩死.[323]

마음속 진실함(中孚)이 무지한 돼지와 물고기에까지 미치니 길하다. 큰 내를 건너는 데 이롭고, 바르면 이롭다.「단전」에서 말했다. 부드러운 것이 안에 있고 강한 것은 중을 얻으며, 기뻐하면서 겸손하니 진실하면 곧 나라를 감화한다. "돼지와 물고기에까지 미치니 길하다"는 것은 믿음이 돼지와 물고기에까지 미치는 것이다. "큰 내를 건너는 데 이롭다"는 것은 나무배를 타는 것이니 배는 가운데가 비어 있다. 마음속이 진실하여 바르면 이로우니 하늘과 상응한다.「상전」에서 말했다. 못 위에 바람이 있는 것이 중부이다. 군자는 이를 본받아 옥사를 의논하고 사형을 늦춘다.

323 (1)乘木舟虛: 중부괘의 상괘는 巽으로 나무를 상징하고, 하괘는 兌로 못을 상징하여, 나무 배를 타고 물 위를 건넘을 상징한다. '배의 가운데가 비어 있음'은 중부괘의 가운데가 두 음효로 되어 있음에 근거한다.

61.1 中孚, 上巽施之, 下悅承之, 其中必有感化而出焉者. 蓋孚者(1)覆乳之象, 有必生之理, 信且正, 天之道也.[324]

|번역| 중부(中孚)는 위에서 공손하게 베풀고 아래에서 기뻐하며 받드는 것이니, 그 가운데에는 틀림없이 감화되어 나오는 것이 있다. 대개 부(孚)란 부화하는 상으로 반드시 낳는 이치가 있다. 미덥고 바른 것은 하늘의 도이다.

|해설| 중부란 마음속이 진실함을 뜻한다. 이를 사회적으로 보면 위에 있는 군주가 진실하고 겸손한 태도로 임하면 아래에 있는 백성들은 기뻐하며 군주를 받드는 것이 된다. 부(孚)라는 글자에는 본래 알을 부화한다는 뜻이 있다. 어미는 알을 품고 길러 새끼가 태어나도록 애쓴다. 장재는 이를 자연 전체로 확대하여 생명을 산출하는 자연은 우리와의 관계 속에서 바르고 미더운 존재로 평가된다는 점에서 이를 하늘의 도라고 했다.

初九, (1)虞吉, 有它(2)不燕. 「象」曰: "初九虞吉", 志未變也.[325]

초구는 방비하면 길하고 마음속에 다른 것이 있으면 편안하지 않다. 「상전」에서 말했다. "초구는 방비하면 길하다"는 것은 뜻이 변하지 않는 것을 뜻한다.

324 (1)覆乳, 부화함. 어미가 새끼를 배면 정성을 다해 그것을 덮어 주고(覆) 먹여 준다(乳). 孚에 본래 부화함이라는 뜻이 있으므로 이렇게 설명했다.

325 (1)虞, 헤아림, 우려함, 방비함 등의 뜻이 있다. 장재는 방비함이라 보았고, 정이천과 주자 등은 헤아린다(度)는 뜻으로 읽었다. (2)不燕: 燕, 편안하다. 不燕, 편안하지 않다.

61.2 爲信之始, 其信未孚, 而志應在四, 進有二三, 剛柔之間, 非以禮自防, 使爲衆所信, 取悔之道也. 故必防其萌, 使志不亂, (1)孚交如則威如乃吉.[326]

|번역| 믿음이 시작될 때 그 믿음이 아직 진실하지 않아, 뜻은 육사에 응하는 데 있되 전진하면 구이, 구삼이 있어, 강함과 부드러움 사이에서 예로 스스로를 방비하여 대중이 믿도록 하는 것이 아니라면 이는 뉘우칠 일을 취하는 도이다. 그러므로 반드시 그것이 싹틀 때를 방비하여 뜻이 어지럽지 않도록 해야 한다. 진실함으로 교감하면 위엄이 있어 길하게 된다.

|해설| 초구의 우(虞)를 정이천, 주자는 헤아린다(度)는 뜻으로 읽는다. 잘 헤아려 보고 믿을 만한 상대이면 그대로 믿어야지 다른 데 마음을 두면 안 된다는 뜻이다. 장재의 풀이도 정이천, 주자와 대체로 비슷하지만, 우(虞)를 방비한다는 뜻으로 본 것은 다르다. 초구는 육사와 상응한다. 따라서 초구가 진실함으로 대하려는 상대는 육사이다. 하지만 중간에 구이, 구삼 등 다른 것들이 있어서 그 지향을 어지럽힐 수 있다. 이에 그런 어지러운 생각이 싹틀 때 예를 가지고 그것을 방비해야 한다고 했다.

九二, 鳴鶴在陰, 其子和之, 我有好(1)爵, 吾與爾(2)靡之. 「象」曰: "其子和之", 中心願也.[327]

326 (1)『周易』, 대유(大有)괘 육오 효사에서 출전. "육오는 그 진실함으로 교감하고 위엄이 있으면 길하다."(六五, 厥孚交如, 威如, 吉.)

327 (1)爵, 술, 작위 등의 뜻이 있는데, 장재는 작위를 뜻한다고 보았지만, 술이라고 본 이들도 많다. (2)靡, 쓰러지다, 따르다, 공유하다 등의 뜻이 있는데, 장재는 쓰러지듯 따르는 것이라 보았다.

구이는 우는 학이 그늘에 있으니 그 아들이 그에게 화답한다. 나에게 좋은 작위가 있으니, 내가 너에게 주어 따르게 할 것이다. 「상전」에서 말했다. "그 아들이 그에게 화답하는 것"은 마음속으로 원하기 때문이다.

61.3 居中體巽, 無所私係, (1)德必有鄰, 物願所歸, 位以德致, 爲五所任, 故曰"與爾靡之." 靡, 偃也, 順從之也.[328]

| 번역 | 중에 머무르며 몸이 겸손하며 사사로이 매인 것이 없다. 덕이 있는 사람에게는 반드시 이웃이 있으니, 사람들이 귀의할 곳으로 원하여 자리를 잡고 덕으로써 다하니 구오에 의해 임용된다. 그러므로 "너에게 주어 따르게 한다"고 했다. 미(靡)는 쓰러짐이니, 순종하는 것이다.

| 해설 | 장재는 우는 학을 구오의 군주로, 그에게 화답하는 자식을 구이로 보았다. 구오의 군주가 중정의 덕을 지니고 가까이에 있는 이들에 얽매이지 않으니, 이런 군주에 대해 군자는 기용되어 쓰이기를 충심으로 원한다. 장재는 작(爵)은 작위를, 그리고 미(靡)는 쓰러짐, 순종함을 뜻한다고 보았다. 그리하여 이 구절은 구오가 구이에게 벼슬자리를 주고 구이는 그런 구오에게 진심으로 복종한다는 의미가 된다. 이러한 장재의 설명은 일반적인 것과 많이 다르다. 일반적으로는 우는 학을 구이로 보고, 그에 화답하는 자식을 구오로 본다. 양자의 관계를 꼭 군주와 신하의 관계로 보지 않고, 단지 둘 다 강중의 덕을 지닌 같은 부류 사이의 교감으로 본다. 그래서 작(爵) 자도 술잔을 뜻하고, 미(靡) 자는 함께한다는 뜻이라 푼다. 구이인 '내'가 좋은 술이 있으니 구오인 '너'와 이 술을 함께 나누겠다는 뜻이다.

328 (1)德必有鄰: 『論語』, 「里仁」, "덕이 있는 사람은 외롭지 않다. 반드시 이웃이 있다."(德不孤, 必有隣.)

六三, 得敵, 或鼓或罷, 或泣或歌. 「象」曰: "或鼓或罷", 位不當也.

육삼은 적을 얻으니 혹은 북을 두드리고 혹은 그만두어 물러나며 혹은 울기도 하고 혹은 노래를 부르기도 한다. 「상전」에서 말했다. "혹은 북을 두드리고 혹은 그만두어 물러나기도 하는 것"은 위치가 부당하기 때문이다.

61.4 處非所安, 物之所惡, 剛而乘之, 柔不相比, 進退之際, 惟敵是求, 不恒其德, 莫非己致. 一作惟敵是得, 故求之云云.

|번역| 처한 곳이 편안한 곳이 아니고 다른 이들이 미워하는 바이다. 강한 것을 타고 있고 부드러운 것과는 서로 친하지 않다. 진퇴할 때는 오직 적만을 구하여 그 덕을 항구적이지 못하게 하니, 자기가 이르게 한 것이 아닌 것이 없다. 어떤 곳에서는 오직 적만을 얻으므로 그것만을 구한다고 했다.

|해설| 육삼은 유약한 자가 자신과 맞지 않은 양의 자리에 있는 상이다. 그래서 자기 스스로 편안한 곳이라 느끼지 못하고 그런 그를 다른 이들은 미워한다. 아래로는 구이를 타고 있고 위로는 육사와 친하지 않다. 그래서 나아가든 물러나든 위아래로 적과 마주하여 대적한다. 북을 두드려 공격하기도 하고 혹은 그만두어 물러나기도 하며, 적이 공격할까 두려워 울기도 하고 적이 공격하지 않음에 기뻐하며 노래하기도 한다. 이렇게 그 마음이 불안하여 덕을 유지하지 못하는데 이는 모두 육삼 자신이 초래한 것이다.

六四, 月幾望, 馬匹亡, 无咎. 「象」曰: "馬匹亡", 絶類上也.

육사는 달이 거의 가득 찼으니, 말의 짝이 없어져도 허물이 없다. 「상전」에서 말했다. "말의 짝이 없어지는" 것은 위에서 동류를 근절하는 것이다.

61.5 誠以接物, 體巽居柔, 陰德之盛美者也. 陰德盛美, 物所願交, 故必一其所應, 絶類於上, 使陰不疑陽, 如月近望而不過於盈, 可以无咎. 一作免咎.

| 번역 | 진실함으로 사물과 접촉하되 몸이 공손하고 부드러움에 머무르니 음덕이 성하고 훌륭한 자이다. 음덕이 성하고 훌륭하면 사람들이 교제하기를 원하는 바이다. 그러므로 반드시 그 응하는 바를 한결같이 하고 위에서 동류를 근절해 음이 양을 의심하지 않도록 한다. 마치 달이 거의 보름달에 가까워졌으나 가득 차는 것을 넘어서지 않도록 해야 허물이 없을 수 있는 것과 같다. 어떤 곳에서는 허물을 면한다고 했다.

| 해설 | 육사는 진실한 마음으로 사물과 접촉하되 공손하고 부드러운 덕을 지닌 자이다. 그래서 많은 이들이 그와 사귀고자 한다. 그러므로 그는 그가 대하는 이가 누구든 한결같은 마음을 갖고 응해야 한다. 특히 육사는 신하의 위치에 있기 때문에 공적인 관계에서는 음유한 자, 즉 육삼과의 관계를 단절해야 한다. 마치 음유한 자신이 거의 보름달에 가까울 정도로 군주를 직접 받드는 위치에 이르렀으나 그렇게 음유한 이들이 지나치게 많아서는 안 된다. 그래야 허물이 없을 것이다. 장재는 육사가 단절해야 하는 이를 육삼으로 본 듯하다. 그러나 주자의 경우에는 "말의 짝"이라는 말에 주목해, 육사와 상응하는 초구와 단절하는 것으로 풀이했다.

九五, 有孚(1)攣如, 无咎. 「象」曰: "有孚攣如", 位正當也.[329]

구오는 마음속에 진실함이 있어 매이듯이 하면 허물이 없을 것이다. 「상전」에서 말했다. "마음속에 진실함이 있어 매이듯이 하는 것"은 위치가 정당하기 때문이다.

61.6 處乎盛位而信不交物, 未免於咎也.

|번역| 성한 위치에 처해 있으면서 신실함으로 외물과 교제하지 않으면 허물을 면하지 못한다.

|해설| 이 시기에 높은 위치에 있는 군주는 진실한 마음으로 만민과 하나로 연결되어 소통해야 한다. 장재는 군주가 그렇게 '매이듯이' 만민과 끈끈히 연결하여 소통하지 못한다면 허물을 면치 못할 것이라 하였다.

上九, (1)翰音登于天, 貞凶. 「象」曰: "翰音登于天", 何可長也![330]

상구는 닭의 나는 소리가 하늘로 올라가니, 바르더라도 흉하다. 「상전」에서 말했다. "닭의 나는 소리가 하늘로 올라가니" 어찌 장구할 수 있겠는가!

329 (1)攣, 손 등으로 연결됨, 매임 등을 뜻함.
330 (1)翰音, 높이 나는 소리. 翰은 닭을 뜻하기도 하는데, 그러면 翰音登于天이란 본래 날 수 없는 닭이 하늘 높이 오르려고 우는 것을 뜻한다.

61.7 處信之極, 好居物上, 信而無實, 窮上必凶. 一云: 將變而爲小過也.

|번역| 신실함의 극한에 처하여 다른 것의 위에 머무르는 것을 좋아한다. 신실하지만 알맹이가 없어 위에서 궁해지면 반드시 흉하다. 일설에 따르면 장차 변하여 소과(小過)괘가 된다고 한다.

|해설| 한(翰)은 닭이다. 손(巽)괘가 닭을 상징하기도 해 이것이 등장했다. 상구는 진실함이 극한에 이르러 그 반대되는 측면으로 전환하는 때이다. 게다가 상구는 강하지만 음에 있어 그 위치도 올바르지 않고, 구오 위에 있다. 내면은 신실하지만 다른 이들 위에 군림하기를 좋아하는 자이다. 신실하기만 하고 알맹이가 없는 것이 마치 닭의 나는 소리가 하늘로 올라가지만, 하늘을 나는 닭의 실체는 없는 것과 같다. 그래서 이런 자는 위로 올라갈수록 흉하다.

62

소과

小過䷽

小過. 亨利貞, 可小事, 不可大事. 飛鳥遺之音, 不宜上宜下, 大吉. 「彖」曰: 小過, 小者過而亨也, 過以利貞, 與時行也. 柔得中, 是以小事吉也; (1)剛失位而不中, 是以不可大事也. 有飛鳥之象焉, "飛鳥遺之音, 不宜上宜下大吉", 上逆而下順也.[331]

소과(小過). 형통하니, 바르면 이롭다. 작은 일은 가능하지만 큰일은 불가능하다. 날아가는 새가 소리를 남겼으니, 위로 올라가면 적절치 않고 아래로 내려오면 적절해 크게 길할 것이다. 「단전」에서 말했다. 소과는 작은 것이 지나치지만 형통하는 것이니, 지나치지만 바르면 이로운 것은 때와 더불어 행하기 때문이다. 부드러운 것이 중을 얻으므로 작은 일은 길하다. 강한 것이 위치를 잃고 중에 있지 않으므로 큰일은 불가능하다. 날아가는 새의 형상이 있어, "날아가는 새가 소리를 남겼으니, 위로 올라가면 적절치 않고 아래로 내려오면 적절해 크게 길할 것이다"라는 것은 올라가는 것은 거스르는 것이고 내려오는 것은 순응하

331 (1)剛失位而不中: 구삼과 구사의 두 양효가 중의 위치에 있지 못함을 가리킨다.

는 것이기 때문이다.

62.1 時宜用過, 雖過正也.

|번역| 때가 지나침을 사용하는 것이 합당하므로 비록 지나치지만 바르다.

|해설| 소과(小過)는 소(小), 즉 음이 지나치다는 뜻이다. 소과䷽가 음이 넷이고 양이 둘이어서 음이 지나치게 많은 형상이라는 점에서 붙은 이름이다. 소과는 대과(大過)와 상대되어 작은 잘못이라는 뜻도 있다. 아무튼 조금 지나친데도 형통한다고 말한 까닭은 어디에 있는가? 「단전」에서 말하듯 모든 옳음은 다 "때와 더불어 행하기 때문이다." 다시 말해 시의적절하면 비록 조금 지나친 듯 보이더라도 바른 것이다. 장재도 그런 취지의 말을 하였다.

62.2 失其所安者, 必矯其所爲以求安, 過於自大, 其勢必危, 過於自損, 可以獲吉, 故曰"上逆下順, 飛鳥之象."

|번역| 그 편안할 바를 잃은 자는 반드시 그 행하는 바를 교정하여 편안함을 추구해야 한다. 지나치게 자신을 훌륭하게 여기면 그 추세는 틀림없이 위태로워지고, 지나치게 자신을 낮추면 길함을 얻을 수 있다. 그러므로 "위로 올라가면 거스르고 아래로 내려오면 순응하니, 날아가는 새의 형상이다"라고 했다.

|해설| 소과䷽는 육이와 육오의 부드러운 것이 중을 얻은 형상이다. 그래서 작은 일상의 일을 할 때는 길하다. 반면 구삼과 구사는 강한 것이 올바른 위치를 잃거나 혹은 중에 있지 않다. 그래서 국가대사 같은 일은 할 수 없다. 또 소과괘를 전체

적으로 보면 바깥은 모두 음이고, 안쪽의 둘은 양이다. 바깥에 있는 네 음이 새의 날개라면 안에 있는 두 양은 새의 몸통이다. 그래서 날아가는 새의 형상이라고 했고, 새가 너무 높이 오르기만 하면 편안하지 못하므로, 다소 지나칠 정도로 자신을 낮추면 크게 길할 것이라고 했다.

「象」曰: 山上有雷, 小過, 君子以行過乎恭, 喪過乎哀, 用過乎儉.

「상전」에서 말했다. 산 위에 우레가 있으니 소과이다. 군자는 이를 본받아 행동은 지나치게 공손하고 상례는 지나치게 슬퍼하며 쓰는 일은 지나치게 검소하다.

62.3 過恭哀儉, 皆宜下之義.

|번역| 지나치게 공손하고 슬퍼하며 검소하다는 것은 모두 아래로 내려가는 것이 적절하다는 의미이다.

|해설| 소과䷽괘의 하괘는 간(艮)으로 산을 상징하고, 상괘는 진(震)으로 우레를 상징한다. 산 위에 우레가 있는 형상인데, 산 위에서 울리는 우레는 다소 크게 들린다. 그렇듯이 군자는 행동이 다소 지나쳐도 이 시기에는 그 기준에 못 미치는 것보다는 낫다.

初六, (1)飛鳥以凶. 「象」曰: "飛鳥以凶", 不可如何也. 六二, 過其祖, 遇其(2)妣, 不及其君, 遇其臣, 无咎. 「象」曰: "不及其君", 臣不可過也.[332]

초육은 날아가는 새로 흉하다. 「상전」에서 말했다. "날아가는 새로 흉하다"는 것은 어떻게 할 수 없는 것이다. 육이는 그의 할아버지를 지나쳐 그의 할머니를 우연히 만나고, 그의 군주에 미치지 않고 그의 신하를 우연히 만나면 허물이 없을 것이다. 「상전」에서 말했다. "그의 군주에 미치지 않는다"는 것은 신하를 지나쳐서는 안 된다는 뜻이다.

62.4 與其上比於陽, 不若下遇之陰, 與其上合於五, 不若退附於初, 宜下之義也. 無應於上, 故能免咎. 臣居己下, 猶不可過, 况其他乎!

| 번역 | 위로 양과 친하게 지내느니 아래에서 만나는 음이 낫고, 위로 육오와 결합하느니 물러나 초육에 붙는 것이 나으니, 아래로 내려가는 것이 적절하다는 의미이다. 위로 상응하는 것이 없으므로 허물을 면할 수 있다. 신하가 자기의 아래에 머무는 것도 지나쳐서는 안 되거늘 하물며 다른 이들이겠는가!

| 해설 | 육이는 유순하고 중정하여 지나치지 않으려 노력하는 자이다. 이 조목에 대한 이해에서 문제가 되는 것은 할아버지, 할머니, 신하가 괘상에서 무엇을 가리키는지에 대한 것이다. 장재의 설명에 근거해 생각하면 "위로 양과 친하게 지내느니"라고 한 것을 볼 때 지나치는 할아버지는 구삼으로 본 듯하고, "아래에서 만나는 음이 낫고"라고 한 것을 볼 때 우연히 만나는 할머니는 초육을 가리키는 것으로 본 듯하다. 또 이어지는 구절에서 군주는 육오를 가리키고, 신하는 초육을 가리킨다고 했다. 초육은 할머니와 신하라는 중첩된 형상이 있는 것인데, 장재가 이렇게 해석한 이유는 이 구절이 소과(小過)의 시기에 유순하고 중정한 육이는 바름을 지켜 아래로 내려가 할아버지가 아닌 할머니와, 임금이 아닌 신하와

332 (1)飛鳥以凶: 초육은 구사와 상응하기 때문에 멀리 높이 날아오르려고만 한다. 그래서 흉하다. (2)妣(비), 할머니.

교류한다고 이해하는 것이 '아래로 내려가는 것이 적절하다'고 한 「단전」의 설명에 부합한다고 여겼기 때문이다.

九三, 弗過防之, 從或戕之, 凶. 「象」曰: "從或戕之", 凶如何也!

구삼은 지나치게 방비하지 않으면 따라서 혹 해치니 흉하다. 「상전」에서 말했다. "따라서 혹 해친다"고 하니 흉함이 어떠하겠는가!

62.5 居陽以剛而應於上, 爲衆所疾, 非過爲防愼, 人或戕之, 凶之甚也.

| 번역 | 강함으로 양에 머무르며 상육에 응하니, 많은 이들이 미워한다. 지나치게 방비하고 신중하지 않으면 혹여 사람들이 해치게 되니 흉함이 심하다.

| 해설 | 구삼은 강함으로 양의 자리에 있어 매우 강한 자를 상징한다. 위로는 상육과 상응한다. 이에 많은 사람이 그를 질시하고 미워할 것이니, 지나칠 정도로 방비하지 않으면 해를 입게 된다.

九四, 无咎, 弗過遇之, 往厲必戒, 勿用永貞. 「象」曰: "弗過遇之", 位不當也, "往厲必戒", 終不可長也.

구사는 허물이 없다. 지나치지 않고 만나니, 나아가면 위태로우므로 반드시 경계해야 한다. 영원히 바른 것을 쓰지 말아야 한다. 「상전」에서 말했다. "지나치지 않고 만나는 것"은 위치가 부당하기 때문이다.

"나아가면 위태로우므로 반드시 경계해야 한다"는 것은 끝내는 장구할 수 없음을 뜻한다.

62.6 道非剛亢, 故無咎, 有應於下, 故曰"弗過遇之." 過此以往, 難無以除, 故危而必戒; 不可常然, 故勿用永貞. 一云: 九四以陽居陰而乘九三之剛, 非其過也, 乃適與之遇爾, 故無咎; 若率是而往, 必危以爲戒, 終不可久, 故勿用永貞, 當思奮爾.

| 번역 | (구사의) 도는 강함이 지나치지 않으므로 허물이 없다. 아래에 응하는 것이 있으므로 "지나치지 않고 만난다"고 했다. 그것을 지나치고 나아가면 어려움이 제거되는 것이 없으니 위태로워 반드시 경계해야 한다. 영원히 그래서는 안 되니, 영원히 바른 것을 쓰지 말아야 한다. 일설에 의하면 다음과 같이 말한다. 구사는 양으로 음에 머무르며 구삼의 강함을 타고 있으나, 그의 잘못이 아니고, 우연히 그것과 만난 것일 뿐이다. 따라서 허물이 없다. 만약 이를 따라 나아간다면 틀림없이 위태로울 것임을 경계로 삼아야 한다. 끝내는 장구할 수 없으니, 영원히 바름을 쓰지 말고 마땅히 분발할 것을 생각할 따름이다.

| 해설 | 구사는 강하지만 음의 위치에 있기 때문에 지나치게 강한 것은 아니다. 소과의 시기에는 이렇게 지나치게 강하지 않아야 허물이 없다. 또 구사는 초육과 상응한다. 그래서 초육을 지나치지 않고 그것과 만난다. 장재는 만약 그것을 지나쳐 버리고 앞으로 나아간다면 아래에 있는 어려움이 제거되지 않고 나아가는 것이니, 위태로운 것이고 따라서 경계해야 한다고 했다. "영원히 바름을 쓰지 말라"는 구절을 장재는 구사의 상황은 영원한 것이 아니어서 상황의 변화에 따라 행위의 원칙도 바뀌어야 하므로 구사의 원칙을 영원히 바른 것으로 생각하지 말라

는 뜻으로 설명했다.

六五, 密雲不雨, 自我西郊, 公(1)弋取彼在穴. 「象」曰: 密雲不雨, 已上也.[333]

육오는 빽빽한 구름이 비가 내리지 않으니, 우리 서쪽 근교에서부터이기 때문이다. 공이 주살로 둥지에 있는 저것들을 취한다. 「상전」에서 말했다. 빽빽한 구름이 비가 내리지 않는 것은 이미 너무 올라가 있기 때문이다.

62.7 不能畜剛止健. 凡言"自我西郊", 進而不已也. 柔得中, 小事吉, 故曰"公弋取彼在穴", 非及物之功, 且不能摧敵止暴也. 三止於下, 隱伏之象, 故曰"在穴." 小過有飛鳥之象, 故因曰"取彼在穴." 雨必蒸聚, 自下而上, 則其潤澤周普, 今自西而東, 趨其所應, 其施未光也. "已上", 亦尙往之義.

|번역| 강함을 축적하지 못하여 건장한 것이 멈춰 있다. 무릇 "우리 서쪽 근교에서부터이다"라고 말한 것은 (음유가) 나아감에 그침이 없는 것이다. 부드러움이 중을 얻으니, 작은 일에서는 길하다. 그래서 "공이 주살로 둥지에서 저것들을 취한다"고 했다. 만물에 미치는 공이 아니고, 적을 꺾어 흉포함을 그치게 할 수도 없다. 구삼은 아래에 멈

333 (1)弋(익), 주살. 화살촉에 구멍을 뚫어 매달아 놓은 것으로, 주살로 쏘아 맞히면 동물을 도망 못 가게 할 수 있다.

추어 숨어 있는 형상이다. 그래서 "둥지에 있다"고 했다. 소과괘에는 날아가는 새의 형상이 있다. 그로 인해 "둥지에서 저것들을 취한다"고 했다. 비는 반드시 증발해 모여야 하니, 아래에서 위로 올라가면 그 윤택한 것이 완비된다. 지금 서쪽에서부터 동쪽으로 그 상응하는 것으로 나아가지만 그 베풂은 빛나지 못한다. "이미 위로 올라가 있다"는 것은 "위로 올라간다(尙往)"는 뜻이다.

|해설| 육오는 음유함으로 존귀한 위치에 있는데, 아래에 상응하는 양이 없다. 그것이 마치 구름이 빽빽하여 날이 무척 흐리지만 양기와 교감하지 못해 비가 내리지 않는 것과 같다. 이를 장재는 강한 양기를 축적하지 못해 강건한 기가 멈춰 있다는 말로 설명했다. "우리 서쪽 근교에서부터이다"라는 말은 옛날에 서쪽은 음으로 가득한 방위로 생각했기 때문에, 서쪽 근교에 음으로 가득한 구름이 빽빽이 있음을 가리킨다. 양과 교감하지 못하기 때문에 육오는 큰일은 할 수 없지만, 부드러우면서 중의 위치에 있어 작은 일을 할 수 있다. 그리고 그 일을 장재는 육오가 주살로 둥지에 숨어 있는 구삼을 잡는 것이라 했다. 장재는 혈(穴)을 둥지라 풀이했고, 둥지에 있는 것을 지나치게 강한 구삼이라 보았다. 하지만 이런 육오의 행위가 만물에 두루 미치는 것도 아니고 사회에 존재하는 흉포한 적을 다 제거할 수 있는 것도 아니다. 장재 주석의 마지막 구절에 "이미 올라가 있다"는 말이 "위로 올라간다(尙往)"는 뜻이라고 한 설명은 소과괘 육오의 이 말이 소축괘 「단전」의 상왕(尙往)과 같은 의미라는 뜻이다.

上六, 弗遇過之, 飛鳥(1)離之, 凶, 是謂災眚. 「象」曰: "弗遇過之", 已亢也.[334]

상육은 만나지 않고 지나치니 날아가는 새가 벗어난 것이어서 흉하

334 (1)離, 벗어남, 그물에 걸림 등으로 풀이한다. 장재는 離에 대해 특별히 설명하지 않고 위로 올라감만을 말한 것으로 보아, 벗어남으로 이해한 듯하다.

다. 이를 재앙이라고 한다. 「상전」에서 말했다. "만나지 않고 지나친다"는 것은 이미 너무 높이 올라간 것을 뜻한다.

62.8 不宜上而上, 乃自取之災也.

|번역| 위로 올라가면 적절하지 않은데도 올라갔으니, 스스로 취한 재앙이다.

|해설| 상육은 음유로 소과의 시기에 그 극한에 있다. 아래로 상응하는 구삼과 만나지 않고 지나쳐 날아가는 새처럼 올라가서는 안 되는데, 끝까지 올라가는 형상이다. 장재는 이를 스스로 취한 재앙이라고 하였다.

63

기제
既濟䷾

(1)既濟. 亨, 小利貞, 初吉終亂. 「彖」曰: "既濟亨", 小者亨也. "利貞", 剛柔正而位當也. "初吉", 柔得中也; 終止則亂, 其道窮也. 「象」曰: 水在火上, 既濟, 君子以思患而豫防之.[335]

기제(既濟). 형통하니, 바르면 조금 이롭다. 처음에는 길하지만 끝내는 어지러워진다. 「단전」에서 말했다. "기제는 형통한다"고 하니 작은 것이 형통함이다. "바르면 이롭다"는 것은 강함과 부드러움이 바르고 위치가 합당하기 때문이다. "처음에 길하다"는 것은 부드러움이 중을 얻은 것을 뜻한다. 끝에 멈추면 어지러워진다는 것은 그 도가 궁해지는 것이다. 「상전」에서 말했다. 물이 불 위에 있으니 기제이다. 군자는 이를 본받아 우환거리를 생각해 예방한다.

63.1 通其變然後可久, 故止則亂也.

335 (1)既濟, 기제(既濟)는 '이미 일이 이루어졌다'는 뜻이다.

| 번역 | 변화에 통해야 장구할 수 있으니, 멈추면 어지러워진다.

| 해설 | 기제䷾괘의 괘상을 보면 여섯 효가 모두 상응하며, 또 모두 바른 자리에 있다. 일이 이루어져 모든 것이 안정된 상태이다. 그러나 일이 이루어졌다고 해서 모든 게 끝난 것이 아니다. 처음에는 길하겠지만, 변화하는 현실에 능동적으로 대응하지 못하면 끝내는 다시 어지러워진다. "변화에 통해야 장구할 수 있다", "멈추면 어지러워진다"는 말은 모두 그런 뜻이다.

初九, (1)曳其輪, 濡其尾, 无咎. 「象」曰: "曳其輪", 義无咎也. 六二, 婦喪其(2)茀, 勿逐, 七日得. 「象」曰: "七日得", 以中道也. 九三, (3)<u>高宗</u>伐<u>鬼方</u>, 三年克之, 小人勿用. 「象」曰: "三年克之", 憊也.[336]

초구는 그 수레바퀴를 당기고 그 꼬리를 적시니 허물이 없다. 「상전」에서 말했다. "그 수레바퀴를 당긴다"는 것은 의리상 허물이 없는 것이다. 육이는 부인이 그 수레 가리개를 잃으니, 쫓지 않아도 7일이 되면 얻는다. 「상전」에서 말했다. "7일이 되면 얻는다"는 것은 중도로서 하기 때문이다. 구삼은 은의 고종이 귀방을 정벌해 3년 만에 이기니, 소인은 쓰지 말라. 「상전」에서 말했다. "3년 만에 이겼다"는 것은 피곤함을 뜻한다.

63.2 上六險而應, 此處卦之未濟以終亂者也, 故以比鬼方. 九三以陽居陽, 文明而正, 故用師雖久, 困而必克, 小人用之, 取亡之道也.

336 (1)曳其輪, 濡其尾: 초구는 구사와 상응하지만 수레바퀴를 뒤로 당기거나 꼬리를 적시는 것처럼 급히 나아가지 않도록 한다. (2)茀(불), 귀부인이 타는 수레를 덮는 장식. (3)高宗伐鬼方, 은의 고종인 무정(武丁)이 이민족인 귀방을 쳐서 이긴 일을 가리킨다.

|번역| 상육은 험난함으로 상응하니, 그곳은 괘가 미제로 가 끝내는 어지러워지는 곳이다. 그러므로 귀방(鬼方)에 비유했다. 구삼은 양으로 양에 머무르며 문채가 나고 밝으며 바르다. 그러므로 군사를 쓰는 것이 비록 오래되어 곤란을 겪더라도 틀림없이 이긴다. 소인을 쓰는 것은 망국을 취하는 길이다.

|해설| 은의 고종은 무정(武丁)을, 귀방鬼方은 은나라 때의 소수민족을 가리킨다. 구삼은 상육과 상응하는데, 상육은 기제의 시기가 다 지나고 미제로 넘어가는 때에 해당되어 험난하다. 그 험난함을 상징하는 것을 은나라가 자주 전쟁을 치른 귀방에 비유했다. 구삼은 양강이며 바르다. 그래서 3년이나 전쟁을 하는 곤란을 겪지만 끝내는 승리한다. 그 전쟁의 전후에 소인을 기용하는 것은 망국으로 이르는 길이므로 소인은 쓰지 않는다.

六四, (1)繻有(2)衣袽, 終日戒. 「象」曰: "終日戒", 有所疑也. 九五, 東鄰殺牛, 不如西鄰之禴祭, 實受其福. 「象」曰: "東鄰殺牛", 不如西鄰之時也, "實受其福", 吉大來也.[337]

육사는 배에 물이 새니 낡은 솜옷으로 틀어막아 종일토록 경계한다. 「상전」에서 말했다. "종일토록 경계한다"는 것은 의심하는 바가 있는 것이다. 구오는 동쪽의 이웃이 소를 죽여 제사를 지내는 것이 서쪽 이웃이 간략한 제사를 지내어 실제로 그 복을 받는 것보다 못하다. 「상전」에서 말했다. "동쪽의 이웃이 소를 죽여 제사를 지내는 것"은 서쪽 이웃이 때에 적합하게 제사를 지내는 것보다 못한 것이요, "실제로 그 복을 받는다"는 것은 길함이 크게 온다는 뜻이다.

337 (1)繻는 濡와 같다. (물이 새어) 배가 젖음을 뜻한다. (2)衣袽(여): 袽(여)는 낡고 헤진 솜옷. 衣袽, 낡은 솜옷을 (물이 새는 곳)에 입힘. 즉 낡은 솜옷으로 틀어막음.

63.3 東鄰, 上六也; 西鄰, 六四也. 過於濟, 厚也; 幾於中, 時也. 濟而合禮, 雖薄受福. 九五既濟之主, 擧上與下, 其義之得不言而著也.

|번역| 동쪽의 이웃은 상육이요, 서쪽의 이웃은 육사이다. 일이 이루어지는 것이 지나친 것은 후하게 제사 지냄이요, 거의 중에 가까운 것은 시의적절한 것이다. 일이 이루어져 예에 합치되면 설사 박하게 제사 지내더라도 복을 받는다. 구오는 기제의 주효로 위와 아래를 거론했으니, 그 의미를 얻음은 말하지 않아도 명백하다.

|해설| 구오는 상괘의 주효로서 강하면서도 바르게 행동하는 자이다. 이를 비유하자면 동쪽 이웃 나라처럼 소를 잡아 성대한 제사를 형식적으로 잘 거행하는 것보다는 서쪽 이웃 나라처럼 간소한 제사를 진실한 마음을 담아 시의적절하게 거행하는 것이 더 낫다고 인식하는 자이다. 장재는 비유에 등장하는 동쪽 나라가 상육이고, 서쪽 나라가 육사를 가리킨다고 했다.

上六, (1)濡其首, 厲. 「象」曰: "濡其首, 厲", 何可久也![338]

상육은 그 머리를 적시니 위태롭다. 「상전」에서 말했다. "그 머리를 적시니 위태롭다"고 하니, 어찌 장구할 수 있겠는가!

338 (1)濡其首, 厲: 기제괘의 극한에 처하여 마치 여우가 강을 건너다가 머리가 잠겨 그것을 적시듯이 매우 위태로운 상황이 초래됨을 뜻한다.

64

미제

未濟䷿

未濟. 亨, 小狐汔濟, 濡其尾, 无攸利. 「彖」曰: "未濟亨", (1)柔得中也. "小狐汔濟", (2)未出中也, "濡其尾无攸利", 不續終也. 雖不當位, 剛柔應也. 「象」曰: 火在水上, 未濟, 君子以愼辨物居方. 初六, 濡其尾, 吝. 「象」曰: "濡其尾", 亦(3)不知極也. 九二, 曳其輪, 貞吉. 「象」曰: 九二貞吉, 中以行正也. 六三, 未濟征凶, 利涉大川. 「象」曰: "未濟征凶", 位不當也.[339]

미제(未濟). 형통하되, 작은 여우가 거의 다 건너다가 그 꼬리를 적시니 이로운 바가 없다. 「단전」에서 말했다. "미제가 형통한다"는 것은 부드러운 것이 중을 얻음을 뜻한다. "작은 여우가 거의 다 건너갔다"는 것은 아직 위험에서 나오지 못했다는 뜻이다. "그 꼬리를 적셔 이로운 바가 없다"는 것은 계속하여 마치지 못한다는 뜻이다. 비록 여섯 효의 위치가 부당하지만 강함과 부드러움이 상응한다. 「상전」에서 말했다. 불이

339 (1)柔得中: 육오가 중에 있음을 가리킨다. (2)未出中: 구이가 아직 하괘의 위험에서 벗어나지 못했음을 뜻한다. (3)不知極: 초육이 자기 능력의 극한, 즉 한계를 알지 못함.

물 위에 있으니 미제이다. 군자는 이를 본받아 사물을 신중하게 변별하여 바른 곳에 머무르도록 한다. 초육은 그 꼬리를 적시니 부끄럽게 된다. 「상전」에서 말했다. "그 꼬리를 적신다"는 것은 극한을 알지 못하는 것이다. 구이는 그 수레바퀴를 당기니 바르고 길하다. 「상전」에서 말했다. 구이가 바르고 길한 것은 중으로써 바름을 행하기 때문이다. 육삼은 미제일 때에 나아가면 흉하지만 큰 내를 건너는 데는 이롭다. 「상전」에서 말했다. "미제일 때 나아가면 흉하다"는 것은 위치가 부당하기 때문이다.

64.1 有強援於上, 故利涉大川, 非義躁進, 凶之道也.

| 번역 | 강한 것이 있어 위에서 응원하므로 큰 내를 건너는 데 이롭다. 의가 아닌데 조급하게 전진하는 것은 흉한 도이다.

| 해설 | 미제(未濟)는 아직 일이 이루어지지 않았다는 뜻이다. 기제가 아니라 미제, 즉 미완성을 마지막으로 하여 64괘가 끝을 맺고 있다.

육삼은 음유하고 미제의 시기에 하괘인 감(坎)에 속해 있어, 즉 여전히 위험한 상황에 놓여 있어 의가 아닌데 함부로 나아가면 흉하다. 하지만 그러면서도 "큰 내를 건너는 데는 이롭다"고 했다. 어떤 근거에서 이로울 수 있는가? 장재는 육삼과 상응하는 것, 즉 상구가 위에서 육삼을 돕기 때문에 그럴 수 있다고 했다.

九四, 貞吉悔亡, (1)震用伐鬼方, 三年有賞于大國. 「象」曰: "貞吉悔亡", 志行也.[340]

340 (1)震, 우레가 치듯 세차게.

구사는 바르면 길하여 뉘우침이 없어진다. 우레가 치는 기세로 귀방을 치니, 3년이 되면 대국에서 주는 상이 있게 된다. 「상전」에서 말했다. "바르면 길하여 뉘우침이 없어진다"는 것은 뜻이 행해지는 것을 말한다.

64.2 剛陽之德, 迫近至尊, 非正而吉, 悔所招也. 初處險中, 叛而未一, 奮動討伐, 其勢必克, 堪上之任, 是以有賞.

|번역| 구사는 강한 양의 덕으로 지존에 가까이 가 있으니, 바름이 아닌 길함은 뉘우침을 초래한다. 초육은 위험 가운데에 있으면서 배반하여 하나가 되지 못했으니, 분기하여 움직여 토벌하면 그 기세는 틀림없이 이기고 위의 신임을 받을 것이다. 그리하여 상이 있게 된다.

|해설| 구사는 본래 바른 위치에 있지 않아 뉘우침이 있으나, 험난한 상황에서 점차 일이 해결되는 상황으로 나아가는 추세에 처해 있으며 지존인 군주에도 가까워지고 있다. 그래서 바르게 행동해야 길하고 뉘우침이 없게 된다고 했다. 구사의 강한 덕은 초육과 대항해 싸우는 데 쓰인다. 이를 장재는 위험 속에서 배반한 초육을 구사가 토벌해 이기는 것이라 설명했다. 그렇게 귀방과 싸워 이기면 군주의 인정을 받아 상을 받는다.

六五, 貞吉无悔, 君子之光, 有孚, 吉. 「象」曰: "君子之光", 其(1)暉吉也. 上九, 有孚于飮酒, 无咎, 濡其首, 有孚失是. 「象」曰: 飮酒濡首, 亦不知節也.[341]

341 (1)暉, 광휘, 광채.

육오는 바르니 길하여 뉘우침이 없다. 군자의 빛남은 진실함이 있어 길하다. 「상전」에서 말했다. "군자의 빛남"은 그 광휘가 길한 것이다. 상구는 술을 마시는 데 진실함이 있으면 허물이 없으나, 그 머리를 적실 정도로 마시면 진실함이 있더라도 옳음을 잃게 된다. 「상전」에서 말했다. 술을 마시는데 머리를 적실 정도로 마시는 것 또한 절제를 모르는 것이다.

64.3 飮酒而至於濡首, 不節之甚也, 其必失此樂也有孚.

|번역| 술을 마시는데 머리를 적시는 정도에 이르는 것은 절제하지 못함이 심한 것이다. 그가 반드시 이런 즐거움을 잃게 되는 것 또한 확실할 것이다.

|해설| 상구는 미제괘의 극한에 있어 일이 거의 이루어지지만 자칫 그 즐거움에 빠져 절제할 줄 모르면 올바름을 상실하게 된다. 마치 진실한 자세로 술을 마시지만 지나치게 많이 마시면 음주의 즐거움을 상실하게 되는 것과 같다.

1

계사상
繫辭上

| 해설 | 「계사전」은 『역경』의 총론에 해당된다. 주로 『역경』의 철학적 원리와 체계에 대해 논하고 있다. 따라서 이 편이 도학자인 장재에게도 중요하게 다루어질 것이라는 점은 쉽게 짐작할 수 있다. 실제로 앞서 『역경』에서의 주석이 비교적 간략한 데 비해, 「계사전」에 대한 장재의 논의는 매우 풍부하다. 이 편에서의 많은 내용은 후에 『정몽』에도 그대로 실려 있다. 다만 한 가지 지적해 둘 것은 장재가 「계사전」의 모든 문장을 일일이 다 주해하지는 않았다는 점이다. 그는 일부 문장을 선별해서 주석하고 있다. 그래서 「계사전」의 일부 문장들은 빠져 있음을 밝혀 둔다.

1.1 [「繫辭」所擧『易』義, 是聖人議論到此, 因擧『易』義以成之, 亦是人道之大且要者也.]

| 번역 | 「계사」에서 거론하는 『역』의 의미는 성인의 논의가 이에 이르러 「역」의 의미를 거론함으로 인해 이루어진 것이니, 이 또한 인도(人道)의 크고 중요한 부분이다.

|해설| 「계사전」에는 『역경』의 철학적, 인간학적 의미가 많이 다루어지고 있다. 장재는 이러한 논의를 다 성인이 한 것이며, 따라서 그것은 매우 중대한 의미를 지니고 있다고 생각한다.

1.2 [「繫辭」反復惟在明『易』所以爲易, 撮聚衆意以爲解, 欲曉後人也.]

|번역| 「계사전」에서 반복하는 것은 「역」이 역이 되는 까닭을 밝히는 데 있으니, 수많은 의미를 모아 해설을 하여 후대 사람들을 깨우치고자 한다.

|해설| 「역」에서 말하고자 하는 이치는 주로 역의 이치, 즉 흔히 말하는 변역(變易), 간이(簡易), 불역(不易)의 이치이다. 역의 이치가 곧 「역」이 역이 되는 까닭이다. 「계사전」은 이 역의 이치와 관련된 많은 의미를 해설해 사람들을 깨우치려 하는 데 그 저술의 목적이 있다.

1.3 [欲觀『易』先當玩辭, 蓋所以說『易』象也. 不先盡「繫辭」, 則其觀於『易』也, 或遠或近, 或太艱難. 不知「繫辭」而求『易』, 正猶不知禮而考『春秋』也.]

|번역| 『역』을 살피고자 하면 먼저 말을 음미해야 하니, 그것은 『역』의 상(象)을 설명한 것이기 때문이다. 먼저 「계사전」을 온전히 이해하지 못한다면 『역』을 살필 때 멀기도 하고 가깝기도 하며 너무 어렵기도 하게 된다. 「계사전」을 모르고 『역』을 구하는 것은 바로 예를 모르고 『춘추』를 살피는 것과 같다.

| 해설 | 흔히 『역』의 3대 구성요소를 언(言), 상(象), 의(意)라고 한다. 각각 말, 형상, 의미를 뜻한다. 그리고 이 셋 중에서 가장 중요한 것은 물론 의미이다. 말과 형상은 『역』이 담고 있는 의미를 전달하는 수단이다. 첫 구절에서 장재는 이 두 수단 가운데 독자가 우선 말을 음미해야 함을 강조하였다. 형상, 예컨대 괘효상은 음양의 두 부호로 되어 있어서, 그것만으로는 의미 파악이 어렵다. 반드시 먼저 말의 뜻을 음미해야 그 형상에 대한 이해도 쉬워진다. 마찬가지로 『역』의 전체적인 의미를 이해하려면 「계사전」을 먼저 보아야 한다. 「계사전」은 『역』 전체의 철학적 함의와 체계를 설명하고 있기 때문이다. 이런 내용을 담고 있는 「계사전」을 보지 않고 곧바로 『역경』을 보는 것은 마치 "예를 모르고 『춘추』를 살피는 것과 같다"고 했다. 『춘추』에 예의 정신이 담겨 있는데, 이를 모르고 『춘추』를 보면 그 근본정신에 대한 파악이 어려운 것과 같은 이치라는 것이다.

1.4 [「繫辭」所以論『易』之道, 既知『易』之道, 則『易』象在其中, 故觀『易』必由「繫辭」.][342]

| 번역 | 「계사전」은 『역』의 도를 논하기 위한 것이다. 『역』의 도를 알진대 『역』의 형상은 그 안에 있다. 그러니 『역』을 살피는 일은 반드시 「계사전」으로부터 시작해야 한다.

| 해설 | '『역』의 도'란 『역』의 근본정신, 원칙 등을 뜻한다. 『역』의 괘효상은 모두 그 정신, 원칙에 따라 배열된 것이니, 근본정신과 원칙을 알면 그 형상의 전개에 대한 이해도 쉬워진다. 따라서 『역』을 읽는 일은 「계사전」에서 시작해야 한다.

342 〈중화 주석〉 이상의 4조목은 모두 일문(佚文)(중화서국본 『장재집』 241~242쪽)을 이곳으로 옮겨 놓은 것으로 「계사」의 총론이다. 「설괘전」 앞에서 그것을 총론하는 것과 마찬가지이다. 제3조목은 『정의』에도 보인다. 다만 그것이 "만부지망(萬夫之望)"이라는 구절 뒤에 잘못 들어가 있다. 일문의 빠져 있고 잘못된 부분은 『정의』에 근거해 바로잡았다.

天尊地卑, 乾坤定矣; 卑高以陳, 貴賤位矣.

하늘은 높고 땅은 낮으니, 건과 곤이 정해진다. 낮은 것과 높은 것이 배열되니 귀한 것과 천한 것이 자리를 잡는다.

1.5 先分天地之位, 乾坤立則方見『易』, 故其事(無)[則莫][343]非易也. 所以先言天地, 乾坤『易』之門戶也. 不言高卑而曰卑高者亦有義, 高以下爲基, 亦是人先見卑處, 然後見高也,[344] 不見兩則不見『易』. 物物象天地,[345]不曰天地而[曰]乾坤(云)[346]者, 言其用也. 乾坤亦何形? 猶言神也. 人鮮識天, 天竟不可方體, 姑指日月星辰處, 視以爲天. 陰陽言其實, 乾坤言其用, 如言剛柔也. 乾坤則所包者廣.

|번역| 먼저 하늘과 땅의 위치를 나누었으니, 건과 곤이 세워져야 비로소 『역』이 보인다. 그러니 그 일은 역이 아닌 것이 없다. 그래서 먼저 하늘과 땅을 말한 것이니, 건과 곤은 『역』으로 들어가는 문이다. '높은 것과 낮은 것'이라고 말하지 않고 '낮은 것과 높은 것'이라고 말한 것 역시 의미가 있다. 높은 것은 아래에 있는 것을 기반으로 하고, 또 사람은 먼저 낮은 곳을 보고 난 다음에 높은 곳을 본다. 둘을 보지 못하면 『역』의 이치를 보지 못한다. 사물마다 천지를 본받는데,

343 〈중화 주석〉『정의』에 근거해 고쳤다.

344 〈중화 주석〉 여기서부터 원래는 따로 줄이 바뀌고 있는데,『정의』에는 이 부분이 실려 있지 않다.

345 〈중화 주석〉 이 구절 앞에는 원래 두 칸이 비어 있고 앞 구절과 한 줄로 합쳐져 있었다. 여기서는 글의 맥락에 따라 앞뒤 문장을 연결시켰다.

346 〈중화 주석〉 위 두 글자는 문맥에 따라 삭제하고 보충했다.

천지라고 말하지 않고 건곤이라고 말한 것은 그 작용을 강조해 말한 것이다. 건곤이 무슨 형태가 있는가? 신(神)이라고 말하는 것과 같다. 사람 중에 하늘을 아는 자는 드물다. 하늘을 일정한 장소와 형태로 여겨서는 안 되나, 잠시 일월성신이 있는 곳을 가리켜 보며 하늘이라고 여긴다. 음양은 그 실질을 말하고, 건곤은 그 작용을 말하니, 강유라고 말하는 것과 같다. 건곤은 포함하는 것이 넓다.

| 해설 | 이 조목에서 장재가 말하는 것은 크게 세 가지이다. 첫째는 건곤이 『역』에 대한 이해에서 갖는 중요성이다. 『역』에서 기본이 되는 괘가 건괘와 곤괘이다. 건괘와 곤괘는 천지의 기를 순양(純陽), 순음(純陰)의 부호로 표시한 것이다. 이 건괘와 곤괘의 확립을 기반으로 『역』의 64괘가 전개된다. 마찬가지로 천지의 확립을 기반으로 자연에서의 변역이 일어난다. 건곤이 『역』의 이해로 진입하는 문이듯, 천지는 자연의 운동을 이해하는 토대이다. 둘째는 건곤, 음양이 모두 중요하다는 점이다. 그는 「계사전」에서 특별히 '낮은 것과 높은 것'이라고 말한 이유가 다름 아니라 낮은 것이 높은 것의 기반이 됨을 강조하기 위해서라고 했다. 낮은 것이 더 중요하다는 뜻은 아니다. 다만 낮은 것을 강조함으로써 음양, 건곤의 둘(兩)을 함께 중시하고 있다. 셋째는 『역』에서 천지가 아닌 건곤을 말하는 이유가 작용을 강조하기 위한 것이라고 함으로써 기(氣)를 근본으로 하는 자신의 형이상학적 관점이 타당함을 뒷받침하려 하고 있다. 철학적 관점에서 하늘이란 일정한 장소성과 형태를 지닌 유형의 하늘로 이해되어서는 안 된다. 하늘은 음양의 기로 부단히 작용하는 존재이다.

動靜有常, 剛柔(1)斷矣;[347]

움직임과 정지함에는 불변함이 있고, 강함과 부드러움은 확연히 구

347 (1)斷, (다른 부분으로) 나뉨, 구분됨.

분된다.

1.6 動靜陰陽, 性也. 剛柔, 其體未必形.

|번역| 동정과 음양은 성이다. 강함과 부드러움은 그 실체가 반드시 형태화되는 것은 아니다.

|해설| "움직임과 정지함에는 불변함이 있다"는 말을 장재는 모든 사물이 동정과 음양의 성질(性)을 지니고 있다는 뜻으로 해석했다. 강함과 부드러움은 물론 형태화되기도 하지만 무형일 수도 있다.

1.7 靜專動直, 不爲物累, 則其動靜有常, 不(1)牽制於物也. 然則乾爲剛果, (2)斷然不疑矣. 直一作著.[348]

|번역| 고요하면 전일하고 움직이면 곧아 사물에 매이지 않으면 그 동정에 불변함이 있게 되고 사물에 이끌려 조종되지 않는다. 그러니 건이 강하고 과감하다는 것은 절대 의심할 것이 없다. 直(곧음)은 어떤 곳에서는 著(드러남)라고 되어 있다.

|해설| "동정에 불변함이 있다"라는 말은 하늘과 인간의 측면에서 설명할 수 있다. 하늘도 성인도 고요한 듯, 기운 혹은 마음이 순수하고 전일해 보인다. 하지만 운동할 때는 어떤 외물에도 흔들리지 않고 얽매이지 않으며, 자기성을 유지하는데, 그

348 (1)牽制, 이끌려 통제됨. 속박당함. (2)斷然, 결코, 절대. 〈중화 주석〉『정의』에는 이 주석이 없다.

것이 인간에게는 곧은 행동으로 나타난다.

1.8 天地動靜之理, 天圓則須動轉,[349] 地方則須安靜.

|번역| 천지의 동정하는 이치는 이렇다. 하늘은 둥글어 움직여 회전하며, 땅은 네모져 안정되어 있다.

|해설| 하늘은 움직임을 위주로 하고 땅은 고요함을 위주로 한다는 이치를 천원지방(天圓地方)설과 연결해 설명하였다. 하늘은 둥글어 회전운동을 하며, 땅은 네모져 안정되어 있다.

在天成象, 在地成形, 變化見矣.

하늘에서는 상을 이루고 땅에서는 형체를 이루니, 변화가 나타난다.

1.9 有形有象, 然後知變化之驗.[350]

|번역| 형체가 있고 상이 있게 된 후에 변화의 징험을 알게 된다.

|해설| 하늘에 있는 상(象)은 일월성신을, 땅에 있는 형(形)은 산천초목이나 동물 등을 가리킨다. 형상이든 형체든 모두 무형의 음양이기의 변화를 통해 나타난 것들

349 〈중화 주석〉『정의』에는 轉動이라고 되어 있다.

350 〈중화 주석〉 이어서 『정의』에는 "太虛之氣"에서 "不害象其中"에 이르는 한 단락이 있는데, 「계사하」(중화서국본 『장재집』 231쪽)와 중첩된다.

이다. 따라서 이 형상, 형체가 있는 것들은 음양이기의 변화가 징험되는 것이라 할 수 있다.

是故剛柔相摩.

그러므로 강과 유가 서로 마찰한다.

1.10 以人言之, (1)喘息是剛柔相摩, 氣[351]一出一入, 上下相摩錯也, 於鼻息見之. 人[352]自鼻息相摩以蕩於腹中, 物既消爍, 氣復升騰.[353]

|번역| 사람으로 말하면 숨 쉬는 것은 강과 유가 서로 마찰하는 것이다. 기가 한번 나갔다가 한번 들어와 위와 아래가 마찰하니, 코로 숨을 쉬는 것에서 알게 된다. 사람이 코로 숨을 쉴 때 강유가 서로 마찰하여 뱃속에서 부딪치면 물질은 사라지고 기는 다시 올라간다.

乾知大始, 坤作成物; 乾以易知, 坤以簡能;

건은 커다란 시작을 알고 곤은 사물을 만들어 이룬다. 건은 쉽게 알고 곤은 간단하게 할 수 있다.

351 〈중화 주석〉『정의』에는 氣라는 글자가 빠져 있다.
352 〈중화 주석〉『정의』에는 人이라는 글자가 빠져 있다.
353 (1)喘息, 呼吸, 즉 숨을 내쉬고 들이쉼.

1.11 天地雖一物, 理須從[此][354]分別. 太始者語物之始, 乾全體之而不遺, 故無不知也, 知之先者蓋莫如乾. 成物者, 物既形矣, 故言作, 已入於形(氣)[器][355]也, 初未嘗有地而乾漸形, 不謂(知)[之][356]作, 謂之何哉? 然而乾以不求知而知, 故其知也速; 坤以不爲而爲, 故其成也廣.

| 번역 | 천지는 비록 하나이지만, 이치는 이것(하늘과 땅)에서부터 분별해야 한다. '커다란 시작'이란 사물의 시작을 말한다. 건은 전부 그것들을 체현하여 하나도 빠뜨리지 않으므로 모르는 것이 없다. 앞서 아는 존재로 건(乾)만 한 것은 없다. '사물을 이룸'이란 사물이 이미 형체를 갖추게 되었음을 뜻하니, '만든다'고 말하는 것은 이미 형기(形器)의 영역으로 들어감이다. 처음에는 땅이 없었고 건이 점차 형체를 이루어 주었으니, 그것을 만든다고 하지 않으면 무엇이라 부르겠는가? 그런데 건은 앎을 추구하지 않고도 알기 때문에, 그 앎은 신속하다. 곤은 의도하지 않고 하기 때문에 그것의 성취도 광대하다.

| 해설 | 장재의 자연관에 근거하면 천지는 똑같이 기(氣)이다. 하지만 기능의 측면에서 말하자면 양자는 구별된다. 하늘은 만물이 그 운동을 시작하도록 한다. 만물을 시작하게 하는 하늘은 만물을 다 체현하여 그 어느 것도 소외시키지 않는다. 그것은 모르는 것이 없고 앞서 모든 것을 아는 것처럼 보인다. 한편 땅이 하는 일은 하늘과 함께 유형의 만물을 작업하여 형질을 갖춘 것으로 완성하는 것이다. 특정한 형태를 갖춘 것, 즉 형기(形器) 속으로 땅 자신의 기를 투여하는 일을 한다. 물론 형체를 이루는 일은 하늘에 의해 일차적으로 이루어진다. 땅은 이미 형체를 갖춘 것들을 이렇게 저렇게 작업해(作) 내어 완성한다(成). 이렇게 하늘과

354 〈중화 주석〉 此는 『정의』에 근거해 보완해 넣었다.
355 〈중화 주석〉 器는 뒤 문장에 근거해 보완해 넣었다.
356 〈중화 주석〉 之는 『정의』에 근거해 고쳤다.

땅은 각자의 역할을 다하여 만물을 형성해 내는 일을 협력적으로 행한다. 이렇게 하늘의 '앎'과 땅의 '함'을 말했지만, 그것들은 인간의 그것과는 다르다. 즉 그것은 의도성, 목적성, 작위성이 없는 앎과 행위이다.

[易則易知, 簡則易從, 易知則有親, 易從則有功, 有親則可久, 有功則可大, 可久則賢人之德, 可大則賢人之業. 易簡, 而天下之理得矣, 天下之理得, 而成位乎其中矣.][357]

쉬우면 쉽게 알게 되고 간단하면 쉽게 따르게 된다. 쉽게 알면 친근함이 있게 되고, 쉽게 따르면 공이 있게 된다. 친근함이 있으면 장구할 수 있고, 공이 있으면 광대할 수 있다. 장구할 수 있는 것은 현자의 덕이고, 광대할 수 있는 것은 현자의 업적이다. 쉽고 간단하여 천하의 이치가 체득된다. 천하의 이치가 체득되면 그 가운데에 자리를 잡게 된다.

1.12 此皆言聖人體天地之德然也. "可久"者, [可]以久遠推行; "可大"者, 其得體也大. 凡語道理之徒, (1)道達不已, 竟亦何(所)求推行及民! 故以賢人[德業]措諸事業, 而言"易簡理得而成[位]乎天地之中." 蓋盡人道, 並立乎天地以成三才, 則是與天地參矣. 但盡[得]人道, 理自當(耳)[爾],[358] 不必受命. 仲尼之道, 豈不可以參天地![359]

|번역| 이는 모두 성인이 천지의 덕을 체득함이 그와 같음에 대해 말한 것

357 이상의 「계사전」 원문은 원래 앞 조목의 끝에 잘못 연결되어 있었다.
358 〈중화 주석〉 이상의 몇 글자들은 모두 『정의』에 근거해 삭제하고 보태고 고쳤다.
359 (1)道達, 막힌 것을 잘 통하게 함. 소통함.

이다. "장구할 수 있음(可久)"이란 오래, 멀리 밀고 나가 행할 수 있다는 뜻이다. "광대할 수 있음(可大)"이란 얻어 체득한 것이 크다는 뜻이다. 도리에 대해 말하는 사람들이 그치지 않고 소통할진대, 어찌 밀고 나가 행하여 백성에게 미칠 것을 구하는가! 그러니 현자의 덕과 업적을 가지고 사업에 시행하되 "쉽고 간단한 이치가 체득되어 천지 가운데에 위치를 잡게 된다"고 했다. 대개 인간의 도를 다하여 천지와 나란히 서서 삼재를 이루면, 천지와 셋이 된다. 다만 인간의 도를 온전히 다하여 체득하는 것은 이치상 자연히 마땅함일 따름이요, 그렇다고 하여 반드시 천명을 받는 것은 아니다. 공자의 도로 어찌 천지에 참여할 수 없으리오!

| 해설 | 하늘과 땅은 각기 쉬움과 간단함의 원칙에 따라 만물을 형성하는 일을 한다. 장재는 이 쉬움과 간단함의 원칙을 무지의 지와 무위의 함이라는 원칙으로 재해석했다. 따라서 이 조목의 서두에서 성인이 체득하는 천지의 덕이란 이 무지와 무위의 원칙을 따르는 덕을 가리킨다. 이 원칙을 따르면 시공간의 측면에서 장구하게 멀리까지 영향력을 발휘할 수 있고, 그 자신 또한 천지의 큰 덕을 자신의 덕으로 체화할 수 있다. 이 천지의 도리를 말하는 자들은 이렇게 타자와 자연스럽게 소통하지, 억지로 백성에게 영향력을 발휘하고자 하지 않는다. 이러한 성인 혹은 현자의 덕과 업적을 표준으로 삼는 행위를 통해 인간은 천지와 나란히 서는 주체가 된다. 천지의 만물을 낳고 기르는 일에 협력적으로 참여하는 존재가 된다. 장재는 이렇게 인간의 도를 다하여 천지와 나란히 주체가 되는 일을 인간이 마땅히 해야 할 일이라고 하면서도, 그 일을 한다고 해서 반드시 천명을 받아 군주가 되는 것은 아니라고 한다. 공자가 그 대표적인 인물이다. 하지만 그는 공자가 말한 도로도 충분히 천지가 만물을 생육하는 일에 참여할 수 있다고 믿는다.

1.13 言知者, 知而已; 言能者, 涉乎形(氣)[器], (能)能成物也. "易則易知", "易知則有親." 今夫虎豹之爲物, [(1)]豢之雖馴, 人亦不敢遂以

(2)親狎, 爲其難測. 惟其平易, 則易知易從一作信, "信則人任焉", 以其可[從]信, 人斯委任, 故易以有功矣. 道體至廣, 所以[有言難], 有言易, 有言小, 有言大, 無乎不在.[360]

| 번역 | 앎에 대해 말하는 자는 알 뿐이고, 능함에 대해 말하는 자는 형기와 관련되어 사물을 이룰 수 있다. "쉬우면 쉽게 알게 되고", "쉽게 알면 친근함이 있게 된다." 이제 호랑이와 표범 같은 것들도 집에서 먹여 기르면 길들여지지만 사람들이 그래도 감히 친근하고 스스럼없이 대하지 못하는 것은 그것들을 예측하기 어렵기 때문이다. 오직 평이해야 알기 쉽고 따르기 쉽다. 어떤 곳에서는 信 자로 되어 있다. "믿으면 사람들이 맡긴다." 따르고 믿을 수 있기 때문에 사람들이 위임하므로 쉽게 공이 생겨난다. 도체(道體)는 지극히 광대하여 어려움을 말할 때도 있고 쉬움을 말할 때도 있으며 작음을 말할 때도 있고 큼을 말할 때도 있으니, 없는 곳이 없다.

| 해설 | "쉬우면 쉽게 알게 되고 간단하면 쉽게 따르게 된다"는 구절에 대한 생각이 담겨 있다. 첫째는 지행의 구분과 행에 대한 강조다. 앎과 실행은 분명히 구별되는바, 실행에 이르러야 형기, 즉 구체적인 사물의 영역에 진입하여 사물을 만들고 기를 수 있다. 둘째는 쉬움의 효능이다. 관계에서 예측 가능한 쉬움이 가져다주는 심리적인 효과는 친근함이다. 호랑이 같은 맹수는 아무리 길들여도 예측 불가능하다는 점에서 쉽게 공포감을 느끼게 하지, 친근함을 느끼게 하기는 어렵다. 반면 마음이 넉넉한 사람은 예측 가능하여 쉽고 친근하게 느끼며, 나아가 그를 신뢰하게 된다. 셋째는 도체(道體) 전체의 시각에서 본 쉬움의 위상이다. 도체는 일체를 다 아우른다. 따라서 쉬움도 도체의 한 측면일 따름이다.

360 (1)豢(환), (가축을) 먹여 기름. (2)親狎, 친근하여 스스럼 없다. 〈중화 주석〉 이상의 몇 글자들은 모두 『정의』에 근거해 삭제하고 보태고 고쳤다. 다만 "信則人任焉"의 구절이 『정의』에서는 "則人從信焉"이라고 잘못 기록되어 있다.

1.14 "坤至柔而動也剛", [剛][361]乃積大勢成而然也.

|번역| "곤은 지극히 부드럽지만 움직임은 강하다"고 했으니, 강함은 큰 힘을 쌓아 세력이 이루어져 그런 것이다.

|해설| 『정몽』「대역편」 14.32와 중첩된다. 그곳의 해설을 참조하라.

1.15 乾至健無體, 爲感速, 故易知; 坤至順不煩, 其施普, 故簡能.

|번역| 건은 지극히 강건하며 형체가 없어 감응함이 신속하므로 쉽게 안다. 곤은 지극히 유순하고 복잡하지 않으며 그 베푸는 것은 널리 이르므로 간단함으로 능하다.

|해설| 『정몽』「대역편」 14.33과 중첩된다. 그곳의 해설을 참조하라.

1.16 志大則才大 · 事業大, 故曰"可大", 又曰"富有"; 志久則氣久 · 德性久, 故曰"可久", 又曰"日新."[362] 德業不可久 · 不可大, 不足謂之賢[人], 況可謂之聖[人]乎![363]

361 〈중화 주석〉 剛은 『정의』에 근거해 보충해 넣었다.

362 〈중화 주석〉 이상의 세 조목(1.14, 1.15, 1.16)은 원래는 하나로 연결되어 있었다. 『정의』도 마찬가지다. 문맥의 의미에 따라 나누었다. 이어지는 구절들은 『정의』에서는 또 다른 한 조목으로 되어 있다.

363 〈중화 주석〉 두 '人'이라는 글자는 『정의』에 근거해 보완해 넣었다.

|번역| 뜻이 크면 재주도 크고 일의 업적도 크다. 그러므로 "크게 될 수 있다"고 하고 "풍부하게 지닌다"고 한다. 뜻이 오래가면 기운도 오래가고 덕성도 오래간다. 그러므로 "오래갈 수 있다"고 하고, "날로 새로워진다"고 한다. 덕과 업적이 오래갈 수 없고 크게 될 수 없으면 현자라 부를 수 없다. 하물며 성인이라 부를 수 있겠는가!

|해설| 『정몽』「지당편」 9.32와 대부분 내용이 중첩된다. 그곳의 해설을 참조하라.

1.17 易簡理得則知幾, 知幾然後經可正. 天下達道五, 其生民之大經乎![364] 經正則道前定, 事豫立, 不疑其所行, 利用安身之要莫先焉.

|번역| 쉽고 간단한 세계의 원리를 얻게 되면 일의 조짐을 알게 되고, 일의 조짐을 안 뒤에야 불변하는 원칙이 바로잡힐 수 있다. 천하의 다섯 가지 통용되는 관계의 도(達道)는 백성들의 근본적인 불변하는 원칙(大經)이도다! 불변하는 원칙이 바르면 도가 앞서 정해지고, 일이 미리 확립되어 그 행할 바를 의심하지 않게 되니, 이롭게 작용하고 몸을 편안하게 하는 요체 중에 이보다 더 중요한 것은 없다.

|해설| 『정몽』「지당편」 9.18과 중첩된다. 그곳의 해설을 참조하라.

1.18 "成位乎其中", 與天地合其德[也].[365]

364 〈중화 주석〉 『정의』에서는 '易簡'이라는 글자의 순서가 잘못 거꾸로 되어 있고, '乎' 자도 빠져 있다.

365 〈중화 주석〉 '也' 자는 『정의』에 근거해 보완해 넣었다.

| 번역 | "그 가운데에 위치를 잡는다"는 것은 천지와 그 덕을 합하는 것이다.

| 해설 | 천지가 자신의 덕으로 만물을 생육하는 일을 하듯이, 인간도 천지와 동일한 본질을 가진 덕성을 길러 천지의 화육에 참여한다. 이것이 천인합덕의 함의다.

聖人設卦觀象, 繫辭焉而明吉凶, 剛柔相推而生變化. 是故吉凶者, 失得之象也, 悔吝者, 憂虞之象也. 變化者, 進退之象也, 剛柔者, 晝夜之象也. 六爻之動, 三極之道也.

성인은 괘를 만들어 상을 관찰하고 거기에 말을 덧붙여 길흉을 밝히며 강함과 부드러움이 서로를 밀어 변화가 생겨난다. 그러므로 길흉이란 잃고 얻음의 상이요, 뉘우침과 부끄러움이란 근심의 상이다. 변화란 나아감과 물러남의 상이요, 강함과 부드러움이란 주야의 상이다. 여섯 효의 움직임은 천지인, 삼재의 도이다.

1.19 吉凶者, 失得之著也; 變化者, 進退之著也; 設卦繫辭, 所以示其著也.

| 번역 | 길흉이란 잃고 얻음이 현저해지는 것이고, 변화란 나아가고 물러남이 현저해지는 것이며, 괘를 만들고 말을 덧붙이는 것은 그 현저한 것을 보여 주는 것이다.

| 해설 | 인간사의 득실과 진퇴의 과정은 점진적이어서 눈에 보이지 않는 부분도 있고, 눈에 띄게 현저해지는 부분도 있다. 『주역』의 괘효사에 등장하는 길흉과 괘효상의 변화는 모두 이 득실과 진퇴를 형상과 말로 드러낸 것이라 할 수 있다.

1.20 吉凶變化, 悔吝剛柔, 『易』之四象歟! 悔吝由[(1)]贏不足而生, 亦兩而已.[366]

|번역| 길흉, 변화, 뉘우침과 부끄러움, 강유는 『주역』의 네 가지 상이다! 뉘우침과 부끄러워함은 남음과 모자람으로 인해 생겨나니, 이 또한 둘일 따름이다.

|해설| 『주역』의 네 가지 상은 모두 상대되는 것이다. 길흉, 강유가 상대됨은 명백하다. 변과 화 역시 장재에게는 돌연한 변화와 점진적 변화를 뜻한다는 점에서 그렇다. 그러면 뉘우침(悔)과 부끄러움(吝)은 어떤 점에서 상대되는 것일까? 예컨대 재물이든 뭐든 남은 것이 많아 태만해지고 교만해지면 곧 급격히 줄어들어 뉘우침이 생기게 된다. 또 무엇인가 큰 포부가 있어 전진하지만 그럴 만한 역량이 모자라면 결국은 실패하여 창피를 느끼게 된다.

1.21 "變化進退之象"云者, 進退之動也微, 必驗之於變化之著, 故察進退之理爲難, 察變化之象爲易.[367]

|번역| "변화는 진퇴의 상"이라고 말하는 것은 나아가고 물러나는 운동은 은미하되 반드시 변화의 현저함에서 그것을 징험함을 뜻한다. 그러므로 나아가고 물러나는 이치를 살피는 것은 어렵고, 변화의 형상을 살피는 일은 쉽다.

|해설| 『정몽』「대역편」 14.60과 중첩된다. 그곳의 해설을 참조하라.

366 (1)贏(영), 남은 것이 있다, 여유가 있다.
367 〈중화 주석〉 이상의 세 조목(1.19, 1.20, 1.21)은 『정의』에 근거해 조목을 나누었다.

1.22 六爻各盡利而動, 所以順陰陽·剛柔·仁義·性命之理也. 故曰 "六爻之動, 三極之道也."

|번역| 여섯 효는 각기 이로움을 다하여 움직이니, 음과 양, 강한 것과 부드러운 것, 인과 의라는 본성과 그 작용의 이치를 따르는 일이다. 그러므로 "여섯 효의 움직임은 천지인이라는 세 가지 지극한 존재가 따르는 도이다"라고 했다.

|해설| 『정몽』「대역편」14.7과 중첩된다. 그곳의 해설을 참조하라.

是故君子所居而安者, 『易』之序也,

그러므로 군자가 머물러 편안한 것은 『역』의 차서이다.

1.23 序猶言分也. 『易』之中有貴有賤, 有吉有凶, 皆其自然之分也. 所居皆安之, 君子安分也.

|번역| 서(序)는 분(分)이라는 말과 같다. 『역』에는 귀함도 천함도 있으며, 길함도 흉함도 있으니, 모두 자연스러운 구분이다. 머무르는 곳에서 다 편안하니, 군자가 본분에 편안함이다.

|해설| '『역』의 차서'가 육효의 차서인지, 64괘의 차서인지에 대해서는 이견이 있지만, 장재를 포함한 대부분은 전자라고 생각한다. 군자는 육효의 어느 위치에 있건 편안하다. 이를 장재는 군자의 안분(安分)이라고 했다. 천할 때, 흉할 때도 군자

는 심신이 편안한 상태에 이르고자 한다.

所樂而玩者, 爻之辭也.

즐거이 음미할 것은 효의 말이다.

1.24 言君子未嘗須臾學不在『易』.[368] 玩, 玩習也, 每讀則每有益, 所以可樂.

|번역| 군자는 잠시라도 배우는 것이 『역』에 있지 않은 적이 없음을 말한다. 완(玩)은 음미하며 익히는 것이다. 읽을 때마다 유익하여 즐거울 수 있다.

|해설| 세계는 끊임없이 변화하거니와, 『역』은 바로 세계의 변화에 대처하는 원칙과 방법을 논한 책이다. 아마도 『역』의 이런 성격을 염두에 두고 군자는 '잠시라도' 『역』을 익히지 않아서는 안 됨을 말한 듯하다.

[居則觀其象而玩其辭],[369] 動則觀其變而玩其占,

머물러 있을 때는 그 상을 관찰하고 그 말을 음미하며, 움직일 때는 그 변화를 관찰하고 그 점친 것을 음미한다.

368 〈중화 주석〉 『정의』에는 '言'이라는 글자가 없다.
369 〈중화 주석〉 이 구절은 주석의 내용에 의거해 보완해 넣었다.

1.25 占非(1)卜筮之謂, 但事在外可以(2)占驗也, 觀乎事變, 斯可以占矣. 蓋居則觀其象而玩其辭, 此所以動則觀其變而玩其占也.[370]

|번역| 점은 복서(卜筮)를 일컫는 것이 아니다. 다만 일이 밖에 있을 때 예측해 효험을 얻을 수 있으니, 일의 변화를 관찰하면 점칠 수 있다. 대개 머물러 있을 때 그 형상을 관찰하고 그 말을 음미하는데, 이것이 움직일 때 그 변화를 관찰하여 그 점친 것을 음미하는 내용이다.

|해설| 유학자들은 될 수 있으면 『주역』의 미신적 요소를 합리적으로 재해석한다. '점친다'는 말은 일의 변화를 관찰하여 '합리적 근거에서 미래를 예측한다'는 뜻으로 재해석될 수 있다. 그리고 그 관찰과 예측에서 『주역』의 상과 말을 연구하는 것이 큰 도움이 될 수 있다.

象者, 言乎象者也,

단(彖)이란 한 괘의 상을 말한 것이다.

1.26 象, 謂一卦之質.

|번역| 상은 한 괘의 질(質)을 말한다.

|해설| 상은 괘상을 가리키니, 단(彖)은 여기서 괘상을 설명하는 괘사이다. 장재는 이

370 (1)卜筮, 샤머니즘의 여러 점치는 행위이다. 복(卜)은 거북점을, 서(筮)는 시초점을 가리킨다. (2)占驗, 예측한 결과로 효험을 얻음.

괘상을 한 괘마다 지닌 질(質), 즉 특질을 담고 있다고 했다.

齊小大者存乎卦,

작음과 큼을 가지런히 하는 것은 괘에 존재한다.

1.27 卦有稱名至小而與諸卦均齊者, 各著其義也, 蓋(1)稱名小而取類大也.[371]

|번역| 괘에는 지칭하는 이름은 지극히 작지만 여러 괘와 균등한 것이 있으니, 각기 그 의미를 드러낸다. 이는 지칭하는 이름은 작지만 유사한 것을 취하는 것이 크기 때문이다.

|해설| 64괘 중에는 그 지칭하는 것이 구체적인 자그마한 사물인 경우가 적지 않다. 하지만 그 괘에 대한 설명에는 다양한 의미가 담겨 있다. 예컨대 정(井)은 우물이지만, 그것은 인간의 덕을 상징하기도 한다. 우물을 길어 올려야 먹을 수 있는 것처럼, 인간 또한 덕을 길러 나가야 인간답게 된다. 이렇게 보면 정(井)괘가 건괘에 비해 작다고 말할 수 없다.

辨吉凶者存乎辭,

371 (1)『周易』, 「繫辭下」, "其稱名也小, 其取類也大." 稱名, 지칭하는 사물의 이름. 『주역』의 각 괘가 지칭하는 사물의 명칭 중에는 정(井), 정(鼎) 등과 같이 그 범위가 작은 것이 있지만, 그 명칭이 상징하는 의미는 다의적이어서, 유사한 것을 취하는 범위는 넓다.

길흉을 변별하는 것은 말에 달려 있다.

1.28 欲見小疵者, 必存乎辭.

|번역| 작은 결함을 알고자 하는 자는 반드시 괘효사를 보존해야 한다.

|해설| 『주역』의 괘효사에는 길흉을 변별하는 말이 있다. 따라서 작은 결함을 미리 알고자 하는 자는 반드시 괘효사를 기억해야 한다.

憂悔吝者存乎介,

뉘우침과 부끄러움을 근심하는 것은 굳건함에 달려 있다.

1.29 悔吝吉凶之萌, 惟(1)介於石者能見幾而作.[372]

|번역| 뉘우침, 부끄러움, 길함, 흉함이 싹트면 오직 돌처럼 굳건한 자만이 조짐을 알아 행할 수 있다.

|해설| 뉘우칠 일, 부끄러울 일, 길한 일, 흉한 일이 막 싹틀 때, 그 조짐을 알고 바르게 행동하는 일은 오직 굳건하게 원칙을 지키는 자만이 할 수 있다.

372 (1)介於石은 堅如石을 뜻한다.

1.30 "憂悔吝者存乎介", 欲觀『易』象之小疵, 宜存志靜, 知所動之幾微也. 靜知, 亦作靜志.[373] [幾者動之微, 虛靜則知幾.][374]

|번역| "뉘우침과 부끄러움을 근심하는 것은 굳건함에 존재한다"고 하니, 『주역』의 상(象) 가운데 작은 흠결을 보고자 한다면 마땅히 뜻의 고요함을 보존하고 움직임의 기미를 알아야 한다. 고요하게 아는 것도 뜻을 고요하게 함이다. [기미는 움직임이 은미한 것이니, 마음이 텅 비고 고요하면 기미를 알게 된다.]

|해설| 마지막 구절은 마음에 사욕이 없어야 일의 조짐을 정확히 포착할 수 있다는 뜻이다. 나머지 내용은 『정몽』「대역편」 14.61과 중첩된다. 그곳의 해설을 참조하라.

震无咎者存乎悔.

움직여 허물이 없게 되는 것은 뉘우침에 달려 있다.

1.31 凡言无咎者, 必求其始皆有悔, 今能改之[375]也. 有咎而免者, 善震(而)[之][376]補也.

|번역| 허물이 없다고 말하는 것은 틀림없이 그 시초를 찾아보면 모두 뉘

373 〈중화 주석〉『정의』에는 이 주석이 없다.
374 〈중화 주석〉이 두 구절은 『정의』에 근거해 보완해 넣었다.
375 〈중화 주석〉『정의』에는 之 자가 없다.
376 〈중화 주석〉'之' 자는 『정의』에 근거해 고쳤다.

우칠 일이 있되, 지금 그것을 고칠 수 있게 되었음을 뜻한다. 허물이 있으나 모면하는 것은 잘 움직여 보완함으로 나아가기 때문이다.

| 해설 | 「역」에 자주 등장하는 '허물이 없다'는 말을 잘 살펴보면 원래는 뉘우칠 만한 작은 잘못을 했지만, 나중에 그것을 고침으로써 허물이 없게 되었다는 뜻으로 쓰였음을 알 수 있다.

『易』與天地準, 故能彌綸天地之道.

『역』은 천지에 준한다. 그러므로 천지의 도를 아우를 수 있다.

1.32 "『易』與天地準", 此言『易』之[爲]書也. 易行乎其中, 造化之謂也. 言"彌綸"(1)"範圍", 此語必夫子所造. 彌者彌縫(補)(2)綴[緝]之義; 綸者往來經營之義.[377]

| 번역 | "『역』은 천지에 준한다." 이는 『역』이라는 책에 대해 말한 것이다. 변역이 그 가운데에서 행해지니, 조화(造化)를 말한다. "미륜(彌綸)", "범위(範圍)", 이는 틀림없이 공자가 만든 말들일 것이다. 미(彌)란 미봉함, 꿰매어 깁는다는 뜻이요, 윤(綸)이란 왕래하고 경영한다는 뜻이다.

377 (1)"範圍": 『周易』, 「繫辭上」, "천지의 변화를 모두 포괄하여 그 범위를 벗어나지 않는다."(範圍天地之化而不過.) 〈중화 주석〉 이상은 『정의』에 근거해 보완해 수정했고, 이어지는 부분은 『정의』에 근거해 단락을 나누었다. (2)綴[緝]: 綴(철), 꿰맴. 緝(집), (헤진 것 등)을 이어 붙이다. 깁다.

| 해설 | 『주역』은 우선은 천지가 일하는(造化) 상황을 반영해 만든 책이다. 따라서 『역』의 이치는 그것이 인간사에 관한 것일지라도 천지의 원칙을 준거로 한다. 장재는 "미륜", "범위"의 풍부한 함의에 대해 경탄한 듯하다. 그래서인지 그것을 공자가 만든 말일 것이라고 했다. 그가 풀이한 이 두 단어의 뜻을 종합해 보면, 미륜(彌綸)은 천지가 꿰매어 기우며 이리저리 왕래하는 듯한 일을 한다는 뜻이 된다. "범위"란 천지의 만물을 생육하는 일은 모든 것을 두루 아우른다는 뜻이다.

1.33 『易』之爲書與天地準. 『易』即天道, 獨入於爻位繫之以辭者, 此則歸於人事. 蓋卦本天道, 三陰三陽一升一降而變成八卦, 錯綜爲六十四, 分而有三百八十四爻也. 因爻有吉凶動靜, 故繫之以辭, 存乎教誡, 使人動則觀其變而玩其占, (1)其出入以度, 內外使知懼, 又明於憂患與故, 无有(2)師保, 如臨父母. 聖人與人撰出一法律之書, 使人知所向避, 『易』之義也.[378]

| 번역 | 『역』이라는 책은 천지에 준한다. 『역』은 곧 천도이나, 효위(爻位)에 진입해서 거기에 덧붙인 말은 인간사로 귀착된다. 대개 괘는 천도를 근본으로 한다. 세 개의 음과 세 개의 양이 한번 올라가고 한번 내려와 변해 팔괘를 이루고, 복잡하게 뒤섞여 64괘가 되며, 나뉘어 384효가 있게 된다. 효에는 길흉과 동정이 있어, 거기에 말을 덧붙여 가르침과 경계할 것을 둔다. 사람들이 움직일 때 변화를 관찰해 그 점친 것을 음미하도록 하고 드나들 때 법도로 하여 안팎에서 두

378 (1)其出入以度, 內外使知懼: 『周易』, 「繫辭下」, "그 나가고 들어올 때 법도로 하고 바깥과 안에서 두려움을 알도록 한다. 또 우환과 그 까닭을 밝혀 태사나 태보 같은 스승이 없어도 마치 부모님이 임하신 것 같다."(其出入以度, 外內使知懼. 又明於憂患與故, 无有師保, 如臨父母.) (2)師保, 귀족의 자제를 가르치던 스승으로, 궁 안에 있는 자를 태보라 하고, 궁 밖에 있는 자를 태사라고 했다.

려워할 것을 알도록 한다. 또 우환과 그 까닭을 밝혀 주니, 높은 스승은 없어도 부모님이 곁에 계신 듯하다. 성인이 사람들과 함께 법률로 삼을 만한 책을 하나 만들어 내 사람들이 향하고 피할 곳을 알도록 한 것이 『역』의 의미이다.

| 해설 | 『역』의 내용에는 일차적으로는 자연의 일하는 원칙이 반영되어 있지만, 괘효상과 괘효사에서는 인간의 일 또한 아우르고 있다. 괘효상과 괘효사는 인간사의 변화와 그에 따른 길흉의 문제를 다룬다. 때문에 괘효사에는 윤리적 가르침의 말들이 가득하다. 마치 부모님이 하시듯 걱정거리와 그것이 생겨나는 까닭, 그리고 그에 근거해 무엇을 하고 하지 말아야 할지를 알려 준다.

仰以觀於天文, 俯以察於地理, 是故知幽明之故, 原始反終, 故知死生之說,

올려다보아 천문을 관찰하고 굽어보아 지리를 살핀다. 그런 까닭에 어둡고 밝은 까닭을 알고, 시작으로 거슬러 올라가고 끝으로 되돌아가 살피니 죽고 태어나는 설을 알게 된다.

1.34 天文地理, 皆因明而知之, 非明則皆幽也, 此所以知幽明之故. 萬物相見乎離, 非離不相見也. 見者由明而不見[者]非無物也, 乃是天之至處. 彼異學則皆歸之空虛,[379] 蓋徒知乎明而已, 不察夫幽, 所見一邊耳.

379 〈중화 주석〉 '者' 자는 『정의』에 근거해 보완해 넣었다. 『정의』에서 '所以'라는 글자는 '則'이라고 되어 있고, '異學' 다음에는 '則'이라는 글자가 없다.

| 번역 | 천문과 지리는 모두 밝음으로 인해 아는 것이니, 밝음이 아니면 모두 어두움인바, 이것이 어둡고 밝은 까닭을 아는 것이다. 만물은 밝음으로 서로를 본다. 밝음이 아니면 서로 보지 못한다. 보는 것은 밝음으로 인해서지만, 보지 못하는 것이 사물이 없는 것은 아니니, 그것이 곧 하늘의 지극한 지점이다. 저 이단의 학문은 그것을 모두 공허한 것으로 귀결시키니, 단지 밝음만을 알 뿐, 어두움을 살피지 못하면 아는 것이 한쪽일 뿐이다.

| 해설 | 하늘의 일월성신이나 땅의 사물이 하는 운동은 모두 밝아야 알 수 있다. 여기서 '밝음'이란 빛이 비치는 세계, 눈에 보이는 세계이다. 빛이 비치는 세계에서 만물은 서로를 볼 수 있다. 반대로 빛이 비치지 않는 세계에서는 사물이 있더라도 서로 보지 못한다. 그렇다고 해서 그 사물을 없다고 할 수는 없다. 어둠 속에는 무형의 기도 있다. 이렇게 이 세계가 유형의 만물과 무형의 기를 다 포함한다는 것이 하늘의 가장 위대한 점이다. 그러나 이단, 대표적으로 불교는 일체가 공이라고 말해 버린다. 이들은 밝음의 세계만 알 뿐, 그 근원이 어떤지는 알지 못하는 것이다.

1.35 氣聚則離明得施而有形, 氣不聚則離明不得施而無形. 方[其]聚也, 安得不謂之(有)[客]?[380] 方其散也, 安得遽謂之無? 故聖人仰觀俯察, 但云"知幽明之故", 不云"知有無之故."

| 번역 | 기가 모이면 '빛의 밝음'(離明)이 베풀어져 형체가 있게 되고, 기가 모이지 않으면 빛의 밝음이 베풀어지지 않아 형체가 없게 된다. 바

380 〈중화 주석〉 '其' 자는 『正蒙』 「太和篇」과 『정의』에 근거해 보완해 넣었다. '客' 자는 『정몽』에 근거해 고쳤고, 『정의』에도 '有'라고 되어 있다.

야흐로 그것이 모임에 어찌 '일시적인 형태'(客)라 하지 않을 수 있겠는가? 바야흐로 그것이 흩어짐에 어찌 돌연 없다고 할 수 있겠는가? 그러므로 성인은 올려다보아 관찰하고 굽어보아 살필 때 다만 "어두움과 밝음의 까닭을 안다"고만 했지 "유와 무의 까닭을 안다"고 하지는 않았다.

| 해설 | 이 조목은 『정몽』, 「태화편」 1.7과 중첩된다. 그곳의 해설을 참조하라.

1.36 [『大易』不言有無, 言有無, 諸子之陋也. 人雖信此說, 然不能知以何爲有, 以何謂之無. 如人之言曰自然, 而鮮有識自然之爲體.][381]

| 번역 | 『대역』은 유와 무에 대해 논하지 않는다. 유와 무를 논하는 것은 제자(諸子)들의 천박함이다. 사람들이 비록 이러한 주장을 믿지만, 무엇이 유가 되고 무엇을 무라고 하는지 알지 못한다. 마치 사람들이 자연이라고 말하지만, 자연이 본체가 됨을 아는 자가 드문 것과 같다.

| 해설 | 이 조목은 『정몽』 「대역편」 14.1과 『정몽』 「천도편」 3.19에 대부분의 내용이 중첩되어 나온다. 관련 해설을 참조하라.

1.37 盈天地之間者, 法象而已, 文理之察, 非離不相覩也. 方其形也,

381 〈중화 주석〉 이상은 일문(『장재집』 242쪽)에서 옮겨다 놓은 것이다. 첫 세 구절은 『정몽』 「대역」 편에 보인다. 能知라는 두 글자는 원래는 거꾸로 되어 있었다. 『정의』에도 이 글이 기재되어 있다. 다만 『장재집』 228쪽 '觀其幾者' 앞에 잘못 들어가 있고, '言有無'는 '有無語'라고 잘못되어 있으며, 또 '能'과 '體'의 두 글자가 없다. 마지막 구절 다음에는 빠진 글이 있는 것처럼 보인다.

有以知幽之(故)[因],[382] 方其不形也, 有以知明之故.

|번역| 천지 사이에 가득 찬 것은 '구체적인 형태와 형상'(法象)일 따름이어서 천문과 지리를 살필 때 빛의 밝음이 아니면 서로를 보지 못한다. 바야흐로 형체를 이루니, 이로써 어두움의 원인을 알게 되고 바야흐로 형체를 이루지 못하니, 이로써 밝음의 까닭을 알게 된다.

|해설| 이 조목은 『정몽』「태화편」 1.7과 중첩된다. 그곳의 해설을 참조하라.

1.38 [釋氏語實際, 乃知道者所謂誠也, 天德也. 其語(則)[到]實際, 則以人生爲幻妄, (幻妄)以有爲爲疣贅, 以世界爲蔭濁, 遂厭而不有, 遺而弗存. 就(而人)[使]得之, 乃誠而惡明者也. 儒者則因明致誠, 因誠致明, 故天人合一, 致學(者)而可以成聖, 得天而未始(離)[遺]人, 『易』所謂不遺·不流·不過者也. 彼語雖似是, 觀其發本要歸, 與吾儒二本殊歸矣. 道一而已, 此是則彼非, 此非則彼是, 固不當同日而語. 其言流遁失守, 窮大則淫, 推行則詖, 致曲則邪, 求之一卷之中, 此弊數數有之. 大率知晝夜陰陽則能[知]性命, 能知性命, 則能知聖人, 知鬼神. 彼(直)欲[直語]太虛, 不以晝夜·陰陽累其心, 則是未始見易; [未始見易,] 則雖欲免陰陽·晝夜之累, 末由也已. (己)[易]且不見, 又烏能更語眞際! 舍眞際而談鬼神, 妄也. 所謂實際, 彼徒能(請)[語]之而已, 未始眞解也.][383]

382 〈중화 주석〉 '因' 자는 『정의』와 『정몽』「태화편」에 근거해 고쳤다.

383 〈중화 주석〉 이 조목은 『정의』에서 『정몽』을 인용한 부분을 가지고 보완했다. 전체 문장은 『정몽』「건칭편」에 보이고, 탈자나 오자는 모두 『정몽』에 근거해 교정하고 보완했다.

| 번역 | 불교에서 말하는 '실제'는 곧 도를 아는 자가 말하는 성(誠)이고, 천덕(天德)이다. 그들이 실제를 말함에 이르러서는 인생을 헛되고 거짓된 것으로 여기고, 유위(有爲)를 군더더기로 여기며, 세계를 어둡고 탁한 것으로 여겨, 결국은 싫어하여 없는 것이라 여기고, 버려 존재하지 않는다고 여긴다. 설사 그것을 얻었다고 한들, 진실하지만 밝음을 싫어하는 자이다. 유자의 경우에는 밝힘으로부터 출발해 성(誠)에 이르거나, 성으로부터 출발해 밝힘에 이른다. 그리하여 하늘과 인간이 합일되고, 배움을 다하여 성인이 될 수 있으며, 하늘의 지위를 얻고서도 사람을 버린 적이 없다. 『역』의 '빠뜨리지 않고', '한쪽으로 치우쳐 흐르지 않고', '지나치지 않는다'는 말이 바로 그것이다. 저들의 말은 비록 옳은 듯하지만, 그 근본과 요지를 살펴보면 우리 유가와는 근본과 결론을 달리한다. 도는 하나일 뿐이어서, 이것이 옳으면 저것은 그르며, 이것이 그르면 저것이 옳으니, 양자는 물론 함께 거론할 수 없는 것이다. 그 말은 숨어 도망하며 근거가 없고, 우주자연을 궁구하면 삿되고, 미루어 나아가 행하면 치우치며, 조그만 일에 힘쓰면 삿되니, 책 한 권에서 구해도 이 폐단은 빈번하게 있다. 대체로 주야, 음양을 알면 성명(性命)을 알 수 있으며, 성명을 알 수 있으면, 성인을 알고, 귀신을 알 수 있다. 저들은 태허를 직접 말하여 주야, 음양에 의해 그 마음이 얽매이지 않고자 하는데, 그러면 애초에 역(易)을 알지 못하게 된다. 애초에 역을 알지 못하면 비록 음양, 주야에 의해 얽매이지 않고자 해도, 그럴 방도가 없게 된다. 역조차 알지 못하는데, 다시 어찌 실제를 말할 수 있겠는가! 실제를 버리고 귀신을 논하면 허망하다. 실제라는 것을 저들은 단지 말할 수 있을 뿐이지, 참으로 이해한 적이 없다.

| 해설 | 이 조목은 『정몽』 「건칭편」 17.11과 중첩된다. 그곳의 해설을 참조하라.

1.39 [『易』曰: "原始(要)[反]終, 故知死生之說"者, 死生止是人之終始也.]

|번역| 『역』에서 "시작으로 거슬러 올라가고 끝으로 되돌아가 살피니 생사에 관한 설을 알게 된다"는 말에서 '생사'란 단지 사람의 끝과 시작을 말한다.

|해설| "시작으로 거슬러 올라가고 끝으로 되돌아가 살피는" 대상은 인간사만은 아니다. 모든 사물의 시작과 끝을 살피는 것을 다 포함한다. 하지만 이런 사물의 시작과 끝에 대한 관찰을 통해 알게 되는 "생사에 관한 설"은 주로 인간의 탄생과 죽음에 관한 설을 가리킨다.

[精氣爲物, 遊魂爲變, 是故知鬼神之情狀.]

정기는 사물이 되고 떠도는 혼은 변한다. 이로써 귀신의 정황을 안다.

1.40 ["精氣爲物, 遊魂爲變", 精氣者, 自无而有; 遊魂者, 自有而无. 自无而有, 神之情也; 自有而无, 鬼之情也. 自无而有, 故顯而爲物; 自有而无, 故隱而爲變. 顯而爲物者, 神之狀也; 隱而爲變者, 鬼之狀也. 大意不越有无而已. 物雖是實, 本自虛來, 故謂之神; 變是用虛, 本緣實得, 故謂之鬼. 此與上所謂神無形而有用, 鬼有形而無用, 亦相會合. 所見如此, 後來頗極推闡, 亦不出此.][384]

384 〈중화 주석〉 이 조목은 『정의』에서 인용한 『문집』에 근거해 보완했다. 『文集抄』에는 실려 있지 않다.

| 번역 | "정기는 사물이 되고 떠도는 혼은 변한다." 정기란 무에서 유가 된 것이고, 떠도는 혼은 유에서 무가 된 것이다. 무에서 유가 되는 것은 신(神)의 정황이요, 유에서 무가 되는 것은 귀(鬼)의 정황이다. 무에서 유가 되므로 드러나 사물이 되고, 유에서 무가 되므로 숨어 변한다. 드러나 사물이 되는 것은 신의 모습이요, 숨어 변하는 것은 귀의 모습이다. 대의는 유와 무를 넘어서지 않을 따름이다. 사물은 비록 실(實)이지만 본디 허(虛)에서 왔다. 그러므로 신이라고 한다. 변함은 허를 쓰는 것이지만 본디 실을 조건으로 하여 얻어지는 것이다. 그러므로 귀라고 한다. 이는 앞서 말한 신은 무형이지만 작용이 있고, 귀는 유형이지만 작용이 없다는 말과도 부합한다. 견해가 이와 같으니, 뒤에 자못 끝까지 밀고 나가 천명하는 것 역시 이를 벗어나지 않는다.

| 해설 | "정기가 사물이 된다"는 말을 무형의 기에서 유형의 사물이 되는 것으로, "사물이 떠도는 혼으로 변한다"는 말을 유형의 사물이 무형의 기로 변하는 것으로 풀이했다. 이 중에서 전자는 기가 펼쳐져(伸) 드러나는 과정이요, 따라서 "신(神)의 정황"이다. 반대로 후자는 기가 하늘 자신에게로 돌아가 숨는 과정이요, 따라서 "귀(鬼)의 정황"이다. 허실 관계로 보면 사물은 실이지만, 그것은 본디 지극히 허하면서 신묘한(至虛而神) 기에서 온 것이다. 반대로 사물이 질적 변화를 일으켜(變) 태허로 돌아가는 것은 허한 기가 쓰이는 것이지만, 허한 기 역시 실한 기, 즉 사물이 전제되어야 얻어진다. 그래서 귀라고 한다. 따라서 이 말들은 신은 무형의 기이지만 만물을 응취하는 작용이 있고, 귀는 유형의 사물이 돌아가는 것이지만, 사물을 형성하는 작용은 없다는 말과 그 뜻이 통한다.

1.41 [與范巽之言: 『易』所謂"原始反終[故]知死生之說"者, 謂原始而知生, 則求其終而知死必矣. 此夫子所以直季路之問而不隱也. *體不偏滯, [乃可謂无方无體. 偏滯]於晝夜陰陽者物也, 若道則兼體而無累也. 以其兼體也, 故曰"一陰一陽", 又曰"陰陽不測", 又曰"一闔一闢", 又曰"通乎晝夜." 語其推行, 故曰"(通)[道]"; 語其不測, 故曰"神"; 語其生生, 故曰"易"; 其實一物, 指事而異名爾. *大率天之爲德, 虛而善應, 其(實)[應]非思慮聰明可求, 故謂之神, 老氏況諸谷以此. *太虛者, 氣之(所)體. 氣有陰陽, 屈伸相感(而)[之]无窮, 故神之應也无窮; 其散无數, 故神之應也无數. 雖无窮, 其實湛然; 雖无數, 其實一而已. 陰陽[之]氣, 散則萬殊, 人莫知其一也; 合則混然, 人不見其殊也. *形聚爲物, 形潰反原, [反]原者, 其遊魂爲變乎! 所謂變者, 對聚散存亡爲(之)文, 非如螢雀之化, 指前後身而爲說. 輔嗣所解, 似未失其歸也.][385]

|번역| 범손지와 더불어 말했다. 『주역』의 "시작으로 거슬러 올라가고 끝으로 되돌아가 살피니 죽고 태어나는 설을 알게 된다"는 말은 시작으로 거슬러 올라가 탄생에 대해 알면, 그 끝을 구하여 죽음에 대해 아는 것은 필연적이라는 뜻이다. 이것이 공자께서 계로의 물음에 직설적으로 답하면서 숨김이 없었던 점이다. *체(體)는 치우치거나 머무르지 않으니 일정한 장소도 없고 일정한 형체도 없다고 하겠다. 낮과 밤, 음과 양에 치우치고 머무르는 것은 사물(物)이다. 도의

385 (1)輔嗣所解: 輔嗣는 왕필의 字이다. 이 구절은 "精氣爲物, 遊魂爲變"에 대한 왕필의 해석을 가리킨다. 이 구절에 대해 왕필은 다음과 같이 설명했다. "정기가 왕성하게 응취하여 사물을 이루고 응취가 극한에 이르면 흩어지니, 떠도는 혼이 변한다."(精氣烟熅聚而成物, 聚極則散, 而游魂爲變也.) 〈중화 주석〉 이 조목은 『정의』에서 인용한 『어록』에 근거해 보완했다. 오늘날 『어록』에는 실려 있지 않다. 원문은 『정몽』 「건칭편」에도 보인다. 다만 "與范巽之言"과 마지막 두 구절은 없으며, 전체 문장은 5조목으로 분리되어 있다. 탈자와 오자는 모두 『정몽』에 근거해 수정하고 보완했으며, 조목이 나뉜 지점에는 * 부호를 첨가했다.

경우라면 두 몸을 아우르면서 얽매임이 없다. 그것이 두 몸을 아우르므로 "한 번 음이 되었다 한 번 양이 된다"고 하고, "음양은 헤아릴 수 없다"고 하며, "한 번 닫혔다 한 번 열린다"고 하고 "낮과 밤에 통한다"고 한다. 그것의 밀고 가는 측면을 일컬어 "도"라 하고, 그것의 불측한 측면을 일컬어 "신(神)"이라 하며, 그것의 낳고 낳는 측면을 일컬어 "역(易)"이라 하나, 실은 하나이며, 일을 가리켜 명칭을 달리 했을 따름이다. *대개 하늘의 덕은 텅 비어 있으면서도 잘 응한다. 그것의 응함은 사려나 총명으로는 구할 수 있는 것이 아니니 신(神)이라고 한다. 노자가 그것을 골짜기(谷)로 묘사한 것도 이 때문이다. *태허란 기의 본체이다. 기에는 음양이 있어 굽혔다 펴며 교감함이 무궁하므로 신의 응함 또한 무궁하다. 그것의 흩어짐이 무수하므로 신의 응함 또한 무수하다. 비록 무궁하지만 실은 고요하며, 비록 무수하지만 실은 하나일 뿐이다. 음양의 기는 흩어지면 만 가지로 달라져 사람들은 그것이 하나인 줄 모르며, 합쳐지면 혼연해져 사람들은 그것이 달라짐을 보지 못한다. *형체가 모이면 사물이 되고 형체가 무너지면 근원으로 돌아간다. 근원으로 돌아감은 그 떠도는 혼이 변하는 것이 아니겠느냐! 변한다는 것은 모임과 흩어짐, 존재함과 없어짐에 대해 글로 표현한 것이지, 반딧불이나 참새의 변화처럼 앞의 몸과 뒤의 몸을 가리켜 말하는 것이 아니다. 왕필이 설명한 것은 그 결론이 틀리지 않은 것 같다.

| 해설 | 위의 비교적 긴 글은 5조목으로 나눌 수 있다. 첫째부터 다섯째까지는 각각 『정몽』「건칭편」 17.12, 17.13, 17.14, 그리고 17.15의 두 단락과 중첩된다. 그곳의 해설을 참조하라.

1.42 [所謂山川⁽¹⁾門霤之神, 與郊社天地陰陽之神, 有以異乎?『易』(所)謂"天且弗違而況於鬼神乎!" 仲尼以何道而異其稱耶? 又謂"游魂爲變", 魂果何物? 其遊也情狀如何? 試求之[使]無疑, 然後可以拒神怪之說, 知亡者之歸. [此外]學(者)[素]所[援據]以質成其論者, 不可不察以自⁽²⁾祛其疑爾.][386]

| 번역 | 산천, 문, 처마의 신은 교사(郊社)에 제사 지내는 천지음양의 신과 차이가 있을까?『역』에서는 "하늘조차 어기지 않거늘 하물며 귀신이랴!"라고 했거니와 공자께서는 어떤 원칙으로 그 명칭을 달리하셨을까? 또 "노니는 혼이 변한다"고 했는데 혼은 과연 어떤 것일까? 그 노니는 상태란 어떤 것일까? 구해 보아 의심이 없게 되어야 귀신과 괴이한 설을 물리칠 수 있고 망자가 돌아가는 곳을 알게 된다. 그 밖에 배울 때 평소에 인용하고 근거로 삼아 그 논의의 바탕을 이루던 것들도 살펴 그 의심나는 것을 떨쳐내지 않으면 안 된다.

| 해설 | 유학자는 샤머니즘의 신을 합리적으로 이해하려 한다. 장재의 경우 신들의 본질을 '천지음양의 신'이라고 하여 그것들을 자연주의적으로 재해석하였다. 따라서 위 여러 문장이 자문(自問)의 형식을 띠고 있지만, 장재의 답은 명확하다. 산천과 집안에 깃들어 있다고 생각되던 신은 실은 음양의 기이며, '노니는 혼'이란 태허로 흩어지는 기이고, 망자가 돌아가는 곳은 태허이다.

1.43 [氣之於人, 生而不離·死而游散者謂魂, 一成而不變者爲魄.][387]

386 (1)門霤之神, 문과 처마의 신. (2)祛, 떨어 없애다. 제거하다. 〈중화 주석〉 이 조목 또한『정의』에서 인용한『어록』에 의거해 보완했는데,『어록』에는 실려 있지 않고,『성리습유』에만 보인다. 오탈자는『습유』에 근거해 수정, 보완했다.

| 번역 | 사람에게 있는 기 중에서, 살아 있을 때는 떠나지 않지만 죽으면 흩어지는 것을 혼(魂)이라고 하고, 한번 형성되어 변하지 않는 것은 백이 된다.

| 해설 | 『정몽』「동물편」 5.2와 몇 글자를 빼면 내용이 완전히 중첩된다. 그곳의 해설을 참조하라.

與天地相似, 故不違, 知周乎萬物而道濟天下, 故不過, 旁行而不流, 樂天知命, 故不憂,

『역』의 이치는 천지와 비슷하여 천지에 어긋나지 않고, 『역』의 지혜는 만물에 두루 미치고, 도는 천하를 구제하기 때문에 지나치지 않으며, 두루 행하지, 한쪽으로 흐르지 않고, 하늘을 즐거이 여기고 명을 알기 때문에 근심하지 않는다.

1.44 [意, 有思也; 必, 有待也; 固, 不化也; 我, 有方也. 四者有一焉, 則與天地爲不相似.][388]

| 번역 | 의(意)는 생각함이 있는 것이다. 필(必)은 기대함이 있는 것이다. 고(固)는 화(化)하지 않는 것이다. 아(我)는 일정한 방소(方)가 있는 것이다. 이 넷 가운데 하나만 있어도 천지를 닮지 못한 것이다.

387 〈중화 주석〉 이 조목은 『정의』에 의거해 보완했다. 『정몽』「동물편」에도 이 문장이 실려 있다. 다만 마지막 구절이 "聚成形質, 雖死而不散者謂魄"("모여 형질을 이루고 죽더라도 흩어지지 않는 것을 백(魄)이라고 한다")이라고 되어 있다.

388 〈중화 주석〉 이 조목은 『정의』에서 인용한 『정몽』에 의거해 보완했다.

|해설| 『정몽』「중정편」 8.18과 완전히 중첩된다. 그곳의 해설을 참소하라.

1.45 如天地無私, 則於道不離, 然遺物而獨化, 又過乎大中之表也. 故下文曰范圍(天地之化)而不過, 曲成(萬物)而不遺. (通乎晝夜之道而知)[389]

|번역| 천지처럼 사사로움이 없으면 도(道)를 떠나지 않지만, 물(物)을 빠뜨리고 홀로 변화하면 대중(大中)의 표준을 지나치게 된다. 그러므로 이어지는 문장에서 두루 아울러 지나치지 않고 곡진하게 이루어 주어 빠뜨리지 않는다고 했다.

|해설| 유학에서는 자기 완성과 타자의 완성은 분리될 수 없다고 본다. 따라서 단지 세상을 외면하고 홀로 정신적 자유를 누리자는 독화(獨化)설에 대해 비판적일 수밖에 없다. 장재는 그것이 대중의 표준을 지나쳤다고 한다. 천지는 만물을 두루 아우르고 어느 것도 소외시킴이 없이 생육한다. 장재가 보기에 독화설은 이런 천지의 기준을 넘어선 이기주의적인 주장인 것이다.

1.46 未能周萬物, 則必有過. 過, 失也.[390]

|번역| 만물에 두루 미치지 못하면 반드시 잘못이 생기게 된다. 과(過)란 과실이다.

|해설| 돌봄이 '만물에 두루 미치지 못하면' 필연적으로 소외당하는 이가 생기고, 이는 당연히 잘못을 낳게 된다.

389 〈중화 주석〉 이상은 『정의』에 의거해 삭제했다.
390 〈중화 주석〉 이 다음 부분은 『정의』에 의거해 분리시켰다.

1.47 知周[乎]萬物[而]道濟天下, 然後不錯. 若不如此, 則或得於(彼)[此](或)[而]失於(此)[彼]也.[391]

| 번역 | 지혜가 만물에 두루 미치고 도로 천하를 구제해야 괜찮게 된다. 만약 그와 같지 않다면 혹여 이곳에서 얻어도 저곳에서 잃게 된다.

| 해설 | 성인의 지혜와 행동은 만물을 두루 돌볼 수 있는 수준이어야 한다. 그렇지 못하다면 반드시 소외시키는 존재가 있게 된다.

1.48 天惟運動一氣, 鼓萬物而生, 无心以恤物. 聖人則有憂患, 不得似天. 天地設位, 聖人成能. 聖人主天地之物, 又智周乎萬物而道濟天下, 必也爲之經營, 不可以有(愛)[憂][392]付之無憂.

| 번역 | 하늘은 오직 운동하는 하나의 기로서 만물을 두드려 낳고 무심히 만물을 돌본다. 성인의 경우는 우환이 있으니 하늘과 비슷할 수 없다. 천지는 자리를 잡고 성인은 할 수 있는 것을 이룬다. 성인은 천지 만물을 주관하며, 지혜 또한 만물에 두루 미치고 도로 천하를 구제한다. 반드시 그것들을 위해 경영해야지 우환 있음을 우환 없음 쪽으로 몰아붙여서는 안 된다.

| 해설 | 장재는 천인합일을 말하면서도 양자 사이의 구별 또한 분명히 한다. 하늘은 자연일 뿐이다. 따라서 하늘은 근심을 모른다. 그저 무심하게 만물을 생육한다. 인간이 자연의 그와 같은 무심함마저 본받을 수는 없다. 성인은 세상을 근심하

391 〈중화 주석〉 이상은 『정의』에 의거해 삭제, 보완, 수정했다.
392 〈중화 주석〉 이상은 『정의』에 의거해 수정, 보완했다.

고, 그것을 구제하기 위해 애쓰는 자이다.

1.49 旁行[而][393]不流, 圓神不倚也.

|번역| 두루 행하고 한쪽으로 흐르지 않음은 원만하고 신묘하여 어느 한쪽에 기대지 않음을 말한다.

1.50 [主應物不能固知, 此行而流也. 入德處不移, 則是道不進, 重滯者也.][394]

|번역| 주체가 사물에 응할 때 지혜를 굳건히 하지 못한다면 그것은 행하되 한쪽으로 흐름이다. 덕에 들어간 지점에서 움직이지 않는다면 그는 도가 전진하지 못하여 무겁게 지체되어 있는 자이다.

|해설| 만물을 두루 돌보지 못하고 관심이 어느 특정 부분, 대상에만 치우친다면, 이는 지혜를 굳건히 확립하지 못한 것이다. 지혜와 덕은 함께 자라난다. 덕이 초보적 수준에 머물면 지혜 또한 그렇게 된다.

安土敦乎仁, 故能愛.

393 〈중화 주석〉『정의』에 의거해 수정, 보완했다.

394 〈중화 주석〉 이 조목은 "旁行而不流"(두루 행하지 한쪽으로 흐르지 않는다)에 대한 해설로, 일문에서 옮겨 넣었다. 첫 구절에는 오탈자가 있는 것 같다.

사는 곳에 편안해하면서 인을 돈독하게 행하기 때문에 사랑할 수 있다.

1.51 安土, 樂其所自生, (□□)[不得其生, 非][395]忠厚之道也.

|번역| 사는 곳에 편안해함은 그 태어난 바를 즐거워하는 것이니, 그 삶을 얻지 못한다면 충실하고 돈후한 도가 아니다.

|해설| "사는 곳에 편안해함"이란 선천적으로 자신에게 주어진 조건을 기꺼이 받아들이고 즐겁게 살아감을 가리킨다.

1.52 [安土, 不懷居也; 有爲而重遷, 無爲而輕遷, 皆懷居也.][396]

|번역| "사는 곳에 편안해한다"는 것은 사는 곳에 연연하지 않는다는 뜻이다. 하는 일이 있다고 좀처럼 옮겨 다니지 않고 하는 일이 없이 가벼이 옮겨 다니는 것은 모두 사는 곳에 연연하는 것이다.

|해설| 『정몽』, 「유덕편」, 12.23과 완전히 중첩된다. 그곳의 해설을 참조하라.

範圍天地之化而不過,

395 〈중화 주석〉『정의』에 의거해 보완했다.
396 〈중화 주석〉이 조목은 『정의』에 의거해 보완했다.

천지의 조화를 아우르며 지나치지 않는다.

1.53 [窮理盡性, 然後至於命; 盡人物之性, 然後耳順; 與天地參, 無意·必·固·我, 然後範圍天地之化, 從心而不逾矩; 老而安死, 然後不夢周公.][397]

|번역| 이치를 궁구하고 본성을 다해야 하늘이 명하는 지위에 이른다. 사람과 자연물의 본성을 다해야 귀로 들으면 그대로 이해된다. 천지와 셋이 되어 의도함, 기필함, 고집함, 소아(小我)가 없어져야 천지의 화육을 본받아, 하고 싶은 대로 해도 법도를 넘지 않게 된다. 늙어 편안히 죽은 뒤에 주공을 꿈에서 만나지 않게 된다.

|해설| 『정몽』, 「삼십편」, 11.3과 완전히 중첩된다. 그곳의 해설을 참조하라.

通乎晝夜之道而知,

낮과 밤의 도에 통하여 안다.

1.54 不偏滯於晝夜之道, 故曰通知.

|번역| 낮이나 밤의 도에 치우쳐 지체되지 않기 때문에 두루 통하여 안다

397 〈중화 주석〉 이 조목은 『정의』에서 인용한 『정몽』에 의거해 보완했다.

고 한다.

| 해설 | 사물의 두 측면 중에서 어느 한쪽에만 치우쳐 그것에 집착한다면 이는 상대되는 두 측면, 더 나아가 만물을 두루 아는 것이라 말할 수 없다.

故神无方而易无體.

그러므로 신은 일정한 장소가 없고 역은 일정한 형태가 없다.

1.55 「繫辭」言『易』, 大概是語『易』書制作之意; 其言"易無體"之類, 則是天易也.

| 번역 | 「계사전」에서 『역』을 말한 것은 대체로 『역』이라는 책을 만든 의미에 대해 말한 것이다. 반면 그 "역은 일정한 형태가 없다"와 같은 부류의 말은 하늘의 변역에 관한 것이다.

| 해설 | 「계사전」이 말하는 역(易)에는 두 가지 함의가 있다. 하나는 『역』을 가리키고, 다른 하나는 하늘의 변역을 가리킨다.

1.56 神[與][398]易雖是一事, 方與體雖是一義, 以其不測, 故言無方; 以其生生, 故言無體. 然則易近於化.

398 〈중화 주석〉 '與' 자는 『정의』에 의거해 보완했다.

| 번역 | 신(神)과 역(易)은 비록 한가지 일이고, 일정한 장소(方)와 일정한 형태(體)라는 말은 비록 한가지 의미이지만, 그것은 헤아릴 수 없으므로 일정한 장소가 없다고 했고, 낳고 낳으므로 일정한 형태가 없다고 했다. 그러므로 역(易)은 화(化)에 가깝다.

| 해설 | 신(神)과 역(易)은 모두 하늘이 일을 함을 나타내는 개념이다. 하늘이 만물을 생육하는 일을 인간의 이성으로는 이루 다 헤아릴 수 없다. 왜냐하면 하늘의 만물 생육은 특정 장소에 제한되어 이루어지지 않기 때문이다. 또 그것은 부단히 낳고 낳으니, 그 일에 고정된 형태가 있는 것이 아니다. 이러한 하늘의 일하는 과정은 눈에 보이지 않는, 점진적 화의 과정이다. 따라서 역은 화에 가깝다.

一陰一陽之謂道.

한 번 음이 되었다 한 번 양이 되는 것을 도라고 한다.

1.57 一陰一陽是道也, 能繼繼體此而不已者, 善也. 善, (之)猶言能繼此者也. 其成就之者, 則必俟見性, 是之謂聖. 仁者不已其仁, (始)[姑]謂之仁; 知者不已其知, (方)[姑]謂之知; (此)是[謂]致曲, 曲能有誠也, 誠則有變, (化)必仁知會合乃爲聖人也. (前)[所]謂聖者, 於一節上成性也. 夷惠所以亦得稱聖人, 然行在一節而已. "百姓日用而不知", 蓋所[以]用莫非在道. 飮食男女皆性也, 但己不自察, 由旦至暮, 凡百擧動, 莫非感而不之知. 今夫心又不求, 感又不求, 所以醉而生夢而死者衆也.[399]

399 〈중화 주석〉 이상은 모두 『정의』에 의거해 삭제하고 보완하고 수정했다. 『정의』에는

|번역| 한 번 음이 되었다가 한 번 양이 되는 것은 도이요, 능히 잇고 이어 그침 없이 그것을 체득하는 것은 선이다. 선은 능히 그것을 잇는 것이라고 말하는 것과 같다. 그것을 성취하는 자는 반드시 성을 깨닫는 것이 필요하니 이를 성스러움이라고 한다. 인한 자는 그침 없이 인하니 잠시 그를 인하다고 하고, 지혜로운 자는 그 앎을 그치지 않으니, 잠시 그를 지혜롭다고 한다. 이를 조그만 일마다 힘을 쓴다(致曲)고 한다. 조그만 일에 힘을 써도 성실함이 생겨날 수 있다. 성실하면 질적 변화가 생겨나 틀림없이 인과 지가 합쳐져 성인이 된다. 이른바 성인은 어느 한 부분에서 성을 완성한다. 백이와 유하혜도 성인이라 칭해질 수 있었지만, 그 행위는 한 부분에서였을 따름이다. 한편 "백성들은 날마다 쓰면서도 알지 못한다"는 것은 사용하는 모든 것이 도에 있지 않음이 없음을 뜻한다. 음식남녀는 모두 성이나, 다만 스스로 살피지 않고, 아침부터 저녁까지 수많은 행동이 느끼지 않음이 없으나 알지 못한다. 지금 마음이 구하지 않고 느껴도 구하지 않으니, 취한 듯 살다가 꿈꾼 듯 죽는 자가 많다.

|해설| 대자연은 대립하면서도 협력하는 기운을 반복적으로 펼쳐 냄으로써 만물을 생육하는 순환적 과정을 이룬다. 만물은 모두 이 과정을 계승하지만, 이 일의 궁극적 의미와 방법을 자각적으로 체득하여 부단히 실현하려 애쓰는 일은 인간만이 할 수 있고, 그것이 곧 선이다. 이 하늘의 본질과 통하는 인간의 선을 실현하려면 무엇보다 성에 대한 철저한 깨달음이 필요하다. 그런데 성에는 사랑의 측면도 있고 지혜의 측면도 있다. 사람마다 각자 애쓰는 가운데 이 둘 중 어느 한 측면에 치우치기 쉽다. 하지만 어느 쪽이든 그런 노력의 과정에서 성실함, 정성스러움의 태도가 습관화되고, 어느 순간 질적 도약이 일어나 사랑과 지혜가 겸비된 성인의 경지에 이른다. 물론 이 성은 비단 성인만 지닌 것이 아니다. 누구나

이 조목 앞에 "學不能自信而明者"라는 한 단락이 있어, "成性存存道義之門" 뒤에 나오는 글자들(1.84를 가리킴)과 중복되어 출현하였다.

시시각각 성을 느끼며 산다. 예컨대 식욕과 성욕은 본성이다. 그리고 이 기본직 욕구는 하늘이 만물을 낳고 길러 주지 않으면 결코 충족되지 못한다. 그 점에 생각이 미친다면, 생리적 본성은 대자연의 덕성에 의해 충족된다는 점을 인정할 수 있을 것이다. 그러나 안타깝게도 대부분은 식색의 욕구를 채우기 위해 대자연의 기운을 부지불식간에 사용하면서도 그 기운이 곧 대자연의 본질, 덕성의 발휘임을 아는 자는 드물다.

繼之者善也, 成之者性也.

그것을 잇는 것은 선이요, 그것을 성취하는 것은 성이다.

1.58 言繼繼不已者善也, 其成就者性也. 仁知各以成性, 猶(仁禮以成性)[400]勉勉而不息, 可謂善成, 而存存在乎性. 仁知見之, 所謂"曲能有誠"者也.[401] 不能見道, 其仁知終非性之有也.

|번역| 그치지 않고 잇고 잇는 것은 선이요, 그것을 성취하는 것은 성(性)임을 말한다. 인(仁)과 지(知)로 각기 성을 완성하는 것은 힘쓰고 힘써 쉬지 않는 것과 같으니, 선이 완성되고, 자기에게 있는 것을 보존하는 일은 성에 달려 있다고 할 수 있다. 인 혹은 지로 그것을 본다는 것은 이른바 "조그만 일마다 힘을 써도 성(誠)이 생겨날 수 있다"는 뜻이다. 도를 보지 못하면 인과 지는 끝내 성이 지닌 것이 아니게 된다.

400 〈중화 주석〉「정의」에 근거해 삭제했다. 이어지는 문장은『정의』에 근거해 이 조목과 합병했다.

401 〈중화 주석〉『정의』에는 '也' 자가 빠져 있다.

| 해설 | 1.57과 비슷한 취지의 발언이다. 인간은 하늘의 일을 선으로 계승하는데, 그 선을 성취하는 동력은 성에 있다. 사람은 전체적인 도(진리)를 다 알 수는 없어, 혹자는 사랑을 도라 하고 혹자는 지혜를 도라 하지만, 그 덕목을 발현하는 가운데 똑같이 저 내면의 성에서 정성스러운(誠) 태도가 생겨난다.

1.59 性未成則善惡混, 故(1)亹亹而繼善者斯爲善矣. 惡盡去則善因以(亡)[成], 故(2)舍曰善而曰"成之者性[也]."[402]

| 번역 | 성이 아직 완성되지 않았다면 선과 악이 혼재해 있다. 그러므로 힘쓰고 힘써 선을 계승하는 자라야 선하게 된다. 악이 다 제거되면 선은 그로 인해 완성된다. 그러므로 선이라고 말하지 않고 "그것을 완성하는 것은 성이다"라고 했다.

| 해설 | 이 조목은 『정몽』「성명편」 6.23의 일부 내용을 이루고 있다. 이 조목의 해설을 참조하라.

1.60 神不可致思, 存焉可也; 化不可助長, 順焉可也. 存虛(名)[明], 久至德, 順變化, 達時中, 仁之至, 義之盡也. 知微知彰, 不舍而繼其善, 然後可以成(之)[人]性矣.[403]

| 번역 | 신(神)에 대해서는 끝까지 다 생각할 수 없으니, 보존하면 된다. 화

402 (1)亹(미), 힘쓰다. (2)舍曰: 不曰과 같다. 〈중화 주석〉 이상은 『정의』에 근거해 고쳤다. 『정의』에서는 '曰'이 '繼'로 되어 있다. 이어지는 문장은 『정몽』에 근거해 분리시켰다.
403 〈중화 주석〉 '明' 자는 『정몽』에 의거해 고쳤다. '人' 자는 『學案』에 근거해 고쳤다. '久至德'에서 '仁之至, 義'에 이르는 13자는 『정의』에서는 '至久德'이라 잘못 기록되어 있다.

(化)에 대해서는 조장해서는 안 되니 따르면 된다. 텅 비고 밝은 것을 보존하고 지극한 덕을 오래도록 유지하며 변화를 따라 시중(時中)에 통달하면, 인(仁)이 지극해지고 의(義)가 다해진다. 은미한 것을 알고 드러난 것을 알며 멈추지 않고 그 선을 계승한 후에야 인성(人性)을 완성할 수 있다.

| 해설 | 이 조목은『정몽』「신화편」4.18과 완전히 중첩된다.『정몽』의 해설을 참조하라.

仁者見之謂之仁, 知者見之謂之知,

어진 자는 그것을 보고 인이라고 하고 지혜로운 자는 그것을 보고 지라고 한다.

1.61 聞見不足以爲己有, "仁者見之謂之仁, 知者見之謂之知", 心各(有)[見]本性, 始爲己有, 苟未見性, 須當勉勉. 今學者旣知趨向, 殊不費力, 何(謂)[爲][404]不勉勉!

| 번역 | 듣고 본 것은 자기의 소유로 삼기에 부족하니, "어진 자는 그것을 보고 인이라고 하고, 지혜로운 자는 그것을 보고 지라고 한다"고 했다. 마음이 각기 본성을 보아야 비로소 자기의 소유가 된다. 만약 성을 보지 못했다면 마땅히 힘쓰고 힘써야 한다. 지금 배우는 자들은 나아갈 방향을 알면서도 힘을 쏟지 않으니 어찌하여 힘쓰고 힘쓰지

404 〈중화 주석〉 이상은 모두『정의』에 의거해 고쳤다.

않는 것인가!

| 해설 | 장재는 "仁者見之謂之仁, 知者見之謂之知"라는 「계사전」의 구절에서 견문의 한계를 강조하는 자기 견해의 근거를 찾았다고 생각한 듯하다. 보고 들어서 아는 것은 간접적 경험을 통해 아는 것으로, 그것은 자기가 직접 경험해 완전히 자기 것으로 체화한 지식이 아니다. 그런 맥락에서 사랑과 지혜로 충만한 자의 언행을 보고 듣는 것은 물론 유익한 일이지만, 그것만으로 '나'도 그런 성현이 될 수는 없다. '나'도 그런 성현이 되려면 '내' 마음을 다해 '나'의 도덕적 본성 혹은 능력을 철저히 자각하고, 그것을 기르기 위해 부단히 애써야 한다.

百姓日用而不知, [故君子之道鮮矣.]

백성은 날마다 쓰면서도 알지 못한다. 그러므로 군자의 도는 드물다.

1.62 百姓日用[而][405]不知, (1)溺於流也.[406]

| 번역 | 백성은 날마다 쓰면서도 알지 못하여, 지나치게 흘러넘치는 방종으로 빠져든다.

| 해설 | 이 조목의 주된 취지는 1.57 후반부의 내용과 같다. 그 부분의 해설을 참조하라.

顯諸仁, 藏諸用,

405 〈중화 주석〉 '而' 자는 『정의』에 근거해 보완했다.
406 (1)溺於流: 流는 流溢, 즉 흘러넘침의 流이고, 그 뜻은 방종함이다.

인에서 드러내고 작용에서 간직한다.

1.63 [非神不能顯諸仁, (不)[非]知不能藏諸用.][407]

|번역| 신이 아니면 인에서 드러낼 수 없고 지혜가 아니면 작용에서 간직할 수 없다.

|해설| 장재는 "인에서 드러내고 작용에서 간직한다"는 위 구절을 「계사상」의 "신으로 올 일을 알고 지혜로 지나간 일을 간직한다(神以知來, 知以藏往)"는 구절과 결합해 이해했다. 여기서 드러내고 간직하는 주체는 성인이다. 성인이 어진 덕을 부단히 드러낼 수 있는 것은 내면에 하늘과 동일한 신묘한 본체가 있기 때문이다. 그리고 그런 실천의 작용을 통해 지나간 일들의 의미를 마음속에 간직할 수 있는 까닭은 지혜가 있기 때문이다.

鼓萬物而不與聖人同憂.

천지는 만물을 고무시키되 성인과 함께 근심하지 않는다.

1.64 老子言(1)"天地不仁, 以萬物爲芻狗", 此是也; (1)"聖人不仁, 以百姓爲芻狗", 此則異矣. 聖人豈有不仁? 所患者不仁也. 天地則何意於仁? 鼓萬物而已. 聖人則仁爾, 此其爲能弘道也.[408]

407 〈중화 주석〉 이 조목은 『정의』에 근거해 보완했다. 뒤의 "神以知來, 知以藏往" 아래에도 이 문장이 나오고, 『정의』에도 중복해서 나온다. '非' 자는 앞 구절에 근거해 고쳤다.

|번역| 노자는 "천지는 불인하여 만물을 추구(芻狗)로 여긴다"고 했는데, 이는 옳다. 또 "성인은 불인하여 백성을 추구(芻狗)로 여긴다"고 했는데, 이는 사실과 다르다. 성인에게 어찌 불인함이 있겠는가? 그가 근심하는 바가 불인함이다. 천지가 어찌 인에 뜻을 두겠는가? 만물을 고무시킬 따름이다. 성인은 인하니, 이것이 그가 도를 넓힐 수 있는 까닭이다.

|해설| 노자의 천지가 불인하다는 말에 대한 장재의 찬동은 많은 사람을 당혹스럽게 한다. 마치 우주 자연의 본질이 인한다는 주류 유학자들의 생각을 부정한 것처럼 여겨지기 때문이다. 그런 점이 없는 것은 아니다. 장재는 동중서 유의 천지는 인하다는 생각에 반대한다. 천지는 그저 자연이기 때문이다. 다만 노자의 이 말 역시 천지가 냉정하다는 뜻으로만 이해되지 않음에 유의해야 한다. 여기서의 인을 유학의 차별애로 이해한다면, 천지는 만물 가운데 특정 부류나 개체를 편애하지 않는다는 말로 해석될 수도 있기 때문이다. 천지는 공평하게 만물을 대한다. 그래서 만물은 우주 자연을 위해 일정한 역할을 하다가 그 쓰임이 다하면 죽는 존재다. 장재는 이런 노자의 천지관을 받아들일 수 있었다. 그에게도 천지는 자연일 뿐이기 때문이다. 하지만 유의할 점은 장재 사상을 전체적으로 볼 때 그가 천지의 운동에 인의 '의미'마저 없다고 생각하지는 않았다는 것이다. 하늘 자신이 인한 마음을 갖지 않을 뿐이지, 인간에 의해 인간과 자연의 '관계'라는 측면에서 천지는 인한 가치를 갖는 존재로 평가될 수 있다. 성인은 더욱 그렇다. 성인은 불인한 현실을 우려하며 세상에 인을 실현하기 위해 노력하는 자이다. 따라서 장재는 성인 또한 불인하다는 노자의 말에는 결코 동의할 수 없었다.

408 (1)『道德經』 5장, "천지는 불인하여 만물을 제사가 끝난 후 버려지는 추구쯤으로 여긴다. 성인은 불인하여 백성을 제사가 끝난 후 버려지는 추구쯤으로 여긴다."(天地不仁, 以萬物爲芻狗; 聖人不仁, 以百姓爲芻狗.) 芻狗, 중국에서 고대에 제사를 지낼 때 쓴 짚으로 만든 개로 제사가 끝나면 버려졌다.

1.65 ["鼓萬物而不與聖人同憂", 天道也. 聖(人)不可知也, 無心之妙, 非有(仁)[心]所及也.[409]

|번역| 만물을 두드리되 성인과 함께 걱정하지 않는 것은 천도이다. 성스러워(聖) 알 수 없는 것은 무심함의 오묘함이니, 그것은 유심(有心)함이 미칠 수 있는 바가 아니다.

|해설| 이 조목은 『정몽』 「천도편」 3.8과 완전히 중첩된다. 『정몽』의 해설을 참조하라.

1.66 天不能皆生善人, 正以天無意也. "鼓萬物而不與聖人同憂", 聖人之於天下, 法則无不善也. 然古者治世多而後世不治, 何也? 人徒見文字所記, 自唐虞以[來論其治亂, 殊不知唐虞以]上幾治幾亂, 須歸之運數, 有大(運)[數], 有小(運)[數], 故孟子曰: (1)"天[下]之生(民)久矣, 一治一亂."[410]

|번역| 하늘이 착한 사람만 낳을 수는 없으니, 이는 바로 하늘이 의도가 없기 때문이다. 하늘은 "만물을 고무시키되 성인과 함께 근심하지 않는다." 성인이 천하에서 그것을 본받으면 선하지 않음이 없다. 그렇지만 고대에는 치세가 많았던 반면 후세에는 다스려지지 않은 것은

409 〈중화 주석〉 이 조목은 원래는 『장재집』 207쪽에 나오는 "形而下者不足以言之" 다음에 잘못 삽입되어 있었다. 『정의』에 의거해 이곳으로 옮겨다 놓았다. '人' 자와 '心' 자는 207쪽과 『정몽』에 근거해 삭제하고 고쳤다.

410 (1)『孟子』, 「滕文公下」에서 출전. 〈중화 주석〉 이 조목은 원래 앞 조목 "爲能弘道也" 다음에 붙어 있었다. 『정의』에 의거해 분리시켰다. 오탈자는 『정의』에 의거해 수정 보완했다. 『정의』에는 첫 구절의 '皆' 자가 빠져 있다.

무엇 때문인가? 사람들은 단지 문자로 기록된 것만 보고 요순 이후로 그 다스려지고 어지러워진 것을 논할 뿐, 요순 이전에 몇 번 다스려지고 몇 번 어지러워졌는지 알지 못한다. 그것은 운수로 돌려야 하니, 그것에는 큰 운수도 있고, 작은 운수도 있다. 그러므로 맹자는 "천하가 생겨난 지 오래되었는데, 한 번 다스려졌다가 한 번 어지러워지곤 했다"라고 했다.

|해설| 하늘은 자연일 뿐이므로, 인간처럼 의도가 있을 리 없다. 하늘은 무의도적이므로 예컨대 좋은 것, 선한 것, 아름다운 것만 낳지 않는다. 장재는 이 하늘의 의도 없음을 무심이라는 말로 표현했는데, 이 무심에는 작위가 없다는 함의도 있다. 성인이 본받는 것은 바로 이 하늘의 무의도성, 무작위성이다. 하지만 성인은 동시에 만사를 선하게 만들기 위해 노력하기도 하는데, 이 노력의 성공 여부는 '운수', 즉 시대의 운명과 긴밀히 연관되어 있다. 장재를 비롯한 전통 시대의 유자들은 대부분 역사를 평화와 혼란이 반복되는 특성이 있는 것이라 여겼다. 장재는 이 특성을 좀 더 일반화하여 최고의 치세로 보는 요순시대 이전에도 치세와 난세가 반복되었을 것이라 추론하였다.

1.67 「繫」之爲言, 或說『易』書, 或說天, 或說人, 卒歸一道, 蓋不異術, 故其參錯而理則同也. "鼓萬物而不與聖人同憂", 則於是分出[天]人之道. [人]不可[以]混天, "鼓萬物而[不][411]與聖人同憂", 此言天德之至也. 與天同憂樂, 垂法於後世, 雖是聖人之事, 亦猶聖人之末流爾.

411 〈중화 주석〉 이상은 『정의』에 의거해 수정, 보완했다. 다만 『정의』에는 "或說『易』書"라는 네 글자가 빠져 있고, "蓋不"가 "豈不"로 잘못 표기되어 있다.

|번역| 「계사전」의 말들은 『주역』에 대해 말하기도 하고 하늘에 대해 말하기도 하며 사람에 대해 말하기도 하지만 마침내 하나의 도로 귀결되니, 이는 방법을 달리하지 않기 때문이다. 그러므로 들쑥날쑥 뒤얽혀 있지만, 이치는 같다. 하늘은 "만물을 고무하되 성인과 더불어 근심하지 않는다"고 했으니, 이에 하늘과 사람의 도가 구분된다. 사람은 하늘과 뒤섞여서는 안 되니, "만물을 고무하되 성인과 더불어 근심하지 않는다"는 것은 천덕의 지극함을 말한다. 하늘과 함께 근심하고 즐거워하며 후세에 가르침을 내리는 것은 비록 성인의 일이지만, 성인의 말류(末流)일 뿐이다.

|해설| 「계사전」은 주로 『주역』의 철학적 의미와 체계의 문제를 다루고 있지만, 그 외에 하늘 및 다양한 인간사의 변화를 논하기도 한다. 이렇게 다루는 문제 혹은 영역은 다르지만, 결국은 하나의 통일적 이치로 귀결된다. 그러면서도 거듭 말하지만 하늘은 의식이 없는 데 반해, 인간은 근심 등의 의식이 있다는 점에서 큰 차이가 있다. 요컨대 성인은 근심함에서 출발하면서도 무심함을 지향한다. 성인의 이 두 측면을 함께 고려해야지 무심함의 측면만 주목해 성인을 하늘처럼 초연한 존재로만 생각한다면 이는 성인의 말류라고 비판한다.

1.68 神則不屈, 無復(1)回易, "鼓萬物而不與聖人同憂"(者), 此直謂天也. 天則无心, 神(故)可以不(2)詘, 聖人則豈忘思慮憂患? 雖聖亦人耳, 焉得遂欲如天之神, 庸不害於其事? 聖人苟不用思慮憂患以經世, 則何用聖人? 天治自足矣.[412]

412 (1)回易, 돌아섬. 방향을 바꿈. (2)詘(굴), 詘과 같은 글자. 굽히다. 〈중화 주석〉 '者', '故'는 『정의』에 근거해 삭제했다. 『정의』에는 "雖聖亦人耳"에서 "聖人苟不用思慮憂患"에 이르는 28자가 빠져 있고, 이어서 '所' 자가 군더더기로 있으며, '天治'가 '天地'로 잘못 기록되어 있다.

| 번역 | 신은 굽히지 않고, 다시 돌아서 방향을 바꾸지 않는다. "만물을 고무하되 성인과 함께 근심하지 않는다"고 하니, 이것은 곧장 하늘을 말하는 것이다. 하늘이 무심하므로 신은 굽히지 않을 수 있다. 성인의 경우는 어찌 사려하고 근심하는 일을 잊겠는가? 성인이지만 그 역시 사람이다. 하늘의 신과 같이 되고자 할 수 있으며, 어찌 그 일에 악영향을 미치지 않을 수 있겠는가? 성인이 만약 사려하고 근심하여 세상을 다스리지 않는다면 어찌 성인이 필요하겠는가? 하늘이 다스리는 것만으로도 충분할 것이다.

| 해설 | 하늘이 신(神)으로 칭해지는 까닭은 그것이 오직 아래를 향해 기를 펼칠(伸) 뿐, "방향을 바꿔" 자기 자신으로 되돌아오지 않기 때문이다. 이렇게 하늘이 굽힐 줄 모르는 까닭은 그것이 무의식적이기 때문이다. 하늘의 무의식성은 흔히 근대인들이 생각하듯 자연의 열등함을 뜻하지 않는다. 그것은 그것 나름의 장점이 있다. 인간의 의식적 행위와 비교해 보면, 하늘은 근심이 없다. 반면 인간은 근심하고 사려하는 일이 없을 수 없다. 그리고 그 일은 일종의 굽힘이다. 인간에게는 굽힘, 어려움, 고통 등이 없을 수 없다. 그것이 없기를 바란다면 이는 성인의 존재 이유를 모르는 것이다. 성인의 존재 이유는 불인, 불의한 세상을 근심하며 그것을 인의의 세상으로 바꾸는 데 있다.

1.69 聖人所以有憂者, 聖人之仁也; 不可以憂言者, 天也. 蓋聖人成能, 所以異於天地.

| 번역 | 성인에게 우환이 있는 것은 성인의 인(仁) 때문이다. 우환을 가지고 말할 수 없는 것은 하늘이다. 성인은 자신이 능한 것을 이루므로 천지와는 다르다.

|해설| 성인은 사랑이 없고 불의로 가득한 현실을 걱정한다. 이 근심은 사랑의 마음에 바탕을 두고 있다. 반면 하늘은 불인하므로 근심도 없다.

富有之謂大業, 日新之謂盛德.

풍부하게 지닌 것을 거대한 업적이라고 하고, 날로 새로워지는 것을 성대한 덕이라고 한다.

1.70 富有, 廣大不禦之盛與! 日新, 悠久無疆之道與! 富有者, 大[而]無外也; 日新者, 久[而][413]無窮也.

|번역| "풍부하게 지님"은 광대하여 멈추지 않는 성대함이라! "날로 새로워짐"은 유구하여 끝이 없는 도(道)라! 풍부하게 지님이란 커서 밖이 없는 것이요, 날로 새로워짐이란 오래되어 무궁한 것이다.

|해설| 이 조목은 『정몽』 「천도편」 3.11의 대부분 내용과 중첩된다. 『정몽』의 해설을 참조하라.

1.71 顯其聚也; 隱其散也,[414] 顯且隱, 幽明所以存乎象; 聚且散, 推盪所以妙乎神.[415]

413 〈중화 주석〉 두 '而' 자는 『정의』에 근거해 보완했다.
414 〈중화 주석〉 『정의』에서는 이 두 구절이 앞 조목과 연결되어 있고, 두 개의 '也' 자가 없으며, 이어지는 구절은 줄을 바꿔 시작되고 있다. 문장의 뜻에 따라 고쳤다.
415 〈중화 주석〉 이 다음 구절은 『정의』에 근거해 분리시켰다. '聚且散'은 『정의』에서는 '散

| 번역 | 드러남은 기가 모임이요, 숨음은 기가 흩어짐이다. 드러남과 숨음, 어두움과 밝음은 상(象)에 존재하고, 모이고 흩어져, 밀고 뒤흔드는 것은 신을 오묘하게 한다.

| 해설 | 우리에게 그 모습을 드러내거나 숨기는 것은 실은 기의 취산일 뿐이다. 드러나고 숨는 상황은 괘상에 반영되어 있고, 기가 모이고 흩어지며 서로 추동하면서도 대립하는 정황은 하늘을 신비로운 존재로 느끼게 하는 원인이다.

1.72 "日新之謂盛德", 過而不有, (不)[416]凝滯於心, 知之細也, 非盛德日新. 惟日新, 是謂盛德. 義理一貫, 然後日新.[417]

| 번역 | "날로 새로워지는 것을 융성한 덕이라고 한다"고 하니, 지나간 것을 마음에 두지 않는다. 마음속에서 머물러 있는 것은 앎의 세세한 것이지 융성한 덕이 날로 새로워짐은 아니다. 오직 날로 새로워짐을 융성한 덕이라고 한다. 의리가 하나로 꿰어져야 날로 새로워진다.

| 해설 | 덕이 날로 새로워진다는 말의 의미를 설명하였다. 의식 속에 축적되어 있는 것은 세세한 지식이지, 융성한 덕은 아니다. 수많은 옳은 이치에 관한 지식이 몇 가지 원칙으로 개괄될 수 있어야만 덕은 날로 새로워질 수 있다. 덕은 윤리적 원칙과 결합한 지식이 오래 축적되어 하나의 체계를 이루고 그 체계를 꿰뚫는 몇 가지 간명한 원칙으로 제시될 수 있을 때에야 비로소 융성하고 날로 새로워질 수 있다는 말이다.

且聚'라고 되어 있다.

416 〈중화 주석〉 '不' 자는 『정의』에 의거해 삭제했다.

417 〈중화 주석〉 『정의』에는 이상의 8글자가 빠져 있다.

生生之謂易,

낳고 낳는 것을 역이라고 한다.

1.73 生生, 猶言進進也.

|번역| 낳고 낳음이란 나아가고 나아감이라고 말하는 것과 같다.

|해설| 하늘은 만물을 부단히 낳는 일을 한다. 군자에게 그것과 유사한 의미를 갖는 일이란 덕을 끊임없이 향상시키는 일이다.

極數知來之謂占,

수를 극진히 하여 미래를 아는 것을 점이라 한다.

1.74 "極數(之)[知][418]來", 前知也. 前知其變, 有道術以通之, 君子所以措於民者遠矣.

|번역| "수를 극진히 하여 미래를 안다"는 말은 앞서 아는 것이다. 그 변화를 앞서 알면 원칙과 방법이 있어 통하게 되니, 군자가 백성들에게 조치한 것이 멀리 영향을 주는 까닭이다.

418 〈중화 주석〉 '知' 자는 『정의』에 의거해 고쳤다.

|해설| "수를 극진히 한다"는 말은 원래는 시초를 셈할 때 복잡한 수적인 변화를 계속 일으키는 것을 가리킨다. 그리고 이는 세계의 수적인 변화가 그만큼 복잡다단하니, 점을 칠 때 그렇게 해야만 현재를 잘 헤아려 미래를 알 수 있다는 믿음을 뜻한다. 그런데 장재의 경우, 이 말은 세상의 변화를 세심하게 살펴 미래를 예측하는 것을 가리킨다. 그렇게 하면 도술, 즉 일반적 원칙과 구체적 방법을 가지고 성공적으로 대응할 수 있게 된다. 이 조목은『정몽』「대역편」14.13의 일부 내용을 이룬다. 그곳의 해설도 참조하라.

通變之謂事,

변화에 통달하는 것을 사업이라 한다.

1.75 能通其[419]變而措於民, 聖人之事業也.

|번역| 변화에 통할 줄 알아 백성에게 조치하는 것이 성인의 사업이다.

易簡之善配至德.

쉽고 간단한 선은 지극한 덕과 짝한다.

1.76 循天下之理之謂道, 得天下之理之謂德, 故曰"易簡之善配至德."

419 〈중화 주석〉『정의』에는 '其' 자가 없다.

|번역| 천하의 이치를 따르는 것을 도라고 하고, 천하의 이치를 얻는 것을 덕이라고 한다. 그래서 "인간의 쉽고 간단한 선은 천지의 지극한 덕과 짝한다"고 한다.

|해설| 이 조목은 『정몽』「지당편」 9.2와 완전히 중첩된다. 『정몽』의 해설을 참조하라.

知崇禮卑, 崇效天, 卑法地. 天地設位, 而易行乎其中矣. 成性存存, 道義之門.

지혜는 숭고하고 예는 낮추니, 숭고한 것은 하늘을 본받은 것이고 낮추는 것은 땅을 본받은 것이다. 천지가 자리를 잡으니 역은 그 가운데에서 행해진다. 본성을 완성해 보존하고 보존하는 것이 도와 의에 들어가는 문이다.

1.77 ["知崇禮卑", 叩其兩端而竭也, 崇既效天, 卑必法地.][420]

|번역| "지혜는 숭고하고 예는 낮춘다"고 하니, 양쪽 끝을 두드려 다하는 것이다. 숭고한 것이 하늘을 본받을진대, 낮추는 것은 반드시 땅을 본받는다.

|해설| 하늘은 신묘한 기로 만물의 요구에 적절히 응하는 숭고한 존재이다. 이런 하늘의 숭고함을 따라, 인간이 어진 마음을 바탕에 두고 지혜를 발휘한다면 그 지혜

420 〈중화 주석〉 이 조목은 원래 "萬夫之望"(『장재집』(三) 299쪽) 다음에 잘못 들어가 있었는데, 『주역』의 원문에 근거해 이곳으로 옮겨 놓았다.

역시 숭고할 것이다. 반대로 땅은 낮은 곳에서 만물을 기르는 존재이다. 이런 땅의 낮춤을 따라, 인간이 자기를 부단히 낮추는 행위를 한다면, 이는 자기를 낮추고 타인을 높이는 예의 정신을 실현한 것이 된다.

1.78 非知, 德不崇; 非禮, 業不廣.

|번역| 지혜가 아니면 덕은 숭고해지지 못하고, 예가 아니면 업적은 광대해지지 못한다.

|해설| 위에서 이미 설명했듯 인간은 덕에 기반을 둔 지혜를 충분히 발휘할 때 덕을 날로 새롭게 하고 융성하게 할 수 있다. 지혜가 발휘되어야 덕은 숭고해질 수 있는 것이다. 또 인간은 예의 정신과 규범에 따라 자기를 낮추고 타인을 높이는 언행을 보여야 그 행하는 일이 광대한 영향을 끼칠 수 있다.

1.79 [知]崇, 天也, 形而上也. 通晝夜之道而知, 其知崇矣. 知及之而不以禮性之, 非己有也, 故知禮成性而道[義]出, 如天地[設][421]位而易行.

|번역| 지혜는 숭고하니 하늘이요, 형이상자이다. 주야의 도에 통달하여 아니 그 지혜는 숭고하다. 지혜가 거기에 미쳤더라도 예로 본성 그대로 따르지 않는다면 자신에게 있는 것이 아니다. 그러므로 예를 알아 덕성을 완성하면 도의(道義)가 나오는 것이 마치 천지가 자리를 잡으면 변역이 일어나는 것과 같다.

421 〈중화 주석〉 이상은 모두 『정의』에 의거해 보완했다.

|해설| 이 조목은 『정몽』「지당편」9.53과 완전히 중첩된다. 『정몽』의 해설을 참조하라.

1.80 天地位定而易行[乎]其中, 知禮成[性]而道義出. 夫『易』, 聖人所以崇德廣業, 以知爲德, 以禮爲業也. (蓋)[故]知崇則德崇矣. 此論『易』書之道, 而聖人亦[所]以教人. “天地設位而易行乎其中”, 比下文“成性存存道義之門”而言也. 天地設位, 故易行乎其中, 知禮成性, 則道義自此(而)出也, 道義之門(者)[蓋]由仁義行也.[422]

|번역| 천지의 자리가 잡히면 변역이 그 가운데서 행해지고, 예를 알아 본성을 완성하면 도와 의가 나온다. 『역』은 성인이 덕을 높이고 업적을 넓히기 위한 것으로 지혜를 덕으로 삼고 예를 업적으로 삼는다. 그러므로 지혜가 숭고하면 덕이 숭고하다. 여기서는 『역』이라는 책의 도를 논하고 있는데, 성인 또한 그것으로 사람들을 가르친다. “천지가 자리를 잡으면 변역이 그 가운데에서 행해진다”는 것은 다음 문장인 “본성을 완성해 보존하고 보존하는 것이 도와 의에 들어가는 문이다”에 대비하여 한 말이다. 천지가 자리를 잡으므로 변역이 그 가운데서 행해지고, 예를 알고 본성을 완성하니, 도와 의가 거기로부터 나오는데, 도와 의의 문이란 대개 인의를 따라 행하는 것이다.

|해설| 하늘의 신묘한 덕 혹은 기와 땅의 낮은 곳에서 하늘을 따르는 덕 혹은 기가 만나 만물을 생육하는 변화가 일어나는 것처럼, 성인은 인한 덕에 기반을 두고 지혜를 현실 사회의 규범을 알고 실천하는 데 사용해 덕성을 완성하면, 일반 원칙인

422 〈중화 주석〉 이상은 모두 『정의』에 의거해 삭제하고 고쳤다. 이어지는 문장은 『정의』에 근거해 분리시켰다.

도와 상황에 따른 규범인 의가 모두 인의의 이념에 부합한다. 이런 인식과 실천을 할 때, 『역』은 커다란 도움이 된다. 한편으로는 『역』의 지혜를 체득함으로써 덕의 수준이 높아지고, 다른 한편으로는 구성원들이 예에 따라 행동하는 사회적 기풍이 확립된다.

1.81 聖人亦必知禮成性, 然後道義從此出, 譬之天地設位而造化行(於)[乎][423]其中. 知則務崇, 禮則惟欲乎卑, 成性須是知禮, 存存則是長存. 知禮亦如天地設位.

|번역| 성인도 반드시 예를 알고 성을 완성해야 도와 의가 거기에서 나오게 된다. 비유컨대 천지가 자리를 잡으면 조화가 그 가운데에서 행해지는 것과 같다. 지혜는 숭고해지는 것에 힘쓰는 데 비해 예는 오로지 낮추고자 한다. 성을 완성하려면 예를 알아야 한다. 보존하고 보존하는 것은 오래도록 보존하는 것이다. 예를 아는 것 역시 천지가 자리를 잡는 것과 같다.

|해설| 성인은 높은 덕성과 지혜를 갖춘 자이지만, 예 또한 알아야 한다. 그래야 덕성과 지혜가 더욱 무르익어 모든 보편적 원칙과 구체적인 상황에서 합당한 준칙이 자신의 덕성을 기반으로 나오게 된다.

1.82 何以致不息? 成性則不息. 誠, 成也, 誠爲能成性也. [如]仁人孝子所以成[其]身. (1)<u>柳下惠</u>, 不息其和也; (1)<u>伯夷</u>, 不息其清也; 於清和以成其性, 故亦得爲聖人也. 然清和猶是[性之]一端, 不得(完)[全]

423 〈중화 주석〉 '乎' 자는 『정의』에 의거해 고쳤다. 『정의』에는 '從此出' 다음에 '也' 자가 있다.

正, 不若知禮以成性, [成性][424]卽道義從此出.[425]

|번역| 어떻게 쉬지 않음에 이르는가? 성을 완성하면 쉬지 않게 된다. 성(誠)은 성(成)이다. 정성스러우면 성을 완성할 수 있다. 어진 사람이나 효자가 그 몸을 완성하는 것과 같다. 유하혜는 화합함을 쉬지 않았다. 백이는 청렴함을 쉬지 않았다. 청렴함과 화합함에서 성을 완성했으니 성인이 될 수 있었다. 하지만 청렴함과 화목함은 성의 일면이어서 완전한 바름을 얻지는 못한 것이다. 예를 알고 성을 완성하는 것보다 못하니, 성을 완성하면 도와 의가 여기로부터 나온다.

|해설| 사람이 쉬지 않을 수 있는가? 이 다소 극단적인 물음에 장재는 본성을 완성하면 그럴 수 있다고 답한다. 본성을 완성하려면 지난한 노력이 요구된다. 정성스러운 태도를 필요로 하는 것이다. 그런데 이 정성스러운 태도를 견지하다 보면 자연히 쉬지 않고 노력하게 된다. 지성(至誠)인 자는 쉼이 없기(無息) 때문이다. 물론 고대에 백이나 유하혜는 각각 청렴과 화합의 덕을 쉬지 않고 발휘하여 맹자에 의해 성인이라 칭해지기도 했지만, 그들이 완성한 것은 덕성의 어느 일면일 따름이다. 그 점을 생각할 때 덕성을 온전히 완성하는 방법은 예를 아는 것, 즉 덕성에 근거해 갖가지 규범에 관한 지식을 증대함으로써 그 덕성을 성숙케 하는 것이다. 이를 통해 덕성의 근본원칙인 도와 상황마다 합당한 의가 함께 체득될 수 있다.

1.83 知極其高, 故效天; 禮着實處, 故法地. 人必禮以立, 失禮則孰爲

424 〈중화 주석〉 이상은 모두 『정의』에 근거해 보완하고 바로잡았다.
425 (1)柳下惠~伯夷~: 『孟子』「萬章下」, 맹자가 말했다. "백이는 성인 중에 청렴한 자이고, 이윤은 성인 중에 책임을 다하는 자이며, 유하혜는 성인 중에 화합을 잘하는 자이다." ("孟子曰: '伯夷, 聖之淸者也; 伊尹, 聖之任者也; 柳下惠, 聖之和者也.'")

道? "天地設位而易行乎其中, 成性存存, 道義之門", (得)知禮以成性, 性乃存, 然後道義從此出.[426]

|번역| 지는 높음을 극진히 하므로 하늘을 본받는다. 예는 실질적인 곳에 붙어 있으므로 땅을 본받는다. 사람은 반드시 예로 서야 하니, 예를 잃으면 그 누가 도를 행하겠는가? "천지가 자리를 잡으면 역이 그 가운데에 행해지고, 본성을 완성하여 보존하고 보존하는 것은 도의가 나오는 문이다"라고 했다. 예를 알아 성을 완성하면 성이 이에 보존되고, 그런 후에 도와 의가 여기에서 나온다.

|해설| 지혜는 하늘에서 비롯된 덕성을 기반으로 하여 발휘된다. 반면 예는 덕성 기반의 지혜에 뿌리를 두고 있으면서도 현실을 충분히 고려하여 제정되고 준수된다. 장재는 이 형이상학적 지혜가 높아지고 형이하학적 지식이 충분히 축적되어야 하늘로부터 부여된 덕성이 완성된다고 말한다.

1.84 學不能自信而明者, 患在不[自]勉爾. 當守道不回, 如川之流, (1)源泉混混, 不舍晝夜, 無復回却, 則[自信]自明, 自得之也. 『易』曰 "繼之者善也", 惟[其]能相繼而不已者, 道之善也; 至於成性, 則不勉而中, 不思而得, 從容中道矣, (易)[故]曰: "成性存存, 道義之門."[427]

426 〈중화 주석〉 '得' 자는 『정의』에 근거해 삭제했다. 『정의』에는 '孰爲' 다음에 '乎' 자가 군더더기로 들어가 있고, '性乃存' 앞에 '成' 자가 군더더기로 들어가 있다.

427 (1)源泉混混, 不舍晝夜: 『孟子』, 「離婁下」, "근원이 있는 샘물은 콸콸 흘러 밤낮을 가리지 않고 구덩이를 가득 채운 뒤 계속 나아가 큰 바다에 이른다."(原泉混混, 不舍晝夜, 盈科而後進, 放乎四海.) 〈중화 주석〉 이상은 모두 『정의』에 근거해 보완하고 바로잡았다.

| 번역 | 배움에 자신하며 밝지 못한 자의 경우, 근심은 스스로 힘쓰지 않는 데 있을 따름이다. 도를 지키며 (과거로) 되돌아가지 않는 것을 마치 냇물이 흐를 때 근원이 있는 샘물이 콸콸 밤낮을 가리지 않고 흘러 다시 돌아가지 않는 것처럼 하면, 자신하고 자명해지며 자득하게 될 것이다. 『역』에서는 "그것을 잇는 것은 선이다"라고 했다. 오직 그치지 않고 서로 이어 갈 수 있는 것만이 도의 선이다. 성을 완성함에 이르면 힘쓰지 않아도 적중하고 생각하지 않아도 얻으며 자연스럽게 도에 적중하게 된다. 그러므로 "성을 완성하여 보존하고 보존하는 것은 도와 의로 들어가는 문이다"라고 했다.

| 해설 | 배움에 대한 정성스러운 태도의 중요성을 말하였다. 배우면서 그것에 대해 자신하지도 못하고 자명하게 알지도 못하며 자득하지도 못하는 이유는 냇물이 콸콸 흐르는 그 정도로 굳센 의지와 부단한 노력을 해 오지 않았기 때문이다. 그런 의지와 노력을 충분히 발휘할 수 있다면 배우는 자는 어느덧 특별히 노력을 필요로 하지 않는 성인의 경지에 이를 수 있다.

[聖人有以見天下之動, 而(1)觀其會通, 以行其典禮,[428]]

성인은 천하의 움직임을 보아 그 회통하는 것을 관찰하고 그 전례를 행한다.

428 (1)觀其會通, 以行其典禮: 이 구절은 원래는 "수많은 이치가 모여(會) 서로 통하는(通) 것을 발견하여 예를 행한다"는 것을 뜻한다. 장재는 이 '전례를 행함'에서 예를 알아야 함을 말하면서도 '회통함을 살피는' 과제가 시중을 파악해 행하는 일의 어려움으로 인해 지난함을 강조하고 있다.

1.85 [時措之宜便是禮, 禮即時措時中見之事業者. 非禮之禮, 非義之義, 但非時中皆是也. 非禮之禮, 非義之義, 又不可以一概言, 如[(1)]孔子喪出母, 子思(守禮)[不喪出母, 又不可]以[子思守禮]爲非也. 又如制禮(以)[者][(2)]小功不稅. 他外反. 日月已過乃聞而服曰稅. 使曾子制禮又不知如何. 以此不可易言. 時中之義甚大, 須是精義入神以致用, [始得]觀其會通以行其典禮, 此(則)[方是]眞義理也, 行其典禮而不達會通, 則有非時中者(也)[矣]. [今學者則須是執禮, 蓋禮亦是自會通制之者. 然言不足以盡天下之事, 守禮亦未爲失, 但大人見之, 則爲非禮非義, 不時中也. 君子多要識前言往行以畜其德, 以其看前言往行熟, 則自能[(3)]比物醜類, 亦能見得時中.] 禮亦有不須變者, 如天敍天秩[之類], 如何可變! [時中者不謂此.][429]

| 번역 | 때에 따른 조치의 적절함이 곧 예이다. 예는 곧 때에 따라 조치한 것이 시중하여 일에 나타난 것이다. 예가 아닌 예, 의가 아닌 의란 시중이 아니면 모두 그것이다. 예가 아닌 예, 의가 아닌 의는 일률적으로 말할 수도 없다. 예컨대 공자께서는 쫓겨난 어머니를 위한 상을 치르게 하셨고, 자사께서는 쫓겨난 어머니를 위한 상을 치르게 하

429 (1)孔子喪出母, 子思(守禮)[不喪出母: 『禮記』, 「檀弓」, "子上之母死而不喪. 門人問諸子思曰: '昔者子之先君子喪出母乎?' 曰: '然.'" "자상의 쫓겨난 어머니가 돌아가시자 상례를 치르지 않았다. 문도가 자사에게 물었다. '예전에 선생님의 조부께서는 쫓겨난 어머니를 위해 상례를 치르게 하셨습니까?' 자사가 말했다. '그랬다.' (2)小功不稅: 『禮記』, 「檀弓」, "소공 상에 대해 추가로 상을 치르지 못하게 하니, 그렇다면 먼 곳에 사는 형제의 상례에 결국은 복을 입을 수 없을 것인데 그래도 괜찮은가?"(小功不稅, 則是遠兄弟終無服也, 而可乎?) (3)比物醜類. 『禮記』, 「學記」, "옛날에 배우는 자들은 같은 부류의 사물에 대해 비교를 했다."(古之學者比物醜類.) 醜類, 같은 부류. 〈중화 주석〉 이 조목은 『정의』에 근거해 보완했다. 원문은 『經學理窟』과 『語錄』에도 보이는데, 자구는 서로 약간씩 다른데, 『정의』의 오탈자를 각각 참고해 보완하고 바로잡았다.

지 않으셨는데, 그렇다고 자사가 예를 지킨 것을 틀렸다고 할 수는 없다. 또 예컨대 예를 제정한 자는 소공(小功)의 경우 추가로 상을 치르지 못하게 하여, (타(他)와 외(外)의 반절이다. 시일이 지나 부고를 듣고 복을 입는 것을 세(稅)라고 한다.) 증자께서 예를 제정한 뜻이 어떠했는지 이해하지 못하게 했다. 그러므로 쉽게 말할 수 없는 것이다. 시중의 의미는 아주 커서, 의리를 정밀하게 살펴 신묘한 경지에 들어섬으로써 작용을 다 발휘해야만 비로소 그 회통하는 것을 보고 전례를 행할 수 있다. 그것이야말로 참된 의리이다. 전례를 행하지만 회통함에 도달하지 못하면 시중이 아닌 것이 있는 것이다. 지금 배우는 자는 예를 행하여야 하니, 예라는 것도 회통시켜 제정한 것이다. 하지만 말은 천하의 일을 다 표현하기에 부족하니, 예를 지켜 잃지 않았으나, 대인이 보면 예가 아니고 의가 아니며 시중이 아니게 된다. 군자는 과거 성현의 언행을 많이 기억하여 덕을 쌓아야 하니, 과거 성현의 언행을 익숙하게 보면 그로 인해 자연히 같은 부류의 것들을 비교할 수도 있고, 시중을 알 수도 있을 것이다. 예에는 변치 않아야 하는 것도 있으니 하늘의 차서, 하늘의 질서 같은 것이 어찌 변할 수 있겠는가! 시중이란 이를 말하는 것이 아니다.

| 해설 | 예란 시중(時中)과 거의 동일하다. 때와 장소에 딱 부합하는 행위 규범이 곧 예이고, 때에 부합하지 못하는 행위 규범은 곧 '예가 아닌 예'이다. 물론 때에 딱 적절한 규범이 무엇인지 제대로 판단하는 일은 절대로 쉽지 않다. 장재는 몇 가지 사례를 들어 이 점을 논하였다. 그중에서 쫓겨난 어머니상을 치르는 문제에 대한 공자와 자사의 판단을 장재는 둘 다 옳다고 했다. 어떤 이유에서일까? 그는 다른 곳에서 이렇게 설명했다. "쫓겨난 아내에 대해서는 마땅히 아들이 상례를 치르지 않도록 하는 것이 예지만 아들은 어머니에 대해 상을 당함을 잊지 못한다. 만약 아버지가 아들에게 상례를 치르지 못하게 하면 자식으로서 물론 아버지를 거슬러서는 안 되니, 마땅히 침묵을 유지하며 마음속으로 상례를 치르는

것 또한 예이다. 만약 아버지가 상을 치르게 하면 상을 치르는 것 역시 예이다. 자사는 자신이 아직 성인에 이르지 못했다고 여겼고 공자는 성인으로서 권도에 처하여 자신의 예를 따른 것일 따름이다."(出妻不當使子喪之, 禮, 子於母則不忘喪. 若父不使子喪之, 爲子固不可違父, 當黙持心喪, 亦禮也. 若父使之喪而喪之, 亦禮也. 子思以我未至於聖, 孔子聖人處權, 我循禮而已. 『經學理窟』「喪紀」.) 이렇게 시중이 무엇인지 판단하는 것이 쉽지 않기 때문에, 상황마다 무엇이 옳은지 세심하게 연구해 덕과 지혜의 능력을 배가하고 신속하고도 유연하게 그 능력을 발휘할 것이 요구된다. 장재는 이것이 「계사전」의 "그 회통하는 것을 관찰하는" 일의 구체적 내용이라 보았다. 사실 예란 본래 다양한 상황에서 지켜야 할 규범을 일반화하여 제정한 것이다. 즉 예는 일종의 회통의 산물이다. 하지만 이 규정들은 말의 제한성으로 인해 모든 상황을 아우르는 절대적 기준이 될 수 없고, 따라서 특정 상황에서 가장 적절한 것이 무엇인지 '회통'하는 일은 예를 행하는 주체에게 과제로 남겨져 있다. 그 '회통'의 과제를 장재는 우선 성현의 언행을 끊임없이 익히고, 그것을 바탕으로 비교, 분석, 종합의 사유를 통해 수행할 수 있다고 말한다.

繫辭焉以斷其吉凶, 是故謂之爻. 言天下之至賾, 而不可惡也,

말을 덧붙여 그 길흉을 판단하니, 그것을 효(爻)라고 한다. 천하의 지극히 심오한 것을 말하지만 싫어해서는 안 된다.

1.86 『易』語天地陰陽, 情僞至隱賾而不可惡也. 諸子馳騁說辭, 窮高極幽, 而知德者厭其言. 故言爲非難, 使君子樂取之爲貴.

| 번역 | 『주역』은 천지와 음양, 진실과 거짓, 지극히 은미한 것과 깊은 것을

말하지만 싫어할 수 없다. 제자(諸子)들은 주장을 마구 하여 높은 것을 다하고 그윽함이 극한에 이르지만, 덕을 아는 자는 그 주장을 싫어한다. 그러니 주장하는 것은 어려운 것이 아니고, 군자가 그것을 즐거이 취하도록 하는 것이 귀한 것이다.

| 해설 | 『정몽』「대역편」 14.2와 내용이 완전히 중첩된다. 『정몽』의 해설을 참조하라.

1.87 『易』之爲書, 有君子小人之雜, 道有陰陽, 爻有吉凶之戒, 使人先事決疑, 避凶就吉.[430]

| 번역 | 『역』이라는 책에는 군자와 소인의 뒤섞임이 있고, 도에는 음과 양이 있으며, 효에는 길함과 흉함의 경계가 있어, 사람들이 일에 앞서 의심나는 것을 결단하여, 흉함을 피하고 길함으로 나아가도록 한다.

| 해설 | 『역』에는 상대되는 두 면이 지극히 복잡하게(至賾) 뒤얽힌 일들을 다루고 있다. 군자와 소인, 음양, 길흉 등의 대립과 변화가 그것이다. 이런 상대되는 두 면이 복잡하게 변화하는 상황들에 직면하여 『역』은 사람들이 미리 결단하여 길함으로 나아갈 수 있는 방법을 제시했다.

(1)擬之而後言, 議之而後動, 擬議以成其變化.[431]

견주어 본 후에 말하고 논의한 후에 움직이니, 견주어 보고 논의해서 그 변화를 이룬다.

430 〈중화 주석〉 『정의』에는 이 조목이 없다.

431 (1)擬(의), 견주다. 빗대다. 원래는 『역』의 저자들이 세계의 다양하고 복잡한 상황을 특정한 물상에 빗대고 견주는 것을 가리킨다.

1.88 凡一言動, 是非可(不可)[否]隨之而生, 所以要愼言動. "擬之而後言, 議之而後動", 不越求是而已.[432] (自)此(以下)皆著爻象之辭所以成變化之道, 擬議以教(人)[之]也. 凡有一迹出, (則)便有無限人議論處. 至如天之生物亦甚有不齊處, 然天則无心不恤, 此所以要愼[言動].『易』曰: "擬之而後言, 議之而後動", 只是要求是也.[433]

|번역| 무릇 하나의 언동은 옳고 그름, 가하고 불가함이 그것에 따라 생겨나므로, 언동은 신중해야 한다. "견주어 본 후에 말하고 논의한 후에 움직인다"고 했으니, 옳음을 추구하는 일을 넘어서지 않을 따름이다. 이는 모두 효상의 말(辭)을 찬술해 변화의 도를 이루고, 견주고 논의하여 그것을 가르치는 것이다. 무릇 하나의 자취가 나오면 무한히 사람들이 논의할 지점이 생겨난다. 하늘이 만물을 낳음에도 균등하지 않은 점들이 아주 많이 있지만, 하늘은 무심하여 돌보아 주지 않으니, 이것이 언동을 신중히 해야 하는 까닭이다.『주역』에서는 "견주어 본 후에 말하고 논의한 후에 움직인다"고 했으니, 다만 옳음을 구하는 것이다.

|해설|『역』의 괘효상은 세계의 갖가지 일을 부호로 나타낸 것이다. 따라서 괘효상을 살필 때는 우선 그것이 상징하는 바를 다양한 자연이나 인간사에서 견주어 보고, 그 의미에 대해 충분히 논의한 후에 결단해야 한다. 일반화하면 언행을 신중히 해야 한다. 언행은 언제나 시비의 문제를 수반하며, 그런 이유에서 언행에 신중을 기하는 것은 옳음을 추구하는 일이다. 본문의 자취(迹)라는 말은 천지나 인간이 어떤 일을 해 남긴 흔적을 뜻하는데, 그 자취를 부호화한 것이 바로 괘효상

432 〈중화 주석〉 이상은『정의』에 의거해 고쳤다. 이어지는 부분은『정의』에 근거해 한 단락으로 연결시켰다.
433 〈중화 주석〉 이상은 모두『정의』에 근거해 삭제해 고치고 보완해 바로잡았다.

이다. 천지나 인간이 일해 남긴 흔적이 다양한 만큼 그것에 대해 논의도 아주 많다. 이 다양하고 복잡한 일에 대한 논의와 그에 따른 행동이 신중해야 하는 까닭은 사람만은 오직 옳음을 추구할 수 있고 그래야 하기 때문이다. 예컨대 하늘은 만물을 낳는 일을 하지만 하늘이 낳은 만물은 결코 균등하지 않다. 그리고 만물의 그 균등하지 않음에 대해 하늘은 무심하다.

子曰, "君子之道, 或出或處, 或黙或語. 二人同心, 其利斷金, 同心之言, 其臭如蘭."

공자께서 말씀하셨다. "군자의 도는 나가기도 하고 머무르기도 하며, 침묵하기도 하고 말하기도 한다. 두 사람이 마음을 같이하면 그 날카로움은 쇠를 끊고, 마음을 같이하는 사람의 말은 그 향기가 난초와 같다."[434]

1.89 君子自知自信, 了然不惑. 又於出處語默之際獲與人同, 則其志決然, 利可斷金.[435]

|번역| 군자는 스스로 알아 자신하며 명료하여 미혹되지 않는다. 또 나가고 머무르며 말하고 침묵할 때 다른 사람과 함께하게 되면 그 뜻은 결연하여 날카로움은 쇠도 끊을 수 있다.

434 「계사전」의 작자는 이 구절 앞에 동인(同人)괘 구오 효사를 인용하였는데, 이어지는 이 구절은 그 효사에 대한 단순 설명이라기보다는 동심(同心), 즉 한마음의 효력을 논하는 데 주안점이 있다.

435 〈중화 주석〉 이 다음 부분은 『정의』에 근거해 분리시켰다. 『정의』에는 '獲與人'이 '與人獲'으로 되어 있다.

|해설| 군자는 무엇이 옳은 것인지 능동적으로 알고자 노력하여 그 알게 된 것에 대해 확신을 갖고 더는 미혹되지 않는 자이다. 그런 군자가 동지를 만나면 그 의지는 더욱 굳건해지고, 그 합심한 힘은 쇠도 끊어 낼 수 있을 만큼 대단히 강해진다.

1.90 **惟仁者能聽盡言, 己不欲爲善則已, 苟欲爲善, 惟恐人之不言. "二人同心, 其利斷金", 夫一人固自明矣, 又有一人言而同心, 其爲利也(知)[如][436]金鐵之可斷.**

|번역| 오직 어진 자만이 말을 끝까지 다 들을 수 있다. 자기가 선을 행하려 하지 않는다면 모르겠지만, 진실로 선을 행하고자 한다면 오직 다른 사람이 말을 하지 않을까 두려워한다. "두 사람이 마음을 같이하면 그 날카로움은 쇠를 끊는다"고 했다. 한 사람이 본디 자명한데 또 다른 사람이 말하여 같은 마음이라면 그 날카로움은 마치 쇠도 끊을 수 있을 정도일 것이다.

|해설| 타인과 '내'가 합심하려면 가장 중요한 덕목 중 하나는 끝까지 경청하는 태도이다. 타인의 말을 끝까지 경청해 충분히 공감할 수 있다면, 두 사람은 어느덧 의기투합하여 쇠도 끊을 수 있을 만큼 강력한 힘을 발휘할 수 있게 된다.

1.91 **義理必至於出處語默之不可易, 如此其同也, 己固自信, 又得一人與之同, 故利可[437]斷金.**

436 〈중화 주석〉 '如' 자는 『정의』에 근거해 고쳤다.
437 〈중화 주석〉 『정의』에는 '可' 자가 '如' 자로 잘못 표기되어 있다.

| 번역 | 의리(義理)는 반드시 나가고 머무르며 말하고 침묵하는 것의 바꿀 수 없는 원칙에까지 이르게 되니, 그 함께하는 것이 그와 같아, 자기는 물론 자신하고 또 함께할 수 있는 다른 사람도 얻으니, 날카로움은 쇠도 끊어 낼 수 있다.

| 해설 | 옳고 그른 이치에 대한 탐구는 추상적인 수준에 머물러서는 안 되고 반드시 생활의 일거수일투족에까지 이르러야 한다. 만약 이런 구체적인 상황에서의 행위 원칙에까지 공감할 수 있는 사람이 있다면, 이들이 합심해 발휘하는 힘은 엄청나게 커진다.

(1)大衍之數五十, 其用四十有九.[438]

크게 넓힌 수는 50이지만 그 사용하는 것은 49이다.

1.92 "大衍之數五十, 其用四十有九", 天地之數也, 一固不爲用. (1)"天一, 地二, 天三, 地四, 天五, 地六, 天七, 地八, 天九, 地十." (夫)[天]混然一物, 無有終始首尾, 其中何數之有? 然[此]言(者)特示有漸爾, 理須先數天, 又[必][439]須先言一, 次乃至於十也. 且天下之數止於十, 窮則自十而反一.[440] 又數[441]當止於九, 其言十者, 九之耦也. 揚雄亦曰"五(復於五行)[與五相守]"[442]者, 蓋地數無過天數

438 (1)大衍之數: 衍, 연산, 연역. '대연지수'란 크게 넓혀 연산한 수, 전체의 수를 뜻한다.
439 〈중화 주석〉 이상은 모두 『정의』에 근거해 보완하고 바로잡았다.
440 〈중화 주석〉 『정의』에는 '十以反一'이라고 되어 있다.
441 〈중화 주석〉 『정의』에는 '數'라는 글자가 없다.
442 〈중화 주석〉 이 구절은 『太玄』, 「玄圖」에 근거해 고쳤다. 원문에는 "一與六同宗, 二與七

之理, 孰有地大於天乎? 故知數止於九, 九是陽極也, 十也者姑爲五之耦焉爾.[443]

|번역| "크게 넓힌 수는 50이지만 그 사용하는 것은 49이다"라고 했으니, 이는 천지의 수요, 하나는 본디 쓰이지 않는다. "하늘은 1이요, 땅은 2요, 하늘은 3이요, 땅은 4요, 하늘은 5요, 땅은 6이요, 하늘은 7이요, 땅은 8이요, 하늘은 9요, 땅은 10이다"라고 했다. 하늘은 혼연히 하나인 존재로 끝도 시작도 머리도 꼬리도 없으니, 그 가운데에 무슨 숫자가 있겠는가? 하지만 여기서 말하는 것은 특별히 점진적인 과정이 있음을 보여 주려는 것이다. 이치상으로는 먼저 하늘을 세어야 하고, 또 반드시 먼저 1을 말해야 그다음에 10에 이르게 된다. 게다가 천하의 수는 10에서 그치니, 궁하면 10에서 1로 되돌아간다. 또 수는 마땅히 9에서 그쳐야 하는데도 10을 말한 것은 9의 짝이기 때문이다. 한나라 때의 양웅 또한 "5와 5가 서로를 지킨다"고 말한 것은 땅의 수가 하늘의 수를 넘어서는 이치는 없기 때문이니, 땅이 하늘보다 큰 경우가 어디에 있겠는가? 그러므로 수는 9에서 그친다는 것을 알게 된다. 9는 양의 극한이요, 10이란 잠시 5의 짝이 될 따름이다.

|해설| 대연지수(大衍之數)란 크게 넓힌 수이다. 최대한으로 확장된 수는 최대 크기의 실재를 표시하는 수일 것이므로, 그것은 곧 천지의 수이다. 천지의 수가 왜 50인지에 대해서는 여러 설이 분분하다. 대표적인 예 하나만 들면 마융은 태극, 양의, 일월, 사시, 오행, 12개월, 24절기를 합하여 50이라고 설명했다. 대연지수가 50이지만 그 하나를 사용하지 않는 이유에 대한 설명도 분분한데, 장재는 1을 하

共明, 三與八成友, 四與九同道, 五與五相守"라고 되어 있다. 『정의』에도 '五復於五行'이라고 잘못 표기되어 있다.

443 (1)『周易』, 「繫辭上」에서 출전.

늘, 즉 태극으로 보고 있음이 분명하다. 혼일한 기인 태극은 하나라고 하지만, 실제로는 1로 제한되는 유한자가 아니라 무궁한 존재이다. 그럼에도 1이라고 규정하는 까닭은 하늘의 기화가 점진적인 과정임을 보여 주기 위해서이고, '이치상', 즉 논리적으로 수는 1부터 세어야 하기 때문이다. 또한 장재는 9가 수의 극한임을 강조한다. 그 이유는 9는 하늘의 수이고, 10은 땅의 수인데, 10을 수의 극한이라고 하면 땅이 하늘보다 큰 존재가 되어 버리기 때문이다. 장재는 그런 이유에서 양웅이 땅의 수를 말할 때에도 10이라고 하지 않고 '5와 5가 서로를 지킨다'고 표현했다고 주장했다.

分而爲二以象兩, (1)掛一以象三, (2)揲之以四以象四時, 歸(3)奇於(4)扐以象閏, 五歲再閏, 故再扐而後掛. 天數五, 地數五, 五位相得而各有合. 天數二十有五, 地數三十, 凡天地之數五十有五. 此所以成變化而行鬼神也. 乾之策二百一十有六, 坤之策百四十有四, 凡三百有六十, 當期之日. 二篇之策, 萬有一千五百二十, 當萬物之數也.[444]

시초(蓍草)를 나누어 둘로 만들면 그것은 양의(兩儀)를 상징하고, 오른손에 있는 시책 가운데 하나를 왼손 넷째 손가락과 새끼손가락 사이에 끼우면 천지인 삼재를 상징하고, 왼손에 있는 시책(蓍策)을 네 개씩 세면 사계절을 상징하고, 네 개씩 세고 남은 것을 왼손 셋째 손가락과 넷째 손가락 사이에 끼우면 윤달을 상징하고, 5년에 윤달이 두 번 있으므로, 두 번 손가락 사이에 끼운 후에 태극을 상징하는 시초 위에 걸어 놓는다. 하늘의 수는 1, 3, 5, 7, 9의 다섯이고, 땅의 수는 2, 4, 6, 8, 10의 다섯이다. 다섯 자리가 서로를 얻으며, 각기 합함이 있다. 하늘의 수는 25이

444 (1)掛(괘), 걸다. 끼우다. 오른손에 있던 시책을 왼손 넷째 손가락과 새끼손가락 사이에 끼우는 것을 가리킨다. (2)揲(설), 손으로 시책을 세다. (3)奇, 나머지. 네 개씩 세고 남은 것. (4)扐(륵), 손가락 사이에 끼우다.

고, 땅의 수는 30이니, 하늘과 땅의 수의 합은 55이다. 이것이 변화를 이루고 귀신의 작용을 행하는 것이다. 건의 책(策) 수는 216이고, 곤의 책(策) 수는 144이니, 모두 합하면 360이어서 1년의 날짜 수에 해당한다. 『주역』 상하 두 편의 책 수는 11,520으로 만물의 수에 해당한다.

1.93 **極兩兩, 是爲天三. 數雖三, 其實一也, 象成而未形也. [地]兩兩, (地)[剛]亦效也, 柔亦效也.**[445] 七離九, 六坎八.[446]

|번역| 극은 쌍을 이루니, 이것이 하늘이 셋인 까닭이다. 수는 비록 셋이지만, 그 실은 하나요, 상(象)은 이루어졌으되 아직 형태를 이루지 못한 것이다. 땅은 쌍을 이루니, 강한 것도 본받고 부드러운 것도 본받는다. 7인 해는 9인 하늘에 붙어 있고, 6인 물은 8인 땅에 빠져 있다.

|해설| 태극이 수의 측면에서 셋이자 하나로 규정되고 땅이 하늘을 본받는 까닭을 설명하였다. '극(極)'은 태극을 가리킨다. 태극은 자신 안에 한 '쌍', 즉 음양이 있다. 그래서 하늘은 셋이라 규정한다. 하지만 이 태극 안의 음양은 아직은 둘로 확연히 분화되지 않은 혼일한 상태에 있다. 하늘은 일월성신 등의 상(象)을 이루기는 하지만, 아직 땅 위의 사물처럼 일정한 형질, 형태를 이루지는 못하였다. 그런 점에서 하늘은 '그 실은 하나'인 것이다. 한편 땅의 기는 음양일 뿐이다. 그것은 하늘을 본떠 음양이기가 협력하여 하나로 통일되는 운동이 되도록 한다. 예컨대 해가 하늘에 붙어 만물을 두루 비추는 것을 본떠, 물이 땅에 스며들어 있도록 한다.

445 〈중화 주석〉 이것은 「계사」의 "땅의 도를 세워 부드러움과 강함이라고 한다(立地之道曰柔與剛)"에 근본을 두고 말한 것이다. '地' 자는 '兩兩'이라는 글자 다음에 잘못 들어가 있었으며 '剛' 자는 빠져 있었다. 『정의』에도 똑같은 오류가 보인다. '剛亦效也'의 두 구절은 원래 작은 글자로 되어 있었다.

446 〈중화 주석〉 『정의』에 이 조목은 다음 조목과 잘못 연결되어 있다.

1.94 參天兩地, 此但天地之質也, 通其數爲五. 乾坤(止)[正]合爲坎離, [坎離]之數當六七, 精爲日月, 粗爲水火, 坎離合而後萬物生. 得天地[之]最靈爲人, 故人亦參爲性, 兩爲體, 推其次序, 數當八九. 八九而下, 土其終也, 故土之爲數終於地十. 過此以往, 萬億無窮, 不越十終反一而已. 陽極於九, 陰終於十, 數乃成, 五行奇耦乃備. 過此周而(反)[復]始, 滋至無算, 不越於是. 陽用其極, 陰不用極而用六者, 十者, 數之終, 九之配也. 地無踰天之理, 終於其終而已焉.[447]

|번역| 셋인 하늘과 둘인 땅, 이것은 단지 천지의 바탕이요, 그 수를 합치면 5가 된다. 건과 곤이 바르게 합하면 감(坎)과 이(離)가 되니, 감과 이의 수는 6과 7에 해당한다. 정미한 것은 해와 달이 되고 투박한 것은 물과 불이 된다. 감과 이가 합쳐진 후에 만물이 생겨난다. 천지의 가장 영특한 것을 얻으면 사람이 되므로 사람 또한 셋을 성(性)으로 삼고 둘을 체(體)로 삼는다. 그 순서를 미루어 보건대 수는 8과 9에 해당한다. 8과 9 다음으로는 흙이 그 끝을 맺는다. 그러므로 흙의 수는 땅의 10에서 끝을 맺는다. 그 이후로는 수만, 수억 가지로 무궁하나 10에서 끝을 맺고 1로 되돌아가는 이치를 넘어서지 않는다. 양은 9에서 극한에 이르고, 음은 10에서 끝을 맺어 수가 완성되니, 오행의 홀수와 짝수가 갖추어진다. 그것을 넘어서면 순환하여 다시 시작되니, 불어나 셀 수 없는 상황에 이르더라도 이를 넘어서지 못한다. 양은 그 극한을 사용하는데, 음은 그 극한을 사용하지 않고 6을 사용하는 것은 10이란 수의 종결이며, 9의 짝이기 때문이다. 땅이 하늘

447 〈중화 주석〉 이상은 『정의』에 근거해 보완하고 바로잡았다. 이 조목은 원래는 다음 조목과 연결되어 있었는데, 문장의 의미에 따라 분리시켰다.

을 넘어서는 이치란 없으니 그 끝에서 끝을 맺을 따름이다.

| 해설 | 천지가 어떻게 만물을 산출하는지 수적인 측면에서 설명하였다. 앞서 설명했듯이 하늘은 3이요, 땅은 2이다. 이 5는 천지를 구성하는 가장 밑바탕이 되는 수이다. 다음으로 천지가 '바르게 합한다'는 말은 '건☰과 곤☷이 교감하여 중효가 상대방으로 침투함으로써 감☵괘와 이☲괘가 이루어짐'을 뜻한다. 5 다음의 수이므로 그것들은 각각 6과 7이다. 이 감괘와 이괘로 상징되는 기 중에서 가벼운 것은 하늘에 붙어 일월이 된다. 반면 투박하여 무거운 것은 물과 불이 된다. 이렇게 음양에서 오행이 생겨나고, 오행의 기가 합쳐짐으로써 특정한 형질을 지닌 만물이 산출되는데, 이 가운데 인간은 만물의 영장이다. 인간 역시 셋, 즉 음양을 자신 안에 포함하는 신성이 있고, 아울러 음양의 특성과 상응하는 공취지성이 있다. 이 양자는 각각 9와 8에 해당한다. 오행 가운데 흙은 끝을 맺는 수, 즉 10이다. 물론 수는 10 이후로도 계속 셀 수 있지만, 만물은 모두 이 천지-음양의 5와 오행의 5를 근간으로 하여 생겨난 것이다. 그런 의미에서 장재는 만물은 수적으로 1과 10 사이를 순환한다고 말한다. 끝으로 양과 음의 수는 각각 9와 10에서 극한에 이르는데, 『주역』에서 음효를 10이라 하지 않고 6이라 하는 이유는 음이 양을 넘어서서는 안 된다는 생각 때문이다.

1.95 **参天兩地, 五也.** 一地兩, 二也. 三地兩, 六也, 坤用. 五地兩, 十也. 一天三, 三也. 三天三, 九也, 乾用. 五天三, 十五也. 凡三五乘天地之數, 總四十有五, 並参天兩地(者)[自然之]數(之)五, 共五十. 虛太極之一, 故爲四十有九.[448]

| 번역 | **셋인 하늘과 둘인 땅은 다섯이다.** 1에 땅의 수 2를 곱하면 2이다. 3에 땅의 수 2를 곱하면 6이니, 곤의 작용이다. 5에 땅의 수 2를 곱하면 10이다. 1에 하늘의 수 3을 곱하면 3이다.

448 〈중화 주석〉 이상은 모두 『정의』에 근거해 삭제하고 보완했다. 『정의』에서 이 조목과 아래 조목은 연결되어 있으며, '太極'은 '太衍'이라 잘못 기재되어 있다.

3에 하늘의 수 3을 곱하면 9이니, 건의 작용이다. 5에 하늘의 수 3을 곱하면 15이다. 무릇 1, 3, 5에 천지의 수를 곱하면 총 45이고, 셋인 하늘과 둘인 땅의 스스로 그러한 수 5를 더하면 모두 50이다. 태극의 하나를 빼기 때문에 49가 된다.

| 해설 | "크게 넓힌 수(大衍之數)는 50이지만 사용하는 것은 49이다"라는 말의 의미를 하늘은 셋이고 땅은 둘이라는 관념에 근거해 풀이하였다. 우주 자연을 다 아우르는 수는 50이지만, 만물을 산출하는 주체는 하늘과 땅이며, 그중에서도 하늘이 주동적이다. 그 점을 고려해 장재는 하늘의 수인 1, 3, 5를 한번은 땅의 수인 2와 곱하고, 한번은 하늘의 수인 3과 곱한다. 그 결과 각각 2, 6, 10과 3, 9, 15를 얻는다. 이것의 총합이 45이다. 여기에 가장 기본이 되는 천지의 수인 5를 더하면 50이 된다. 다만 태극은 하늘 자신의 기로서 자기성을 유지하기 위해서는 그대로 남아 있어야 한다. 이런 이유에서 하나인 태극을 빼면 49가 된다.

1.96 "掛一象三", 象天地之三也. 揲[四], 象四時[也. 揲象]四時, (揲之)[449]數不過十, 十[450]時乃(三)[451][二]歲半, 擧三揲(多)之餘也. 直云"五歲再閏"者, 盡(餘)[遇]多之(極)[數]也. 揲[常]餘九, 則揲者四十而已, 四十乃[十四][452]時之數也.

| 번역 | "하나를 끼워 셋을 상징한다"는 말은 천지의 셋을 상징한다는 뜻이다. 네 개씩 세는 것은 사계절을 상징한다. 세어 사계절을 상징하는데 수는 10을 넘지 않으니, 10계절은 2년 반으로 세 번 세고 남은 나

449 〈중화 주석〉 이상은 『정의』에 의거해 삭제하고 보완했다.
450 〈중화 주석〉 『정의』에는 '十' 자가 빠져 있다.
451 〈중화 주석〉 사시(四時)는 곧 사계(四季)이니, 10계(季)는 2년 반이다. 원래는 '二'가 '三'으로 잘못되어 있었다. 『정의』도 마찬가지다.
452 〈중화 주석〉 이상은 모두 『정의』에 의거해 보완하고 바로잡았다.

머지를 든다. "5년에 두 번 윤달을 둔다"고 한 것은 많아진 수를 다 더한 것이다. 세어 보면 항상 나머지가 9이니, 센 것은 40일 뿐이며, 40은 곧 14시의 수이다.

| 해설 | 위 「계사전」 원문에서 말하는 시초점을 치는 과정은 다섯 단계로 나뉜다. 첫째는 49개의 시초를 임의로 두 부분으로 나누는 것이다. 왼손의 시초는 천책이라 하고 오른손의 시초는 지책이라 한다. 둘째는 오른손의 지책을 내려놓고 그중 하나를 뽑아 왼쪽 넷째 손가락과 새끼손가락 사이에 끼운다. 셋째는 왼손의 천책을 네 개씩 세다가 남은 것을 셋째, 넷째 손가락 사이에 끼우는 것이다. 넷째는 오른손의 지책도 네 개씩 세다가 남은 것을 둘째, 셋째 손가락 사이에 끼우는 것이다. 위 조목의 '하나를 끼워 셋을 상징한다'는 말은 둘째 단계를 가리킨다. 일반적으로 지책 가운데서 하나를 뽑아 손가락에 끼운 것은 사람을 뜻하고, 천지와 합쳐 삼재를 이룬다고 설명한다. 하지만 장재는 이것이 '천지의 셋을 상징한다'고 했다. '셋인 하늘과 둘인 땅'이라는 그의 관념에 근거한 것으로 생각된다. 그에게 하늘의 셋은 둘을 포함한 하나이기 때문이다. '네 개씩 세는 것'은 셋째 이하의 단계를 뜻한다. 한 번 셀 때 10을 넘지 않는다는 말은 10계절, 즉 2년 반에 윤달을 한 번 두기 때문이다. 네 개씩 세 번 세다가 남은 나머지를 들어 셋째 단계에서는 셋째, 넷째 손가락 사이에 끼운다. 그리고 5년 안에 윤달이 한 번 더 있으므로, 마지막 넷째 단계에서 오른손에 있는 지책 또한 네 개씩 세다가 남은 나머지를 둘째, 셋째 손가락 사이에 끼운다. 이렇게 많아진 수, 즉 남은 수를 더하는데, 그 수는 항상 9이다. 49시책 중에 9가 남은 수이니, 네 개씩 세어 나간 것은 당연히 40개이다.

1.97 →七→八→九→十
六　一. 此相間循環之數也.[453]
←五←四←三←二

453 〈중화 주석〉 →← 부호는 교정한 자가 부가한 것으로, 그것으로 순환하는 모습을 나타내었다.

|번역| $\begin{array}{l} \quad \rightarrow 7 \rightarrow 8 \rightarrow 9 \rightarrow 10 \\ 6 \\ \quad \leftarrow 5 \leftarrow 4 \leftarrow 3 \leftarrow 2 \end{array}$ 1. 이것은 서로 간에 순환하는 수이다.

|해설| 만물의 수량은 무궁하지만, 그것을 산출하는 기는 1에서 10 사이의 수들로 규정된다. 따라서 기의 운동은 1에서 10 사이를 순환하는 것으로 생각된다. 이 점을 간명히 표현한 말이다.

1.98 "五位相得而各有合", 一二相間, 是相得也; 各有合, 以對相合也. 如一·六, 二·七, 三·八, 四·九. 各有合, 神也; 位相得, 化也.

|번역| "다섯 자리가 서로를 얻으며, 각기 합함이 있다"고 했다. 1과 2가 서로 떨어져 있는 것이 서로를 얻음이다. 각기 합함이 있는 것은 상대되는 것으로 서로 합함이다. 예컨대 1과 6, 2와 7, 3과 8, 4와 9이다. 각기 합함이 있는 것은 신(神)이요, 다섯 자리가 서로를 얻는 것은 화(化)이다.

|해설| 하늘과 땅의 기가 각각 다섯 자리에 머물면서 서로 대립과 통일의 운동을 함을 수적인 측면에서 설명했다. '다섯 자리가 서로를 얻었다'는 말을 장재는 양인 1과 음인 2가 서로 분리되어 대립하는 관계에 놓인 것으로 풀이했다. 그리고 그 대립적 관계에 놓인 하늘과 땅의 기들이 서로 교감하여 하나의 통일을 이루는 것으로 "각기 합함이 있다"는 말의 뜻을 설명했다. 이를 장재의 신화(神化) 개념으로 대응시키면, 음양은 하늘 자신의 기, 즉 신(神) 안에서 통일되어 있다는 점에서 '합함'은 신과 상응한다 할 수 있고, 음과 양은 서로 대립하면서도 협력하는 일을 해 나간다는 점에서 '서로를 얻는 것'은 점진적 변화인 화에 상응한다고 할 수 있다.

1.99 奇, 所掛之一也; 扐, 左右手四揲之餘也. 再扐後掛者, 每成一爻而後掛也, 謂第二第三揲不掛也. 閏常不及(三歲)[五年]而再至, 故曰"五歲再閏." 此歸奇必俟於再扐者, 象閏之中間再歲也.

| 번역 | '기(奇)'는 끼워 두는 하나이다. '늑(扐)'은 좌우의 손으로 네 개씩 세고 난 나머지이다. 두 번 손가락 사이에 끼운 후에 걸어 둔다는 것은 매번 하나의 효를 이룬 다음에 걸어 두는 것으로 두 번째, 세 번째 센 것은 걸어 두지 않음을 말한다. 윤달은 항상 5년에 못 미쳐 두 번 이르므로 "5년에 두 번 윤달이 있다"고 했다. 남은 것을 되돌릴 때 반드시 두 번 손가락 사이에 끼운 뒤에야 하는 것은 윤달이 중간에 두 번 있음을 상징한다.

| 해설 | 이 조목은 「계사전」의 "네 개씩 세고 남은 것을 손가락 사이에 끼우면 윤달을 상징하고, 5년에 윤달이 두 번 있으므로, 두 번 손가락 사이에 끼운 후에 태극을 상징하는 시초 위에 걸어 놓는다(歸奇於扐以象閏, 五歲再閏, 故再扐而後掛)"는 구절에 대한 풀이를 중심으로 시초점을 치는 네 단계 중에서 셋째, 넷째 단계를 설명하였다. "歸奇於扐"에서 '기(奇)'는 손에 쥐고 있던 시책을 네 개씩 세다가 남은 나머지요, '늑(扐)'은 그 나머지를 손가락 사이에 끼우는 것을 뜻한다. 네 개씩 세는 것이 사계절을 뜻한다는 점에서, 그렇게 세다가 남는 것은 윤달을 상징한다. '두 번 손가락 사이에 끼운 후에 걸어 둔다'는 말은 왼손의 천책과 오른손의 지책을 각각 네 개씩 세다가 남은 수를 손가락에 끼운 다음에야 50개의 시초 가운데 먼저 빼놓은 태극을 상징하는 시초 위에 걸어 놓을 수 있다는 뜻이다. 이렇게 하나의 효는 위에서 설명한 네 단계를 다 거친 후에야 비로소 이루어질 수 있지, 두 번째, 세 번째 센 것만으로 이루어지지는 않는다. 하나의 효가 형성되는 것이 네 단계를 밟고, 그 사이에 왼손과 오른손에 두 번 남은 것을 손가락 사이에 끼우는 것은 5년 동안 윤달이 두 번 있는 것을 상징한다.

1.100 "成變化[而][454]行鬼神", 成行陰陽之氣而已矣.

| 번역 | "변화를 이루고 귀신의 작용을 행한다"고 했으니, 음양의 기를 이루어 행할 따름이다.

| 해설 | 장재는 '귀신(鬼神)'을 음양이기의 펼치고 복귀하는 본연적 능력이라 정의한다. 따라서 변화뿐 아니라 귀신도 모두 음양이기의 펴고 굽히는 변화일 따름이다.

是故(1)四營而成易, (2)十有八變而成卦, 八卦而小成. (3)引而伸之, (4)觸類而長之, 天下之能事畢矣. 顯道神德行, 是故可與酬酢, 可與祐神矣.[455]

그러므로 네 번 운영하여 한 번의 변역을 이루고 18번 변하여 하나의 괘를 이루며, 팔괘로 작게 이룬다. 그것을 이끌어 펴서 종류에 따라 확장하면 천하의 할 수 있는 일이 다해진다. 도를 드러내고 덕행을 신묘하게 하니, 더불어 응대할 수 있고 더불어 신을 도울 수 있다.

1.101 示人吉凶, 其道顯; 陰陽不測, 其德神. 顯故可與酬酢, 神故可與祐神; 受命如響故可與酬酢, (1)知來藏往, 故可與祐神. 示人吉凶,

454 〈중화 주석〉 '而' 자는 『정의』에 근거해 보완했다.

455 (1)四營而成易: 시초를 나누고 세고 끼우고 거는 네 단계의 과정을 통해 한 번의 변역이 이루어짐을 뜻한다. (2)十有八變而成卦: 이상의 한 차례 변역을 3번 거쳐야 효 하나를 얻으니, 6효를 얻으려면 18번의 변역을 거쳐야 한다. (3)引而伸之: '이끌어 폄'은 8괘가 64괘로 펼쳐짐을 뜻한다. (4)觸類而長之: '종류별로 확장됨'이란 64괘로 상징되는 사물의 종류에 따라 384효로 확장됨을 뜻한다.

其道顯矣; 知來藏往, 其德行神矣. 語蓍龜之用也.[456]

|번역| 사람들에게 길흉을 내보이니, 그 도가 드러난다. 음양이 불측하니, 그 덕이 신묘하다. 도가 드러나므로 더불어 응대할 수 있고, 덕이 신묘하므로 더불어 신을 도울 수 있다. 명을 받는 것이 메아리가 울리는 것과 같으므로 더불어 응대할 수 있고, 미래를 알고 과거를 간직하므로 더불어 신을 도울 수 있다. 사람들에게 길흉을 내보이니, 그 도가 드러난다. 미래를 알고 과거를 간직하니, 그 덕행이 신묘하다. 이는 시초나 거북점의 작용을 말한 것이다.

|해설| 이 조목에서는 중언부언을 해서 다소 산만하게 느껴지나 대체로 다음 두 구절을 설명하고 있다. 우선 "도를 드러내고 덕행을 신묘하게 한다(顯道神德行)"는 말을 서두와 말미, 두 번에 걸쳐 설명하고 있다. 『주역』은 길흉으로 변역의 '도'를 드러내는데(顯道), 이 변역의 원인은 불측하여 신묘한(神) 음양의 운동(德行)에 있다. 또 갖가지 점을 쳐서 『역』 등의 점술서는 미래를 예측하고 과거의 경험과 교훈을 지식의 형태로 간직해 그 덕행(德行), 즉 작용이 신묘하다(神). 다음으로 중간 부분에서는 "더불어 응대할 수 있고 더불어 신을 도울 수 있다(可與酬酢, 可與祐神矣)"는 구절에 대해 두 번에 걸쳐 설명하고 있다. '더불어 응대할 수 있다'는 말은 『주역』이 인간의 물음에 대해 즉시 응답해 주므로 인간은 만사에 적절히 응대할 수 있다는 뜻이다. '더불어 신을 도울 수 있다'는 말은 인간이 『주역』을 참조해 미래를 예측하고 적절히 대처함으로써 음양으로 일하는 신과 협력해 일할 수 있다는 뜻이다.

1.102 顯道者, 危使平, 易使傾, 懼以終始, 其要无咎之道也. 神德行者,

456 (1)知來藏往: 『周易』, 「繫辭上」, "신으로 미래를 알고 지혜로 과거를 간직한다."(神以知來, 知以藏往.)

寂然不動，冥會於萬化之感而莫知爲之者也．受命如響，故可與酬酢；曲盡鬼謀，故可與佑神．顯道神德行，此言蓍龜之行[457]也．

|번역| 도를 드러낸다는 것은 위태로운 것은 평안하게 하고 쉽게 생각하는 것은 기울도록 하며, 두려워하는 마음으로 끝을 맺고 시작하게 하는 것으로, 그 요체는 허물이 없게 하는 도이다. 덕행을 신묘하게 한다는 말은 고요히 움직이지 않지만 모든 변화의 감촉에 은근히 응하면서도 그렇게 함을 알지 못하는 것이다. 명을 받는 것이 메아리가 울리는 것과 같으므로 "더불어 응대할 수 있다"고 했고, 길흉 살피는 일을 두루 다하므로 "신을 도울 수 있다"고 했다. 도를 드러내고 덕행을 신묘하게 한다는 이 말은 시초와 거북점을 행하는 것을 말한다.

|해설| 이 조목의 거의 모든 내용은 『정몽』 「대역편」 14.13과 중첩된다. 『정몽』의 해설을 참조하라.

子曰, "知變化之道者, 其知神之所爲乎?"

공자께서 말씀하셨다. "변화의 도를 아는 자는 신이 하는 일을 아는가 보다."

1.103 化之於己，須臾之化則知須臾之頃必顯，一日之化則知一日之

457 〈중화 주석〉 '行' 자가 『정의』에는 '德'이라고 되어 있다.

(化)[況][458]有殊.『易』知變化之道則知神之所爲, 又曰: “知幾其神乎!”

|번역| 화(化: 점진적 변화)가 나에게 일어날 때, 잠깐 사이의 화에 대해서는 잠깐 사이가 반드시 드러남을 알고, 하루의 화에 대해서는 하루의 상황에 차이가 있음을 안다.『주역』에서는 변화의 도를 알면 신이 하는 일을 안다고 했고, 또 “기미를 아는 것은 신이구나!”라고도 했다.

|해설| 화(化)란 점진적이고 미세한 변화이다. 잠깐 사이의 변화, 하루의 변화처럼 ‘나’에게 일어나는 미세한 변화에 대해서는 ‘나’ 자신을 제외하면 잘 알 수가 없다. 이런 변화는 ‘내’ 밖에서도 일어난다. 사람이 만약 ‘나’와 세계의 점진적 변화 과정을 다 안다면, 그는 하늘, 즉 신이 행하는 일이 무엇인지를 아는 자일 것이고, 그런 기미를 아는 자는 그 자신이 이미 신의 경지에 들어선 자일 것이다.

1.104 惟神爲能變化, 以其一天下之動也. 人能知變化之道, 其必知神之爲也.[459]

|번역| 오직 신만이 변화시킬 수 있는 까닭은 그것이 천하의 움직임을 통일시키기 때문이다. 사람이 변화의 도를 알 수 있다면 그는 반드시 신의 행위를 안다.

|해설| 이 조목은『정몽』「신화편」4.21과 완전히 일치한다.『정몽』의 해설을 참조하라.

458 〈중화 주석〉‘況’ 자는『정의』에 의거해 고쳤다. 다만『정의』에는 ‘況’ 자 앞에 ‘頃’ 자가 군더더기로 들어가 있고, ‘必顯’ 두 글자도 빠져 있다.

459 〈중화 주석〉이어지는 부분은『정의』에 의거해 분리시켰다. ‘其必’이『정의』에서는 ‘則必’이라고 되어 있다.

1.105 聖人之進, 豈不自見! 今在學者區別是非, 有化於(神)[善]者, 猶能知之, 況聖人乎! 『易』言"窮神知化", 又言"知變化之道", [知變, 化]安得不知![460]

| 번역 | 성인이 진보함을 어찌 스스로 보지 못하겠는가! 지금 배움에 있는 자가 옳고 그름을 구별하여 선으로 화해 가는 것도 알 수가 있거늘 하물며 성인이랴! 『주역』에서는 "신을 다하고 화를 안다"고 했고, 또 "변화의 도를 안다"고 했다. 현저한 변화를 안다면, 점진적 변화를 어찌 모르겠는가!

| 해설 | 성인은 변화의 전 과정을 아는 자이다. 당연히 자신이 향상되는 바를 모를 리 없다. 성인은 덕이 성숙된 자이고, 이 덕을 바탕으로 세상의 미세한 변화까지도 다 알아차리는 자이다. 보통의 배우는 자들도 시비를 분별하여 열심히 선한 방향으로 개선해 가면 자기에게 일어나는 점진적 변화를 알아차릴 수 있을진대 성인이 그것을 모르겠는가!

1.106 [變言其著, 化言其漸.][461]

| 번역 | 변(變)은 현저한 것을 말하고, 화(化)는 점진적인 것을 말한다.

460 〈중화 주석〉 이 조목은 『정의』에도 보인다. 다만 "窮神知化, 德之盛也" 뒤에도 중복해서 출현한다. '善' 자는 『정의』에 의거해 고쳤고, '知變化' 세 글자는 뒤에 나오는 중복된 문장에 의거해 보완했다.

461 〈중화 주석〉 이 조목은 『정의』에 근거해 보완했다.

『易』有聖人之道四焉, 以言者尙其辭, 以動者尙其變, 以制器者尙其象, 以卜筮者尙其占.

『역』에는 성인의 도가 넷이 있으니, 말을 하는 자는 그 사(辭)를 숭상하고, 움직이는 자는 그 변화를 숭상하며, 기물을 제작하는 자는 그 상(象)을 숭상하고, 복서(卜筮)를 행하는 자는 그 점을 숭상한다.

1.107 辭·變·象·占, 皆聖人之所務也, [故]易道具焉. 一本無易道具焉四字, 有故曰神而明之, 存乎其人十字.[462]

|번역| 말, 변화, 상(象), 점은 모두 성인이 힘쓰는 것이므로, 『역』의 도가 갖추고 있다. 어떤 판본에는 '易道具焉(역의 도가 갖추고 있다)'이라는 네 글자가 없고, "故曰神而明之, 存乎其人(그러므로 신묘하게 하여 밝히는 것이 그 사람에게 달려 있다)"이라는 10글자가 있다.

|해설| 성인은 말, 변화, 형상, 미래에 대한 예측 등을 다 중시해 그 일들에 힘을 쓰므로 『주역』에도 이런 것들이 중요한 대상으로 포함되어 있다.

1.108 尙辭則言無所苟, 尙變則動必精義, 尙象則法必致用, 尙占則謀必知來. 四者非知神之所爲, 孰能與於此![463]

462 〈중화 주석〉 '故' 자는 『정의』에 근거해 보완했다. 『정의』에는 주석 글이 없다.

463 〈중화 주석〉 이 조목은 문장의 의미가 다음 조목과 일관되지 않으므로 분리시켰다. 『정의』 또한 그다음 조목과 연결되어 있다. '尙辭則言'이 『정의』에는 '尙言則辭'라고 잘못 기록되어 있다.

|번역| 말을 중시하면 말에 구차한 바가 없고, 변화를 중시하면 움직일 때 반드시 의를 정밀하게 탐구한다. 상을 중시하면 형질이 있는 사물이 반드시 쓰임을 다하고, 점을 중시하면 도모할 때 반드시 미래를 안다. 신(神)이 하는 일을 아는 자가 아니라면 누가 이 네 가지 일에 참여할 수 있겠는가!

|해설| 이 조목은 『정몽』 「대역편」 14.10과 완전히 중첩된다. 『정몽』의 해설을 참조하라.

1.109 知德之難言, 知之至也. 孟子謂"我於辭命而不能", 又謂"浩然之氣難言", 『易』謂"不言而信存乎德行", 又以尙辭爲聖人之道, 非知德, 達乎是哉?[464]

|번역| 덕에 대해 말하기 어렵다는 것을 알면 앎이 지극해진 것이다. 맹자는 "나는 말을 잘 못한다"고 했고, 또 "호연지기는 말하기 어렵다"고 했다. 『주역』에서는 "말하지 않아도 미더운 점은 덕행에 있다"고 하면서도 말을 숭상하는 것을 성인의 도라고 여겼으니, 덕에 대해 아는 것이 아니라면 이러한 수준에 이르겠는가?

|해설| 이 조목은 『정몽』 「지당편」 9.54와 완전히 중첩된다. 『정몽』의 해설을 참조하라.

1.110 學未至(於)[乎]知德, 語皆有病. 形而上者, 得辭斯得象矣, 故變

464 〈중화 주석〉 이 다음 문장은 『정의』에 근거해 분리시켰다. 『정의』에서 '知之至'는 '知之易'라고 잘못 표기되어 있고, '尙辭'는 '尙象'으로, '非知德'은 '非知之'로 잘못 표기되어 있다.

化之理須存乎辭. 言, 所以顯變化也.『易』有聖人之道[四焉], 而曰"以言者尚其辭", 辭者, 聖人之所(以聖)[重].[465]

|번역| 배움이 덕을 아는 데까지 이르지 못했다면 말에는 모두 병폐가 있게 된다. 형이상자는 말을 얻는 것이 상(象)을 얻는 것이 되니, 그러므로 변화의 이치는 말에 존재한다. 말은 변화를 드러내는 것이다. 『주역』에는 성인의 도가 넷이 있는데 "말을 하는 자는 그 사(辭)를 숭상한다"고 했다. 사(辭)란 성인이 중시하는 것이다.

|해설| 언어나 문자는 덕처럼 궁극적인 것, 즉 형이상학적인 본체와 그 작용을 표현하기에는 한계가 분명히 있지만, 그것 말고는 달리 표현할 수 있는 어떤 수단도 없다. 그런 의미에서 유덕한 자는 그것을 최대한 정확하게 표현할 수 있고, 그렇지 못한 사람은 말에 언제나 병폐가 있게 마련이다.

1.111 人言命字極難, 辭之盡理而無害者, 須出於精義.『易』有聖人之道四, 曰以言者尚其辭, 必至於聖人, 然後其言乃能無(敝)[蔽],[466] 蓋由精義所自出也, 故辭不可以不修.

|번역| 사람이 명(命)이라는 글자에 대해 말하는 것은 극히 어려우니, 언사(辭)가 이치를 온전히 드러내어 해가 없는 것은 의리를 정밀하게 탐구한 데서 나온 것이다. 『역』에서는 성인의 도에 네 가지가 있다고 하면서 말을 하는 자는 그 언사(辭)를 숭상한다고 했다. 반드시 성인

465 〈중화 주석〉 이상은 모두 『정의』에 근거해 삭제, 수정, 보완했다. 『정의』에는 '形而上'의 '而'가 빠져 있다.
466 〈중화 주석〉 '曰' 자가 『정의』에는 빠져 있다. '蔽' 자는 『정의』에 근거해 고쳤다.

에 이르러야 그 말에 가려짐이 없을 수 있으니, 대개 의리를 정밀하게 탐구하는 데서 나온 것이다. 그러므로 언사는 닦지 않을 수 없다.

| 해설 | 명(命)같이 형이상학적인 것을 언어나 문자로 표현한다는 것은 어려운 일이지만 장재는 그 일을 '의리를 정밀하게 탐구하는' 공부를 통해 할 수 있다고 주장한다. 동양철학에서 수사란 레토릭(rhetoric)이 아니다. 그런 전통을 이어받아 장재에게서도 수사(修辭)란 의리를 정밀하게 탐구하는 것을 조건으로 한다.

1.112 [人於龜策無情之物, 不知其將如何, 惟是自然莫或使之然者, 陰陽不測之類也. 己方虛心以鄉之, 卦成於爻以占之, 其辭如何, 取以爲占. 聖人則又於陰陽不測處以爲占, 或於夢寐, 或於人事卜之. 然聖人於卜筮亦鮮, 蓋其爲疑少故也.][467]

| 번역 | 사람은 거북이나 시책(蓍策)같이 무정한 물건에 대해 그것이 장차 어떨지 알지 못한다. 오직 스스로 그러하여 그렇게 되도록 하는 것이 없는 것은 음양의 헤아릴 수 없는 부류이다. 자기가 마음을 비워 그것으로 향하면 괘가 효로 이루어져 점을 친다. 그 언사(辭)가 어떠한지에 따라 그것을 취해 점사(占辭)로 삼는다. 성인의 경우에는 음양의 헤아릴 수 없는 지점에 대해서도 점을 치고, 잠을 자면서 꿈을 꿀 때도, 인간사에 대해서도 점을 친다. 하지만 성인은 복서를 행하는 일이 드무니, 그것은 의심하는 일이 적기 때문이다.

| 해설 | 점치는 일에 대해 말하고 있다. 거북점이나 시초점으로 미래를 점치는 일에 대해서는 잘 알지 못하지만, 현실에서 인간이 이성으로 이루 다 헤아릴 수 없는 것

467 〈중화 주석〉 이 조목은 일문(『장재집』 241쪽)에서 옮겨 왔다.

은 기화이다. 이 기화를 알고자 한다면 마음을 비우는 것이 선결되어야 한다. 수양이 최고 수준에 도달한 성인의 경우는 일의 조짐을 예리하게 파악해 정확히 예측하고 적절히 대응하는 것이 곧 점치는 일이다. 때문에 의혹이 생겨나 점치는 일은 드물다.

是以君子將有爲也, 將有行也, 問焉而以言, 其受命也如嚮, 无有遠近幽深, 遂知來物. 非天下之至精, 其孰能與於此? (1)參伍以變, (2)錯綜其數, 通其變, 遂成天下之文, 極其數, 遂定天下之象. 非天下之至變, 其孰能與於此? 『易』无思也, 无爲也, 寂然不動, 感而遂通天下之故. 非天下之至神, 其孰能與於此? 夫『易』, 聖人之所以極深而研幾也. 唯深也, 故能通天下之志, 唯幾也, 故能成天下之務, 唯神也, 故不疾而速, 不行而至. 子曰"『易』有聖人之道四焉"者, 此之謂也.[468]

따라서 군자가 함이 있고자 하고 행함이 있고자 할 때는 『역』에 물어 그것에 따라 말하려고 한다. 『역』이 명령을 받는 것이 마치 메아리가 울리는 것과 같아 멀고 가깝고 그윽하고 깊은 것에 상관없이 미래의 일을 안다. 천하의 지극히 정미한 자가 아니라면 그 누가 이 일에 참여할 수 있겠는가? 3으로 5로 변화하여 그 수를 종횡으로 뒤섞고 합치니, 그 변화에 통달하여 마침내 천하의 문채를 이루고, 그 수를 궁구하여 천하의 상(象)을 정한다. 천하의 지극히 변화하는 자가 아니라면 그 누가 이 일에 참여할 수 있겠는가? 『역』은 생각함이 없고, 인위적 요소가 없으니, 고요히 움직이지 않다가 느끼면 마침내 천하의 까닭에 통한다. 천하의 지극히 신묘한 자가 아니라면 그 누가 이 일에 참여할 수 있겠는

468 (1)參伍以變, 3으로 5로 변화함. 수적으로 고정되어 있지 않고 끝없이 변화함. (2)錯綜: 錯, 뒤섞는다. 綜, 종합한다. 복잡하게 뒤섞고 종합한다.

가? 『역』은 성인이 심오한 것을 궁구하고 조짐을 연구하는 대상이다. 심오하기 때문에 천하의 뜻에 통달할 수 있고, 조짐을 알기 때문에 천하의 일을 성취할 수 있으며, 신묘하기 때문에 급하게 하지 않아도 빠르고 행하려 하지 않아도 자연스레 이른다. 공자께서 "『주역』에는 성인의 도가 네 가지 있다"고 하신 말씀은 이것을 뜻한다.

1.113 有不知則有知, 無不知則無知, 是以鄙夫有問, 仲尼竭兩端而空[空].『易』[无思无爲][469], 受命乃如響.

|번역| 모르는 것이 있으면 아는 것이 있고, 모르는 것이 없으면 무지하다. 그렇기 때문에 시골뜨기가 묻는 것이 있자, 공자는 대립하는 문제의 양쪽 끝을 다 밝혀 주되 아무것도 모르는 듯했다. 『주역』은 생각함이 없고 작위함이 없으나, 점치는 자의 명령을 받아들여 반응하는 것이 마치 메아리 같다.

|해설| 이 조목은 『정몽』「중정편」 8.45의 일부 내용과 완전히 중첩된다. 『정몽』의 해설을 참조하라.

1.114 "無有遠近幽深, 遂知來物, 非天下之至精, 孰能與於此", [此]言『易』之爲書也. 至精者, 謂聖人窮理極盡精微處, (1)『中庸』所謂至矣. (天下之理既已斯盡因易之三百八十四爻變動以寓之人事告人以當如何時如何

469 〈중화 주석〉 '空'은 『정의』 및 『정몽』, 「중정편」에 근거해 보완했다. '无思无爲'는 『역』의 문장에 근거해 보완했다. 『정의』에도 '无思'라는 말이 빠져 있다.

事如何則吉如何則凶宜動宜靜丁寧以爲告戒所以因貳以濟民行也.)[470]

|번역| "멀고 가깝고 그윽하고 깊은 것에 상관없이 미래의 일을 아니, 천하의 지극히 정미한 자가 아니라면 그 누가 이 일에 참여할 수 있겠는가?"라고 했는데, 이는 『역』이라는 책에 대해 말한 것이다. 지극히 정미함이란 성인의 이치를 궁구함이 극진하고 정미한 지점을 말하니, 『중용』에서 말하는 지극함(至)이다.

|해설| 「계사전」의 저자들은 『역』에는 미래를 신속하고 정확하게 알려 주는 기능이 있다고 믿었다. 장재는 이치를 궁구하는 일을 숙련되게 하여 어느덧 정밀한 이치까지 다 아는 것을 '지극히 정미함'이라 풀이했고, 『중용』의 '지극함(至)'이 보통 사람은 다 알 수 없는 최고 수준의 중용 혹은 지성(至誠)을 뜻한다는 점에서 양자의 함의는 같다고 했다.

1.115 既言参伍矣, 参伍而上復如何分別?

|번역| 3과 5라고 말했으니, 3과 5 이상에 대해서는 어떻게 분별하겠는가?

|해설| 「계사전」의 삼(參)과 오(伍)가 무엇을 뜻하는지에 대해서는 여러 이설이 있다. 그런데 위 문장을 가지고 미루어 생각해 보면, 장재는 그것을 각각 천지와 오행

470 (1)『中庸』所謂至: 『중용』에서 말하는 지극함이란 예컨대 "군자의 도는 넓고도 은미하다. 평범한 부부의 어리석음으로도 알 수 있으나, 지극한 이치에 이르러서는 설사 성인이라 할지라도 모르는 것이 있다."(君子之道, 費而隱. 夫婦之愚, 可以與知焉, 及其至也, 雖聖人, 亦有所不知焉. 『중용』 12장)고 말할 때의 군자의 도가 지닌 은미하고 지극한 이치를 가리킨다. 또 예컨대 『중용』 22장의 "오직 천하에 지극히 성실한 사람만이 자신의 본성을 온전히 다 드러낼 수 있다"(惟天下至誠, 爲能盡其性)고 할 때의 지성(至誠) 또한 유사한 의미를 지닌다. 〈중화 주석〉 이는 『장재집』(三) 314쪽의 착간이다. 『정의』에 근거해 삭제했다.

으로 생각한 것 같다. 그 "3과 5 이상"의 분별할 수 없는 것이란 장재에게는 태극을 뜻한다는 점에서 천지인 음양과 오행을 각각 3과 5의 의미로 생각한 것 같다.

1.116 氣之聚散於太虛, 猶冰之凝釋於水, 知太虛即氣, [則[(1)]無有有無. 故聖人語性與天道之極, 盡於參伍之]神變易而已. 諸子淺妄, 有有無之分, 非窮理之學也.[471]

|번역| 기가 태허에서 모였다 흩어지는 것은 마치 얼음이 물에서 얼었다가 녹는 것과 같다. 태허가 곧 기임을 알면 유와 무란 없다. 그러므로 성인은 성(性)과 하늘의 도의 궁극을 말할 때 셋, 다섯으로 복잡하게 변화하는 신묘한(神) 변역(變易)에서 다할 따름이다. 제자(諸子)는 천박하고 거짓되어 유와 무의 구분이 있으니, 이는 이치를 궁구하는 학문이 아니다.

|해설| 『정몽』「태화편」 1.8과 내용과 완전히 중첩된다. 『정몽』의 해설을 참조하라.

1.117 『易』非天下之至精, 則辭不足[以]待天下之問; 非深, 不足[以]通天下之志; 非通變極數, 則文不足以成物, 象不足以制器, 幾不足以成務; 非周知兼體, 則其神不能通天下之故, (故)不急而速, 不

471 (1)無有有無: 『정몽』「태화편」에는 이 구절이 '無無'라고 되어 있어 그 구절의 뜻이 약간 다르다. 즉 여기서는 "태허가 곧 기임을 알면" 일체가 모두 기의 변화여서, 유와 무에 관한 도가의 논의는 무의미하다는 뜻이지만, 『정몽』의 '무란 없다'는 말은 "태허가 곧 기임을 알면" 일체가 모두 기의 변화여서 무란 존재하지 않는다는 뜻이 된다. 〈중화 주석〉 이 문장은 『정몽』「태화편」에도 보인다. 빠진 문장은 『정의』에 근거해 보완했거니와, 『정몽』에는 '有有'라는 두 글자가 없다.

行而至也.[472]

|번역| 『주역』은 천하의 지극히 정밀함이 아니라면 그 말로 천하의 물음에 응대하기에 부족하다. 지극히 심오함이 아니라면 천하의 뜻에 통달하기에 부족하다. 변화에 통달하고 수를 극한에 이르게 함이 아니라면 문채는 사물을 이루기에 부족하고, 상은 기물을 만들기에 부족하며, 조짐을 아는 것은 일을 성취하기에 부족하다. 두루 알고 아울러 체현하지 않으면 그 신묘함은 천하의 까닭에 통달하고 서두르지 않아도 빠르며 행하지 않아도 이르는 것이 불가능하다.

|해설| 『정몽』「대역편」 14.11과 내용과 완전히 중첩된다. 『정몽』의 해설을 참조하라.

1.118 非至精·至變·至神不能與, 故曰"神而明之, 存乎其人." 無知者, 以其無不知也; 若言有知, 則有所不知也. 惟其無知, 故能竭兩端, 『易』所謂"寂然不動, 感而遂通"也. 無知則神矣, 苟能知此, 則於神爲近. 無知者, 亦以其術素備也, 道前定則不窮.[473]

|번역| 지극히 정밀하고 지극히 변하며 지극히 신묘하지 않다면 참여할 수 없으므로 "신묘하여 밝히는 것은 그 사람에게 달려 있다"고 했다. 무지한 것은 모르는 것이 없기 때문이다. 만약 아는 것이 있다고 말

472 〈중화 주석〉 이 조목이 『정의』에서는 "猶能識其意" 뒤에 나와 있다. 두 '以' 자는 『정의』에 근거해 보완했다. '故'는 『정몽』에 근거해 삭제했다. 『정의』에는 '文不足'이 '又不足'으로 잘못 기재되어 있다. '象不足', '幾不足' 앞에는 각각 '非'라는 글자가 군더더기로 잘못 들어가 있다.

473 〈중화 주석〉 이 다음 부분은 『정의』에 근거해 분리시켰다. 『정의』에는 '至變至神'의 두 '至' 자가 빠져 있다.

한다면 모르는 것도 있는 것이다. 오직 무지하기 때문에 문제의 양쪽 끝을 다할 수 있으니, 『역』의 "고요히 움직이지 않다가 느끼면 마침내 통한다"는 말이 이런 뜻이다. 무지하면 신묘하다. 진실로 이것을 알 수 있다면 신(神)에 가까워진다. 무지한 것은 그 방법이 본디 갖추어져 있기 때문이니, 도가 앞서 정해지면 궁하지 않다.

|해설| '지극히' 정밀하고 변하며 신묘한 자는 하늘과 합일하는 성인인데, 이 성인은 무지하면서 뭐든지 다 아는 존재라고 말하였다. 논리적으로만 봐도 아는 것이 있다고 함은 본디 모르는 것도 있음을 전제로 한다. 내용적으로 보면 성인의 무지함이란 어떤 사욕에 기반을 둔 선입견도 없음을 뜻한다. 그래야 타자의 문제 상황을 있는 그대로 파악하고 그와 원활히 소통할 수 있다. 사욕에서 출발한 선입견이 없기 때문에 타자에 대해 모르는 것이 없다. 마치 하늘이 무지하지만, 만물이 필요로 하는 것을 다 공급해 주는 것처럼, 성인도 무지함으로 인해 타자와 원활히 소통할 수 있다.

1.119 一故神, 譬之人身, 四體皆一物, 故觸之而無不覺, 不待心使至此而後覺也, 此所謂"感而遂通, 不行而至, 不疾而速"也. 物形乃有小大精粗, 神則無精粗, 神卽神而已, 不必言作用. 譬之(1)三十輻共一轂則爲車, 若無(轂)[輻]與(輻亦)[轂, 則]何以見車之用! 感皆出於性, 性之流也, 惟是(2)君子上達·小人下達之爲別.[474]

474 (1)三十輻共一轂則爲車: 『道德經』 제11장, "30개의 바큇살이 하나의 바퀴통에 모이는데, 그 빈 공간이 있어서 수레의 기능이 있게 된다."(三十輻共一轂, 當其無, 有車之用.) 輻(복), 바큇살. 轂(곡), 바퀴통. (2)君子上達·小人下達: 『論語』, 「憲問」, "군자는 위에 있는 인의에 통달하고 소인은 아래에 있는 이익에 통달한다."(君子上達, 小人下達.) 〈중화 주석〉 이상은 모두 『정의』에 근거해 삭제, 보완, 수정했다. 『정의』에는 '出於性' 세 글자가 없고, '惟'는 '性'이라 되어 있다.

| 번역 | 하나이므로 신(神)이다. 이를 사람의 몸에 비유하면, 사지는 모두 동일한 종류의 사물이므로, 그것에 접촉하면 지각하지 않는 것이 없는 것이지, 마음이 여기에 이르도록 한 다음에 지각하는 것은 아니다. 이것이 "느끼면 마침내 통하여, 급하게 하지 않아도 빠르고 행하려 하지 않아도 자연스레 이른다"는 말의 뜻이다. 사물이 형성되면 작은 것과 큰 것, 정밀한 것과 투박한 것이 있지만, 신은 곧 신일 따름으로 작용이라 말할 필요는 없다. 비유컨대 30개의 바큇살이 하나의 바퀴통에 모여 있으면 수레가 되니, 만약 바큇살과 바퀴통이 없다면 어찌 수레의 쓰임이 보이겠는가! 느낌이란 모두 성(性)에서 나온 것으로 성의 흐름이다. 다만 군자는 위에 있는 인의에 통달하고 소인은 아래에 있는 이익에 통달하는 것이 구별될 따름이다.

| 해설 | 신(神)에 관한 세 가지 특징을 설명했다. 첫째, 신은 즉각적 감응 능력이다. 그는 이를 사지에 비유했다. 사지는 외물과 접촉하면 곧장 그것을 지각한다. 마음으로 생각한 다음에 지각하는 것이 아니다. 둘째, 신은 본체이지 작용이 아니다. 물론 작용은 신이 행하는 작용이다. 예컨대 하늘은 신묘한 능력으로 만물을 화생하는 작용을 한다. 그러나 그 작용은 화(化)이지, 신(神)은 아니다. 이 점을 여기서는 『도덕경』의 비유를 빌려 와 설명한다. 수레바퀴의 바큇살과 바퀴통은 신묘한 기를 상징한다. 바큇살과 바퀴통이 있어야 수레바퀴의 굴러가는 작용이 있을 수 있는 것처럼, 신이 있어야 화의 작용도 있다. 셋째, 인간에게는 성이 이 신에 해당하며, 감(感)이란 모두 이 성의 작용이다. 물론 그가 말하는 성에서 비롯된 느낌은 둘을 포함한다. 하나는 어진 본성에서 비롯된 측은지심 등이고, 다른 하나는 공취지성에서 비롯된 지각 활동이다. 장재는 전자를 군자와 후자를 소인과 연결시켰다.

1.120 『易』言"感而遂通"者, 蓋語神也. 雖指暴者謂之神. 然暴亦固有

漸, 是亦化也.[475]

|번역| 『역』에서 말하는 "느껴 마침내 통하는" 것이란 신을 말한다. 급작스러운 것을 가리켜 신이라고 부른다. 하지만 급작스러운 것도 본래 점진적인 것이 있으니, 이는 화이다.

|해설| "느껴 마침내 통한다"는 말은 하늘이 만물과 즉각적으로 원활히 소통함을 뜻한다. 그 원활한 소통의 탁월함을 가리켜 신(神)이라 부르는데, 이 신은 표면적으로 볼 때는 급작스러운 변화를 일으키는 것으로 보인다. 하지만 그 돌발적 변화도 본래는 오랜 점진적 변화가 토대가 되어 일어나는 것이다.

1.121 聖人通天下之志, 雖愚人與禽獸猶能識其意.[476]

|번역| 성인은 천하의 뜻에 통하니, 설사 어리석은 사람이나 금수일지라도 그 뜻을 알 수 있다.

|해설| 성인은 모든 존재와 원활히 소통하는 자이다. 따라서 어리석은 사람이나 짐승과도 소통할 수 있다.

1.122 有所感則化. 感亦有[不速],[477] 難專以化言, 感而遂通者神, 又難

475 〈중화 주석〉『정의』에서는 '雖'가 '非'로 되어 있고, '謂之'가 '爲'로 되어 있으며, '是亦'은 '亦是'로 되어 있다.
476 〈중화 주석〉 이 다음은 『정의』에 근거해 분리시켰다.
477 〈중화 주석〉 '不速'은 『정의』에 근거해 보완했으되, 『정의』에는 '有'라는 글자가 빠져 있다.

專謂之化也.

|번역| 느끼는 바가 있으면 화한다. 느낌에는 빠르지 않은 것도 있는데, 그것은 화로만 말하기 어렵다. 느껴 곧 통하는 것은 신인데, 그것 또한 화라고만 말하기 어렵다.

|해설| 모든 교감은 화, 즉 점진적 변화를 낳는다. 하지만 이 교감은 그 속도에 따라 여러 가지로 구별된다. 장재는 여기서 이를 셋으로 구별했다. 첫째는 음양이기의 교감을 통한 변화이다. "느끼는 바가 있으면 화한다"는 말은 주로 이를 표준으로 삼아 한 말이다. 둘째는 이 음양이기의 교감에 비해 빠르지 않은 것이다. 예컨대 형체를 지닌 사물들의 교감은 속도가 느리다. 그러한 교감은 "화로만 말하기 어렵다." 셋째는 음양이기의 교감에 비해 비할 수 없이 빠른 것, 즉 신의 감화이다. 그것은 즉각적이기 때문에 당연히 "화라고만 말하기 어렵다."

1.123 [聖人感天下之志, 雖愚人猶能識其意.]

|번역| 성인은 천하의 뜻에 통하니, 설사 어리석은 사람일지라도 그 뜻을 알 수 있다.

|해설| 앞의 1.121과 내용이 중첩된다.

1.124 [凡氣, 淸則通, 昏則壅, 淸極則神. 故聚而有間則風行, 風行則聲聞具達, 淸之驗與! 不行而至, 通之極與!][478]

478 〈중화 주석〉 위 두 조목은 『정의』에 근거해 보완했다. 『정의』에서는 '凡氣'가 '風氣'로

|번역| 무릇 기가 맑으면 통하고 혼탁하면 막히며, 맑음이 극에 달하면 신묘하다. 따라서 기가 모일 때 틈이 있으면 바람이 부는데, 바람이 불면 소리가 들리는 것은 맑은 기운이 경험되는 것이로다! 행하지 않았는데도 이르는 것은 통함이 극에 달함이라!

|해설| 『정몽』「태화편」 1.10과 내용과 완전히 중첩된다. 『정몽』의 해설을 참조하라.

天一, 地二, 天三, 地四, 天五, 地六, 天七, 地八, 天九, 地十.

하늘은 1이요, 땅은 2요, 하늘은 3이요, 땅은 4요, 하늘은 5요, 땅은 6이요, 하늘은 7이요, 땅은 8이요, 하늘은 9요, 땅은 10이다.

1.125 此語恐在"天數五・地數五"處. 然聖人之於書, 亦有不欲併[以][479]一說盡, 慮易知後則不復研究, 故有易有難, 或在此說, 或在彼說, 然要終必見, 但俾學者潛心.

|번역| 이 말은 "하늘의 수는 다섯이고, 땅의 수는 다섯이다"라는 곳에 있어야 할 것 같다. 하지만 성인은 책에서 병합하여 한 번에 다 말하고 싶지 않을 때도 있으니, 쉽게 안 다음에 더는 연구하지 않을 것을 염려하여 쉬운 것도 있고 어려운 것도 있으며, 여기에서 말하기도 하고 저기에서 말하기도 한다. 하지만 요점은 끝내 반드시 보이니, 다만 배우는 자들이 몰두하도록 하기 위함이다.

잘못 표기되어 있다. 『정몽』, 「태화편」에 근거해 수정했다.

479 〈중화 주석〉 '以'는 『정의』에 근거해 보완했으되, 『정의』에는 '不' 자가 빠져 있다.

| 해설 | 장재는 "하늘의 수가 다섯이고 땅의 수가 다섯"이라는 말을 하늘의 수는 1, 3, 5, 7, 9의 다섯이고, 땅의 수 역시 2, 4, 6, 8, 10의 다섯이라는 의미로 이해했다. 그래서 위와 같이 말했다.

子曰, "夫『易』何爲者也? 夫『易』(1)開物成務, (2)冒天下之道, 如斯而已者也."[480]

공자께서 말씀하셨다. "『역』은 왜 만들어졌는가? 『역』은 물을 열어 일을 이루고 천하의 도를 포괄하니 이와 같을 따름이다."

1.126 "開物成務", 物, 凡物也; 務. 事也; 開, 明之也; 成, 處之也. 事無大小, 不能明[則]何由能處! 雖至粗至小之事, 亦莫非開物成務. 譬如不(1)深耕易耨, 則稼穡烏得而(立)[生]! "惟深也故能通天下之志, 惟幾也故能成天下之務", 是則開物成務者, 必也有濟(時)[世]之才.[481]

| 번역 | "개물성무(開物成務)"라 했다. 물(物)은 모든 물이요, 무(務)는 일이다. 개(開)는 밝히는 것이요, 성(成)은 처리하는 것이다. 크고 작은 일을 막론하고 밝힐 수 없다면 어떻게 처리할 수 있겠는가! 비록 지

480 (1)開物成務: 많은 이들이 사물의 이치를 알아 일을 이룸을 뜻하는 것이라 풀이한다. 장재도 그렇게 풀이한다. (2)冒, 뒤덮다, 포괄하다.

481 (1)深耕易耨: 『孟子』, 「梁惠王上」, "왕께서 만일 백성에게 인정을 베푸시어, 형벌을 줄이고, 세금을 적게 거두며, 열심히 농사를 짓게 하며…"(王如施仁政於民, 省刑罰, 薄稅斂, 深耕易耨…) 深耕易耨, 직역하면 깊게 밭을 갈면 김매기가 쉽다는 뜻으로, 열심히 농사를 지음을 뜻함.

극히 투박하고 지극히 사소한 일이라고 하더라도 사물을 밝혀 일을 처리하는 것이 아님이 없다. 예컨대 열심히 농사를 짓지 않는다면 수확물이 어떻게 생겨날 수 있겠는가! "심오하기 때문에 천하의 뜻에 통달할 수 있고, 기미를 알기 때문에 천하의 일을 성취할 수 있다." 그렇다면 사물을 밝혀 일을 처리하는 자는 반드시 세상을 구제할 재주가 있어야 할 것이다.

|해설| 장재는 "개물성무開物成務"라는 말을 사물의 이치를 밝게 알아 구체적인 사무를 올바르게 처리한다는 뜻으로 풀이했다. 즉 그는 이 말을 사람들이 정확한 지식을 얻어 올바르게 행동한다는 의미를 담고 있다고 생각했다. 이런 풀이를 근거로 그는 유자들이 사물을 대할 때 그것이 아무리 사소한 것이라 하더라도 정확히 알고 올바르게 처리하려는 진지한 태도를 보일 때에만 천하를 구제할 수 있는 역량이 갖춰질 수 있음을 강조하였다.

是故聖人以通天下之志, 以定天下之業, 以斷天下之疑. 是故蓍之德圓而神, 卦之德方以知, [六爻之義易以(1)貢.][482]

그러므로 성인은 천하의 뜻에 통하고 천하의 일을 정초하고 천하의 의심스러운 일에 대해 결단한다. 그러므로 시초의 덕은 둥글면서 신묘하고, 괘의 덕은 네모지면서 지혜로우며, 육효의 뜻은 변역으로 알려 준다.

1.127 圓神故能通天下之志, 方知故能定天下之業, 爻貢(所以)[故能][483]

482 (1)貢, 원래는 바친다는 뜻이나, 여기서는 그 뜻이 확장되어 알려 준다는 뜻임. 〈중화 주석〉『주역』「계사전」 본문에 근거해 보완했다.

483 〈중화 주석〉 '故能'은 『정의』에 근거해 수정했다.

斷天下之疑. 『易』書成, 三者備, 民患明, 聖人得以洗濯其心而退藏於密矣.

|번역| 둥글고 신묘하기 때문에 천하의 뜻에 통할 수 있고, 네모지고 지혜롭기 때문에 천하의 일을 정초할 수 있으며, 효가 알려 주기 때문에 천하의 의심스러운 것을 결단할 수 있다. 『역』이라는 책이 완성되고 셋이 갖추어져 백성들의 근심이 밝혀지니, 성인은 그 마음을 씻어 내고 물러나 은밀한 곳으로 감출 수 있다.

|해설| 시초의 변화는 데굴데굴 굴러가는 둥근 공처럼 자유자재이며 신묘하다. 그래서 다양한 상황 속에 있는 수많은 존재와 소통할 수 있다. 괘는 한번 만들어지면 네모진 돌처럼 변치 않으며 또 그것이 전해 주는 것은 지혜이다. 그래서 그런 『역』의 지혜로 천하의 많은 이들이 튼튼한 기초 위에 설 수 있다. 또 『역』은 육효의 변화를 통해 수많은 세상의 의심스러운 일에 대해 어떻게 대처해야 할지를 알려준다. 『역』이 완성되어 이 세 가지 기능이 발휘되면, 백성들의 근심이 무엇인지 환히 밝혀지며 성인은 사욕을 깨끗이 제거하고 남들은 보지 못하는 은밀한 곳, 즉 형이상학적인 진리가 담긴 곳에 침잠할 수 있게 된다.

1.128 [惟][484]能通天下之志者爲能感人心.[485]

|번역| 오직 천하의 뜻에 통할 수 있는 자만이 사람의 마음을 감화시킬 수 있다.

|해설| 타인을 감화시키는 일은 일방적 주입이나 강요로는 안 된다. 반드시 타자와 진

484 〈중화 주석〉 '惟'는 『정의』에 근거해 보완했다. '者爲'가 『정의』에는 빠져 있다.
485 〈중화 주석〉 이상 두 조목의 선후가 『정의』에서는 뒤바뀌어 있다.

심으로 소통할 수 있어야 그런 감화는 비로소 일어난다.

吉凶與民同患,

길하고 흉함에 백성과 더불어 근심한다.

1.129 吉凶可以正勝, 非聖人之患也.

|번역| 길흉은 바름으로 이겨 낼 수 있으니, 그것은 성인의 근심이 아니다.

|해설| 유학에서 가장 중시하는 것은 도덕적 바름이다. 바른 태도를 지켜 나간다면 맞닥뜨리는 자기 신상의 길흉은 근심거리가 못 된다. 성인은 오직 백성들이 근심하는 것, 즉 사회적 근심을 함께 근심할 따름이다.

神以知來, 知以藏往.

신묘함으로 미래를 알고 지식으로 과거를 간직한다.

(非神不能顯諸仁非知不能藏諸用)[486]

486 〈중화 주석〉 이 두 구절은 『정의』에는 다음 구절과 연결되어 있으나, 『장재집』(三) 163쪽과 중복해서 나왔다.

1.130 開物於幾先, 故曰"知來", 明憂患而弭其故, 故曰"藏往."

|번역| 조짐에 앞서 사물의 이치를 알기 때문에 "미래를 안다"고 하고, 우환을 밝혀 그 까닭을 없애기 때문에 "과거를 간직한다"고 한다.

|해설| 성인은 사물의 변화하는 조짐을 예민하게 포착하기 때문에 미래를 예측할 수 있다. 또 성인은 사회적 근심거리가 무엇인지, 그 원인은 어디에 있는지 과거의 경험과 교훈을 토대로 알아 그것을 없앤다.

古之聰明叡知, 神武而不殺者夫!

옛날의 총명하고 예지로우며 신비로운 무력을 지녀 죽이지 않는 자가 아니겠는가!

1.131 "神武不殺", 神(知)之大者[也], 使知懼而不犯, 神武者也.[487]

|번역| "신비로운 무력을 지녀 죽이지 않는 것"은 신묘함이 대단한 것이다. 두려워할 줄 알아 거스르지 않도록 하는 것은 신묘한 무력을 지닌 것이다.

|해설| '신묘한 무력(神武)'이란 대단한 무력을 갖추고 있으면서도 함부로 그것을 사용하지 않고, 총명함과 예지로움으로 타인이 스스로 복종하게 만드는 것을 말한다.

487 〈중화 주석〉 '知'는 『정의』에 근거해 삭제했고, '也'는 『정의』에 근거해 보완했다. 『정의』에는 '不犯' 앞에 '而'가 없다.

是以明於天之道, 而察於民之故, 是興神物以(1)前民用.[488]

이에 하늘의 도를 밝히고 백성의 일을 살펴 신묘한 물건을 일으켜 백성들이 사용하도록 이끌었다.

1.132 言天之變遷禍福之道, 由民之逆順取舍之故, 故作『易』以先之.[489]

|번역| 하늘의 변천과 화복의 도를 말하고 백성들이 거스르고 따르며 취하고 버리는 일을 따랐다. 그래서 『역』을 지어 그들을 선도했다.

|해설| 옛 성인은 천지의 변화, 인간사의 화복이 일어나는 이치를 말하고, 백성들의 마음이 어떤 것을 따라 취하고 어떤 것을 거스르고 버리는지 정확히 이해했다. 그런 이해를 바탕으로 『역』을 지어 그들을 선도했다.

聖人以此齊戒以神明其德夫!

성인은 이것으로 재계하여 자신의 덕을 신묘하고 밝게 한다!

1.133 民患除, 憂疑亡, 用利身安, 故可退藏於密, 窮神知化以崇高其德也. 自此而下, 又歷言其德之出而異名也.

488 (1)前, 선도하다, 이끌다.
489 〈중화 주석〉『정의』에는 '由民' 다음에 '之'가 없고, '故' 자가 거듭되지 않는다.

|번역| 백성의 근심이 제거되고 우환과 의혹이 사라지고 쓰는 것이 이롭고 몸이 편안하므로 은밀한 곳에 물러나 숨을 수 있으니, 신을 다하고 화를 알아 그 덕을 숭고하게 한다. 이 이하로는 다시 덕에서 나왔지만 명칭을 달리하는 것을 차례로 말하고 있다.

|해설| 성인이 다스리는 상황에 대해 말하였다. 성인이 다스리면 사회적으로 백성들의 근심, 의혹이 모두 사라지며, 삶이 풍족하고 편안해진다. 그러면 성인은 물러나 형이상학적인 것에 침잠하여 더욱 신묘해지고 미세한 변화까지 알아 덕이 더욱 성숙되도록 한다.

是故闔戶謂之坤, 闢戶謂之乾, 一闔一闢謂之變,

그러므로 문을 닫는 것을 곤이라고 하고 문을 여는 것을 건이라고 하며, 한번 닫았다가 한번 여는 것을 변화라고 한다.

1.134 闔戶, 靜密也; 闢戶, 動達也, 形開而目覩耳聞, 受於陽也. 一動一靜, 是(道)[戶][490]之常, 專於動靜則偏也. "一闔一闢謂之變", 人之有息, 蓋剛柔相摩·乾坤闔闢之象也.

|번역| 문을 닫으면 고요하고 은밀하다. 문을 열면 움직여 도달하니, 형체가 열려 눈이 보고 귀가 들으니, 양에서 받아들임이다. 한번 움직이고 한번 고요한 것은 문의 불변함이니, 오로지 움직임이거나 고요하기만 하면 치우치게 된다. "한번 닫히고 한번 열리는 것을 변화라

490 〈중화 주석〉『정의』에는 '覩'가 '觀'으로 되어 있다. '戶'는 『정의』에 근거해 수정했다.

고 한다"고 했다. 사람이 숨을 쉬는 것은 강함과 부드러움이 서로 부딪치고, 건과 곤이 닫히고 열리는 상이다.

|해설| 앞 두 구절은『정몽』「대역편」14.55에도 나온다. 이 구절에 대한 설명은『정몽』을 참조하라. 이어지는 구절에서 장재는 '문', 즉 감각기관의 변치 않는 모습을 지각 활동과 그 활동을 멈추는 일로 규정하고는 그 두 가지 일이 적절하게 이루어져야 한다고 했다. 눈과 귀를 닫고 있기만 해서는 외부와 소통할 길이 없고, 눈과 귀를 늘 열어 놓기만 해서는 어느덧 마음이 어지러워진다. 요컨대 장재는 위 조목을 통해 마음을 고요하게 하는 수양과 사물을 인식하고 그것과 소통하는 실천이 함께 중시되어야 함을 말하고 있다.

制而用之謂之法,

마름질하여 그것을 사용하도록 하는 것을 법이라고 한다.

1.135 因其變而裁制[491]之以教天下, 聖人之法也.

|번역| 그 변함을 따라 그것을 마름질하여 천하에 가르치니, 성인의 법도이다.

|해설| '제(制)'란 마름질함(裁), 가공함을 뜻한다. 기물이든 사회규범이든 변화하는 사회적 삶의 필요에 따라 적절히 가공되고 마름질되어야 한다. 성인의 법도는 이렇게 변화에 적절히 대응하는 방침이다.

491 〈중화 주석〉『정의』에는 '制' 자가 빠져 있다.

利用出入, 民咸用之謂之神.

이롭게 쓰며 드나드니, 백성들이 모두 그것을 쓰는 것을 신이라고 한다.

1.136 用之不窮, 莫知其鄕, 故名之曰神.

|번역| 그것을 써도 다하지 않되 그 향하는 곳을 알지 못하므로 신이라고 칭한다.

|해설| 백성들은 천지의 기를 끊임없이 사용한다. 아무리 사용해도 그 기는 다 없어지지 않는다. 그런데 사람들은 그 기가 궁극적으로 어디에서 와서 어디로 가는지 모른다. 그래서 그것을 신묘한 것이라 부른다.

1.137 [虛靜(昭)[照]鑒, 神之明也; 無遠近幽深, 利用出入, 神之充塞而無間也.][492]

|번역| 허하고 고요하게 비추니, 신의 밝음이다. 멀든 가깝든, 어둡든 깊든 상관없이 이롭게 작용하며 드나드니, 신은 가득 차 틈이 없다.

|해설| 이 조목은 『정몽』「신화편」 4.3에도 중첩되어 나온다. 해설은 『정몽』을 참조하라.

492 〈중화 주석〉 이 조목은 『정의』에 근거해 보완했다. '照'는 『정몽』「신화편」에 근거해 수정했다. 『정몽』에서는 '靜'이 '明'으로 되어 있다.

是故『易』有太極, 是生(1)兩儀, 兩儀生(2)四象, 四象生八卦, 八卦定吉凶, 吉凶生大業.[493]

그러므로 『역』에는 태극이 있으니, 그것이 양의를 낳고, 양의는 사상을 낳고, 사상은 팔괘를 낳고, 팔괘는 길흉을 정하며, 길흉은 대업을 낳는다.

1.138 四象即乾之四德, 四時之象, 故下文云(1)"變通莫大乎四時." 盡吉凶之理, 則能盡天人之助而成位乎其中(矣), 故下云(2)"崇高莫大乎富貴."[494]

|번역| 사상(四象)은 곧 건의 사덕으로 사계절의 상이다. 그래서 이어지는 문장에서 "변통하는 것으로 사계절보다 큰 것은 없다"고 했다. 길흉의 이치를 다하면 하늘과 인간 사이의 도움을 다하여 그 가운데에 위치를 잡을 수 있게 된다. 그래서 아래 문장에서 "숭고한 것으로 부귀보다 더 큰 것은 없다"고 했다.

|해설| 원래 사상(四象)은 소양, 태양, 소음, 태음을 뜻하나, 장재는 이를 '건의 사덕', 즉 하늘의 원형이정(元亨利貞) 덕으로 봄, 여름, 가을, 겨울을 펼쳐 낸다고 해석했

493 (1)兩儀, 보통 음효와 양효 혹은 음기와 양기를 뜻하는 것으로 해석된다. (2)四象: 노양, 소양, 소음, 노음 혹은 사계절을 뜻하는 것으로 해석된다.

494 (1)變通莫大乎四時: 『周易』, 「繫辭上」, "그러므로 형체를 지닌 것으로 천지보다 큰 것은 없고, 변통하는 것으로 사계절보다 큰 것은 없다."(是故法象莫大乎天地, 變通莫大乎四時.) (2)『周易』, 「繫辭上」, "숭고한 것으로 부귀보다 더 큰 것은 없다."(崇高莫大乎富貴.) 〈중화 주석〉 이어지는 부분은 『정의』에 근거해 분리시켰다. '矣'는 『정의』에 근거해 삭제했다.

다. 그리고 사상을 사계절로 해석하는 것이 타당한 근거를 “변통하는 것으로 사계절보다 큰 것은 없다”는 구절에서 찾았다. 이어지는 설명은 “길흉이 대업을 낳는다”는 구절에 대한 것이다. 길흉에 직면하여, 흉함을 피하고 길함으로 나아가려 하며, 『주역』은 그럴 수 있는 길을 알려 준다. 그런 가르침으로 사회를 조직하면, 대자연과 인간은 협력적으로 일하게 된다. 이런 설명의 타당함을 장재는 이어지는 문장에서 찾는다. 인간사회의 부귀는 모두 인간과 인간, 인간과 자연이 협력해 일한 성과라는 것이 그것이다.

1.139 有吉凶利害, 然後人謀作, 大業生; 若无施不[495]宜, 則何業之有!

| 번역 | 길함과 흉함, 이익과 손해가 존재하여야 인위적인 도모가 생겨나고 커다란 업적이 생겨난다. 만약 합당하지 않은 일이 일어나지 않는다면 무슨 업적이 있을 수 있겠는가?

| 해설 | 이 조목은 『정몽』「지당편」 9.51과 완전히 일치한다. 해설은 『정몽』을 참조하라.

天生神物, 聖人則之,

하늘이 신물을 내니, 성인은 그것을 본떴다.

1.140 天生蓍龜, 聖人則之以占兆. 一云“占之以兆.”[496]

495 〈중화 주석〉 『정의』에는 ‘不’이 ‘无’로 잘못 표기되어 있다.
496 〈중화 주석〉 『정의』에는 이 주석이 없다.

|번역| 하늘이 시초와 거북을 내니, 성인은 그것을 본떠 조짐을 점쳤다. 어떤 곳에는 "조짐으로 점을 쳤다"고 되어 있다.

|해설| 하늘이 시초나 거북 같은 신비한 물건을 내려 주어, 성인은 그것을 본떠 『주역』 같은 것을 만들어 냄으로써 일의 조짐을 점쳤다.

天地變化, 聖人效之.

천지가 변화하니, 성인이 그것을 본뜬다.

1.141 天地變化, 聖人作『易』以(著)[著龜][497]效之, 故曰"聖人效之."

|번역| 천지가 변화하니 성인은 시초와 거북을 본받아 『역』을 지었다. 그래서 "성인이 그것을 본뜬다"고 했다.

|해설| 거북점이나 시초점에서는 거북 등껍질의 갈라진 무늬나 시초의 복잡한 변화로 길흉을 예측한다. 성인은 이를 본떠 『역』을 지었다.

天垂象, 見吉凶, 聖人象之, (1)河出圖, 洛出書, 聖人則之.[498]

497 〈중화 주석〉『정의』에 의거해 수정했다.

498 (1)河出圖, 洛出書, 聖人則之: 河出圖는 황하에 등에 그림이 그려진 용마가 출현했다는 전설을 가리키고 洛出書 역시 낙수에 등에 부호가 쓰인 거북이 출현했다는 전설을 가리킨다. 또 전하는 바에 따르면 복희는 하도에 근거해 팔괘를 만들었고, 우임금은 낙서에 근거해 구주(九疇)를 제정했다고 한다.

하늘이 상을 드리워 길흉을 나타내니 성인이 그것을 본뜨고, 황하에 용마가 그려진 도상이 출현하고, 낙수에 거북 등에 새겨진 글이 출현했으니, 성인은 그것을 본뜬다.

1.142 作『易』以示人, 猶天垂象見吉凶; 作(1)書契效法, 猶地出圖書. 一云猶河洛.[499]

|번역| 『역』을 지어 사람들에게 보이는 것은 하늘이 상을 드리워 길흉을 나타내는 것과 같다. 문자를 만들어 본뜨는 것은 땅에서 하도와 낙서가 나오는 것과 같다. 어떤 곳에는 하(河), 낙(洛)이라고 되어 있다.

|해설| 하늘이 우주와 자연에서 각종 형상을 통해 길흉을 나타내는 것을 모방해 성인 또한 『주역』을 지어 길흉을 사람들에게 보여 준다. 땅에서 하도와 낙서 같은 부호가 출현한 것을 본떠 성인은 문자라는 의사소통의 기호를 만들어 내었다.

[繫辭焉, 所以告也.]

괘효사를 매단 것은 알려 주기 위해서이다.

499 (1)書契, 『周易』, 「繫辭下」, "上古結繩而治, 後世聖人易之以書契" "상고시대에는 결승문자를 사용해 다스렸는데, 후세의 성인은 그것을 문자로 바꾸었다." 書契, 문자. 契는 새긴다는 뜻. 옛날에는 죽간에 글자를 새겼으므로 새긴다는 말을 씀. 〈중화 주석〉 『정의』에는 이 주석이 없다.

1.143 [『易』象繫之以辭者, 於卦既已具其意象矣, 又切於人事言之, 以示勸戒.][500]

|번역| 『역』의 상(象)에다 말(辭)을 매단 것은 괘에 이미 그 의미와 형상이 갖추어져 있을진대, 또한 인간사에 가까운 것으로 말하여 권면하고 경계하기 위해서이다.

|해설| 괘효상에는 그 괘효의 자연적, 인간사적 의미가 담겨 있다. 하지만 형상만 가지고는 그 의미 파악이 불분명하다. 이에 말로 설명을 덧붙여 의미를 분명히 전달하고, 특히 선을 권면하고 잘못 생각하여 재앙을 초래하는 일을 막으려 했다.

『易』曰, "自天祐之, 吉无不利." 子曰, 祐者, 助也. 天之所助者, 順也.

『역』에서는 "하늘이 보우하니, 길하여 이롭지 않음이 없다"고 했다. 공자께서 말씀하셨다. 우(祐)란 돕는 것이다. 하늘이 돕는 자는 따르는 사람일 경우이나.

1.144 (自)『易』曰"自天祐之", 此(篇)[言][501]宜在(1)"立心勿恒凶"下, 蓋上言"莫益之", 故此言多助也.[502]

500 〈중화 주석〉 이 조목은 뒤의 일문에서 옮겨 와 집어넣었다.
501 〈중화 주석〉 이상은 『정의』에 의거해 삭제하고 수정했다.
502 (1)立心勿恒凶: 『周易』, 「繫辭下」, "더해 주는 것이 없으니, 혹 그를 공격하는데, 마음을 세움에 항구적인 것이 없어 흉하다."(莫益之, 或擊之, 立心勿恒, 凶.) 이 구절은 본래 익괘(益卦) 상구의 효사인데, 「계사하」 편에도 인용되어 나온다.

| 번역 | 『역』에서는 "하늘이 보우한다"고 하니, 이 말은 마땅히 「계사전하」의 "마음을 세움에 항구적인 것이 없어 흉하다"는 구절 다음에 있어야 한다. 앞서 "더해 주는 것이 없다"고 했으니 여기서는 많이 도와준다고 말했다.

| 해설 | 많은 학자들은 「계사상」의 위 조목이 잘못 끼어 들어간 것이라 말한다. 맥락이 없이 갑자기 튀어나온 말이기 때문이다. 장재는 이 조목이 「계사하」의 익괘 상구를 인용한 구절 다음에 나와야 한다고 보았다. 그러면 이 조목은 "아무도 도와주는 이가 없을 때 하늘이 그런 이를 보우한다"는 뜻이 된다. 이와는 달리 후대의 주희는 이 구절이 대유(大有)괘 상구 효사임을 밝혔다. 대유괘 상구 효사는 다음과 같다. "하늘이 도우니 길하여 이롭지 않음이 없다."(自天祐之, 吉无不利.)

變而通之以盡利,

변하고 통함으로써 이로움을 다한다.

1.145 (1)理勢既變, 不能與時順通, 非盡利之道.[503]

| 번역 | 이치의 추세가 변했는데 때에 순응하여 통하지 못한다면 이로움을 다하는 도가 아니다.

| 해설 | 사물, 사태는 끊임없이 변한다. 그런 변화의 추세에 따라 세상의 운행되는 이치가 변하면 마땅히 그것에 대응하는 방침도 변하지 않으면 안 된다. 그렇게 세상의 변화에 순응하며 유효하게 대응해야 '나'와 타자에게 진정으로 이롭다.

503 (1)理勢, 사물이 지닌 이치의 변하는 추세.

鼓之舞之以盡神.

두드리고 춤추게 하여 신神을 다하도록 한다.

1.146 鼓天下之動者存乎神. 神一作辭.[504]

|번역| 천하의 운동을 고무시키는 것은 신(神)에 달려 있다. 신(神)은 어떤 곳에서는 말(辭)로 되어 있다.

|해설| 만물은 끊임없이 운동하여 그 존재를 유지한다. 하지만 그 만물의 운동은 결코 독자적으로 이루어질 수 있는 것이 아니다. 만물 운동은 거대한 전체 자연, 즉 하늘의 고무시키는 작용에 의해 비로소 가능하다.

1.147 天下之動, 神鼓之也, 神則主(於)[乎]動, 故天下之動, 皆神[之]爲(之)也. 辭不鼓舞則不足以盡神, 辭謂『易』之辭也. 於象固有此意矣, 又繫之以辭, 因而(1)駕說, 使人向之, 極盡動之義也. 歌舞爲巫風, 言鼓舞之[以]盡神者, 與巫之爲人无心若風狂然, 主於動而已. 故以好歌舞爲巫風, 猶(之)[云]如巫也. 巫主於動, 以至於鼓舞之極也, 故曰盡神.[505] 因說鼓舞之義, 故取巫(以)爲言. 語其動而已.

504 〈중화 주석〉『정의』에는 이 주석이 없다.

505 (1)駕說, 학설을 전파하다. 〈중화 주석〉 이상은『정의』에 의거해 삭제, 보완하고 바로잡았다. 이어지는 부분은『정의』에 근거해 주석으로 고쳤다. 다만『정의』에는 마지막 구절이 빠져 있다.

| 번역 | 천하의 움직임은 신이 고무시키는 것이다. 신은 움직임을 주재하니, 천하의 움직임은 모두 신이 하는 것이다. 언사로 고무하지 못하면 신을 다 드러내기에 부족하거니와, 여기서의 언사란 『역』의 언사를 말한다. 상(象)에는 본디 그 의미가 있는데, 또 거기에 언사를 매달아 주장을 전파해 사람들이 거기로 향하게 하니, 움직임의 의미를 극진히 하는 것이다. 노래 부르고 춤추는 것은 무풍(巫風)이니, 고무시켜 신을 다하는 것은 무당이 마치 미친 듯이 무심한 것과 같아, 움직임을 주재할 따름임을 말한다. 그러므로 노래하고 춤추기를 좋아하는 것은 무풍으로, 무당 같다고 말하는 것과 같다. 무당은 움직임을 주재하며 고무의 극한에 이르므로 신을 다한다고 말한다. 고무시킨다는 의미를 설명하기 위해 무당을 취해 말한 것이다. 그 움직임을 말한 것일 따름이다.

| 해설 | 이 조목에서는 '신을 다한다(盡神)'는 말의 의미를 여러 측면에서 설명하였다. 첫째는 대자연이 만물을 춤추게 하듯 역동적으로 움직이게 만든다는 뜻이다. 만물은 부단히 운동하는데, 그 근본 동력은 주체로서의 자연인 신에 있다. 대자연이 만물에 기를 불어넣으면 만물의 운동은 마치 사람들이 북을 두드리고 춤을 추는 것처럼 유연하고, 역동적이 된다. 둘째는 『주역』의 말이 사람들을 고무시킨다는 뜻이다. 『주역』에서는 형상에 더해 감화력이 있는 말을 덧붙임으로써 사람들이 마치 춤추듯 역동적으로 움직이게 한다. 셋째는 무당의 몸에 깃든 신이 가무를 통해 움직임을 주재한다는 뜻이다. 동북아시아의 무당은 굿을 할 때 노래를 부르고 춤을 추어 신명, 신기를 역동적으로 표현한다. 신을 다한다는 말의 원시종교적인 의미이다.

乾坤其『易』之(1)縕邪! 乾坤成列而『易』立乎其中矣, 乾坤毁則无以見『易』,『易』不可見, 則乾坤或幾乎息矣.[506]

506 (1)縕, 깊숙하다, 쌓아 두다, 감추다 등의 뜻이 있는데, 여기서는 『역』의 깊숙한 곳에 있

건곤은 『역』의 바탕이다! 건곤이 배열을 이루면 『역』이 그 가운데에서 확립되고, 건곤이 무너지면 『역』은 볼 수 없게 된다. 『역』을 볼 수 없으면, 건곤의 작용은 거의 쉬게 된다.

1.148 陰陽·剛柔·仁義之本立, 而後知趨時應變, 故"乾坤毁則无以見易."

|번역| 음과 양, 강한 것과 부드러운 것, 인과 의의 근본이 확립되어야 시간을 따라 변화에 응할 것을 알게 된다. 그런 까닭에 "건곤이 무너지면 역은 볼 수 없다"고 했다.

|해설| 이 조목은 『정몽』「대역편」 14.6과 완전히 중첩된다. 해설은 『정몽』을 참조하라.

1.149 感而後有通, 不有兩則無一. 故聖人以剛柔立本, 乾坤毁則無以見易.[507]

|번역| 교감한 후에 소통이 있으니, 둘이 존재하지 않으면 하나는 없다. 그러므로 성인은 강함과 부드러움으로 근본을 확립하였으니, 건과 곤이 무너지면 변역(易)은 나타날 수 없다.

|해설| 이 조목은 『정몽』「태화편」 1.15와 완전히 중첩된다. 해설은 『정몽』을 참조하라.

는 바탕이 되는 것을 뜻한다.

507 〈중화 주석〉 이 조목은 원래 앞 조목과 연결되어 있었고, 『정의』에는 이 조목이 실려 있지 않다.

1.150 乾坤既列, 則其間六十四卦爻位錯綜以爲變易. 苟乾坤不列, 則何以見『易』? 『易』不[可]見, 則是無乾坤. 乾坤, 天地也; 易, 造化也. 聖人之意莫先乎要識造化, 既識造化, 然後(有)[其]理可窮. 彼惟不識造化, 以爲(1)幻妄也. 不見『易』則何以知天道? 不知[天]道則何以語性?[508]

|번역| 건곤이 배열되면 그 사이에 있는 64괘효의 위치는 착종하여 변역을 이룬다. 만약 건곤이 배열되지 않는다면 어떻게 『역』을 볼 수 있겠는가? 『역』을 볼 수 없으면 건곤은 없게 된다. 건곤은 천지요, 역(易)은 조화이다. 성인이 뜻을 두는 것으로 조화를 아는 것보다 앞서는 것은 없으니, 조화를 알아야 그 이치를 궁구할 수 있다. 저들은 조화를 알지 못하고 환망(幻妄)이라고 여긴다. 『역』을 보지 못할진대 어찌 천도를 알겠는가? 천도를 알지 못할진대 어찌 성(性)을 말할 수 있겠는가?

|해설| 『역』의 건괘와 곤괘가 배열되지 않으면 『역』의 체계는 이루어질 수 없다. 반대로 『역』의 체계를 보지 못하면 건곤 또한 그 의미가 사라지게 된다. 이것이 첫 번째 의미 설명이다. 그런데 건곤은 대자연, 즉 천지를 상징하고, 역(易)은 대자연이 만물을 생육하는 조화(造化)를 뜻하기도 한다. 이에 성인은 이 조화를 알아야 대자연의 형이상학적인 원리, 이치를 알게 된다. 이것이 두 번째 의미 설명이다. 끝부분에서는 이를 근거로 불교를 비판하였다. 불교는 바로 천지의 만물 생육이라는 조화가 지니는 긍정적 의미를 제대로 깨닫지 못하고, 그것을 그저 허망하다고만 생각한다. 그리하여 천도도 깨닫지 못하고, 성(性)도 제대로 말하지 못한다.

508 (1)幻妄, 허깨비와 거짓된 것. 〈중화 주석〉 이상은 모두 『정의』에 의거해 삭제, 보완하고 바로잡았다. 『정의』의 경우 '其間' 앞에 '則' 자가 없고, '彼惟'는 '彼爲'라고 잘못 기재되어 있다.

1.151 [不見易則不識造化, 不識造化則不知性命, 既不識造化, 則將何謂之性命也?][509] [有謂心即是易, 造化也, 心又焉能盡易之道!][510]

|번역| 변역을 보지 못하면 조화를 알지 못하고, 조화를 알지 못하면 성명(性命)을 모른다. 조화를 알지 못하는데, 무엇을 성명이라 부를 수 있겠는가? 마음이 곧 변역이고, 조화라고 하는 자가 있으나, 마음이 어찌 변역의 도를 다할 수 있으리오!

|해설| 자연에서 일어나는 변역의 의미를 제대로 알지 못하면 천지의 조화(造化), 기화(氣化)의 의미도 알지 못하고, 이른바 성명(性命)이 무엇을 뜻하는지도 알지 못한다. 장재에게 자연에서 일어나는 모든 변역은 천지가 자신의 기운으로 조화를 행해 일어나는 것이요, 그러한 태허 본체의 기화 작용이 곧 성명(性命)의 함의이다. 그런데 불교에서는 온갖 변화, 조화를 마음이 그려 낸 것이라고 한다. 장재의 입장에서 보면 자연의 위대한 조화는 한갓 마음으로 다 아우를 수 없는 것이다.

1.152 [易乃是性與天道, 其字日月爲易, 易之義包天道變化.]

|번역| 역(易)은 곧 성(性)과 천도이니, 그 글자는 해(日)와 달(月)이 합쳐져 역(易)이 된 것이다. 역의 의미는 천도의 변화를 포함한다.

|해설| "역은 곧 성과 천도이다"라는 말은 인의(仁義)의 성(性)과 하늘의 도는 모두 변

509 〈중화 주석〉 이상은 일문에서 옮겨 와 집어넣었다. 『정의』의 「계사하」에서는 "幾者動之微" 다음에도 이 네 구절이 나온다.

510 〈중화 주석〉 이 조목 또한 일문에서 옮겨 와 집어넣었다. '造化也' 앞에는 '易' 자가 빠져 있는 것 같다.

역, 즉 역동적 활동성을 그 본질로 한다는 뜻이다. 또 역(易)은 파자를 해 보면 해(日)와 달(月)이 결합된 글자이다. 그 글자 자체가 천도의 변화를 나타낸다.

1.153 [釋氏之言性不識易, 識易然後盡性, 蓋易則有無動靜可以兼而不偏擧也.][511]

|번역| 불교의 성(性)에 대한 논의는 역(易)을 알지 못한다. 역을 알아야 성(性)을 다하게 된다. 무릇 역은 유와 무, 움직임과 고요함을 아우를 수 있지, 한쪽으로 치우쳐 거론하지 않는다.

|해설| 역의 긍정적 의미를 부각하여 불교의 성론을 비판하였다. 변역은 자연이 만물을 낳고 기르는 방식이다. 변역이 일어나지 않으면 만물은 자신에게 주어진 본성대로 살 수 없다. 인간 역시 저 천지의 변역이 갖는, '만물을 살린다'는 의미를 알아야, 자신이 지닌 인한 본성을 다 발휘할 수 있다. 변역의 이런 긍정성을 알기 때문에 유가는 무, 고요함의 세계뿐 아니라, 유, 움직임의 세계 또한 긍정적인 것으로 아우를 수 있다. 이에 반해 불교는 변역의 긍정성을 보지 못하기 때문에 무(無)와 정(靜), 더 정확히 말하면 공(空)과 적정(寂靜)의 측면에 치우쳐 있다.

是故形而上者謂之道, 形而下者謂之器, 化而裁之謂之變, 推而行之謂之通, 擧而錯之天下之民謂之事業.

그러므로 형이상자를 도라고 하고 형이하자를 기(器)라고 한다. 화(化)하되 그것을 마름질하는 것을 변한다고 하고, 그것을 밀고 나가 행

511 〈중화 주석〉 이상의 두 조목 또한 일문에서 옮겨 와 집어넣었다.

하는 것을 통한다고 하며, 그것을 들어 천하의 백성에게 조치하는 것을 사업이라고 한다.

1.154 一陰一陽不可以(1)形器拘, 故謂之道. 乾坤成列而下, 皆易之器. 乾坤交(變)[通],[512] 因約裁其(變)[化][513]而[指]別之, [則名體各殊,][514] 故謂之變. 推(而)[515]行其變, 盡利而不遺, 可謂通矣; 擧盡利之道而錯諸天下之民以行其典禮, 『易』之事業也. 遺一作匱.[516]

| 번역 | 한 번 음이 되었다가 한 번 양이 되는 것은 유형의 사물에 구애를 받지 않으므로 도(道)라고 부른다. 건곤이 배열된 이후의 것들은 모두 변역으로 형성한 기물이다. 건과 곤이 교감하여 소통할 때 그 점진적 변화(化)를 제약하고 마름질하여 그것을 가리켜 구별하면 명칭과 형체가 각각 다르므로 그것을 질적 변화(變)라 부른다. 그 변화를 밀고 나가 빠뜨리지 않고 이로움을 다하면 소통(通)했다고 할 수 있다. 이로움을 다하는 방법을 들어 천하의 백성들에게 조치하여 그 전례를 행하는 것은 『역』의 사업이다. 어떤 곳에서 빠뜨림(遺)은 모자람(匱)이라고 되어 있다.

| 해설 | 음양의 기운은 그 자체로는 무형이므로 유형의 사물에 의해 구속을 받지 않고 자유롭게 펼쳐져 만물을 형성한다. 이 음양의 기가 펼쳐지는 형식에는 변과 화

512 〈중화 주석〉 '通'은 『정의』에 근거해 고쳤다.
513 〈중화 주석〉 '化'는 『정의』 및 아래의 연문(衍文)에 의거해 고쳤다.
514 〈중화 주석〉 이상의 여섯 글자는 『정의』에도 빠져 있는데, 아래 연문에 의거해 보완했다.
515 〈중화 주석〉 '而'는 『정의』에 근거해 삭제했다.
516 (1)形器, 유형의 기물, 유형의 사물. 〈중화 주석〉 『정의』에는 이 주석이 없다.

의 두 가지가 있다. 점진적 변화는 화(化)이고 이 화가 특정 한도에 이르러 질적 변화를 일으키면 그것은 곧 변(變)이다. 질적 변화가 일어나면 각기 명칭과 형체가 구별되는 사물이 이루어진다. 이렇게 만들어진 사물들을 빠뜨리지 않고 그것들이 최대한 이롭게 쓰이도록 하면 인간과 자연, 인간과 인간 사이의 소통이 제대로 이루어진 것이라 할 수 있다. 이렇게 최대한 이롭게 쓰는 방법이 백성들 사이에 적용되어 갖가지 법도가 행해진다면 이 역시 『역』의 이치에 따라 이룬 성취이다.

(約裁其化而指別之則名體各殊故謂之變.)[517]

1.155 運於無形之謂道,[518] 形而下者不足以言之. (鼓萬物而不與聖人同憂天道也聖不可知也无心之妙非有心所及也)[519]

| 번역 | 무형의 상태에서 운동하는 것을 도(道)라고 하니, 형이하자로는 그것을 말하기에 부족하다.

| 해설 | 이 조목은 『정몽』 「천도편」 3.7에 중첩되어 나온다. 그곳의 해설을 참조하라.

1.156 "形而上[者]"是無形體者(也), 故形(以)[而]上者謂之道也; "形而下[者]"是有形體者, 故形(以)[而]下者謂之器. 無形迹者即道也, 如大德敦化是也; 有形迹者即器也, 見於事實(如)[即]禮義是也.[520]

517 〈중화 주석〉 이 조목은 앞선 글과 중복해서 나왔다. 『정의』도 마찬가지인데, 다만 위 조목의 끝에 연결되어 있다.

518 〈중화 주석〉 『정의』에는 "運而無形之謂道"라고 되어 있다.

519 〈중화 주석〉 이 조목은 착간으로 이미 "鼓萬物而不與聖人同憂" 다음으로 옮겼다.

520 〈중화 주석〉 이 조목은 마땅히 위 조목과 연결해야 할 것 같으니, 잘못 군더더기로 들어간 것은 『정의』에 근거해 교정했다.

|번역| "형이상자"는 형체가 없는 것이므로 형이상자를 도라고 부른다. "형이하자"는 형체가 있는 것이므로 형이하자를 기(器)라고 부른다. 형상과 자취가 없는 것은 도이다. 예컨대 대덕의 돈독한 교화가 그것이다. 형상과 자취가 있는 것은 기물이다. 사실로 나타난 것으로, 예의가 곧 그것이다.

|해설| 장재에게 형이상자는 무형의 기이고, 형이하자는 유형의 사물이다. 이를 도덕윤리의 측면에서 말하면 큰 덕으로 타인을 교화하는 것은 어떤 구체적인 형상과 자취가 없는 과정이다. 이와는 달리 예의 규범이나 제도로 나타난 것은 특정한 형태와 자취가 있는 것이라 할 수 있다.

(聖人因天地之化裁節而立法使民知寒暑之變故爲之春夏秋冬亦化而裁之之一端耳)[521]

1.157 凡不形以上者, 皆謂之道, 惟是有無相接與形不形處知之爲難. 須知氣從此首, 蓋爲氣能一有无, 无則氣自然生, [氣之生即]是道(也)是易(也).[522]

|번역| 무릇 형체를 이루지 않은 것 이상의 것은 모두 도라고 부르거니와, 오직 유와 무가 서로 접하고 형체를 이룸과 형체를 이루지 않음이 교차하는 지점을 아는 것은 어렵다. 기는 거기에서 처음으로 나옴을 알아야 하니, 기는 유와 무를 통일할 수 있기 때문이다. 무이면

521 〈중화 주석〉 이 조목은 착간이니, 뒤쪽으로 옮겨 놓았다.
522 〈중화 주석〉 이 구절에 대한 『정의』의 오류는 같으니, 일문에 의거해 바로잡았다.

기는 자연히 생겨나니, 기의 생겨남은 도이고 역이다.

|해설| 장재가 말하는 형이상자란 무형의 기를 가리킨다. 그 기의 운동 과정이 도이다. 그는 무형의 기에서 유형의 기로, 유형의 기에서 무형의 기로 바뀌는 그 경계가 되는 지점을 아는 것이 어렵다고 말한다. 모든 유형의 기가 그 무형의 기에서 처음으로 나온다는 점을 알기 어렵기 때문이다. 기는 유형과 무형의 기를 통일하고 있고, 그 가운데 무형의 기에서 모든 형태의 기는 자연히 생겨나며, 기가 생겨나 운동하는 것이 곧 도이고, 역이다.

化而裁之存乎變, 推而行之存乎通,

화하다가 마름질함은 변함에 존재하고, 밀고 나가 행함은 통함에 존재한다.

1.158 [常人之學, 日益而(莫)[不]自知也. 仲尼行(者)[著]習察, 異於他人, [故自]十五至[於]七十, 化而裁之, 其進德之盛者歟!][523]

|번역| 보통 사람의 배움은 나날이 보태어지는데도 스스로 알지 못한다. 공자께서는 배워 행하고, 익혀 살피는 것이 남들과 달랐다. 그래서 15세에서 70세에 이르기까지 점진적 변화를 여러 단계로 잘라 냈으니, 덕을 향상시킴이 왕성하셨던 분이로다.

|해설| 이 조목은 『정몽』 「삼십편」 11.2와 완전히 중첩된다. 해설은 『정몽』을 참조하라.

523 〈중화 주석〉 이 조목은 『정의』에 의거해 보완했으며, 오탈자는 『정몽』 「삼십편」에 의거해 보완하고 바로잡았다.

1.159 [聖人因天地之化裁節而立法, 使民知寒暑之變, 故爲之春夏秋冬, 亦化而裁之之一端耳.][524]

|번역| 성인은 천지의 점진적 변화를 따라 마디를 잘라 내고 법을 세워 백성들이 추위와 더위의 변화를 알도록 하였다. 그래서 춘하추동을 만들었으니, 이 또한 그것을 마름질하는 일면이다.

|해설| 자연에는 사계절의 변화가 있다고 하지만, 그 변화 역시 점진적이어서 인간이 잘 감지할 수 없다. 그 점진적 변화가 쌓여 질적 변화가 일어나는 시점을 잘라 내어 역법을 세우면, 백성들은 한서(寒暑)의 변화를 알 수 있게 된다. 이것 역시 점진적 변화에서 그 현저한 변화가 일어나는 지점을 잘라 내는 일례이다.

1.160 "變則化", 由粗入精也; "化而裁之謂之變", 以著顯微也. "化而裁之存乎變", 存四時之變, 則周歲之化可裁; 存晝夜之變, 則百刻之化可裁. ["推而行之存乎通",][525] 推四時而行, 則能存周歲之通, 推晝夜而行, 則能存百刻之通.

|번역| "변하면 화한다"고 하니, 이는 투박한 것에서 정미한 것으로 진입함을 뜻한다. "화하다가 마름질하는 것을 변이라고 한다"고 하니, 이는 현저한 것으로써 은미한 것을 드러냄을 뜻한다. "점진적으로 화하다가 그것을 마름질함은 돌변(突變)에 존재한다"고 하니, 사계절의 돌변을 보존하면 1년의 점진적 변화를 재단할 수 있고, 주야의

524 〈중화 주석〉 이 조목은 『정의』에 의거해 앞에서 여기로 옮겼다.
525 〈중화 주석〉 『정의』에도 이 구절이 빠져 있다. 『정몽』 「천도편」에 근거해 보완했다.

돌변을 보존하면 하루의 온갖 시각의 점진적인 변화를 재단할 수 있다. "밀고 나가는 것은 통함에 존재한다"고 하니, 사계절을 밀고 나가면 1년의 소통을 보존할 수 있고, 주야를 밀고 나아가면 하루의 온갖 시각의 소통을 보존할 수 있다.

|해설| 이 조목의 앞 두 구절은 『정몽』 「신화편」 4.8에 나오고, 그 뒤부터 끝까지는 『정몽』 「천도편」 3.13에 중첩되어 나온다. 해설은 『정몽』의 관련 조목을 참조하라.

神而明之存乎其人, 黙而成之, 不言而信, 存乎德行.

신묘하여 밝히는 것은 그 사람에 달려 있고, 묵묵히 이루고 말하지 않아도 미더운 것은 덕행에 달려 있다.

1.161 上天之載, 無聲臭可象, [正][526]惟儀刑文王, 當明契天德而萬邦信說. 故『易』曰: "神而明之, 存乎其人."[527]

|번역| 하늘이 싣고 있는 것은 형상화할 수 있는 소리나 냄새가 없으니, 오직 문왕만 본받으면 하늘의 덕에 저절로 합치되어 만방이 믿고 기뻐하게 된다. 그러므로 『주역』에서는 "신묘하게 하여 밝히는 것은 그 사람에게 달려 있다"고 했다.

526 〈중화 주석〉 '正'은 『정의』에 의거해 보완했다. 『정의』에는 '臭' 앞에 '无'가 군더더기로 들어가 있다.

527 〈중화 주석〉 이 다음 부분은 원래 '不知上天之載'와 연결되어 있었는데, 『정의』에 의거해 분리시켰다.

|해설| 이 조목은 『정몽』 「작자편」 10.12의 일부와 내용이 중첩된다. 해설은 『정몽』을 참조하라.

1.162 ["神而明之, 存乎其人",] 不知上天之載, 當存文王. "默[而]成[之, 存乎德行]", [學者常]存德性,[528] 則自然默成而信矣.[529]

|번역| "신묘하여 밝히는 것은 그 사람에게 달려 있다." 하늘이 싣고 있는 것을 모른다면 마땅히 문왕이 지닌 것을 보존해야 한다. "묵묵히 이루는 것은 덕행에 달려 있다." 배우는 자가 늘 덕성을 보존하면 자연히 묵묵히 이루어 미덥게 된다.

|해설| 이 조목은 『정몽』 「천도편」 3.14와 중첩된다. 해설은 『정몽』을 참조하라.

1.163 "神而明之, 存乎其人", 道至有難明處而能明之, 此則在人也. 凡言神, 亦必待形而後著, 不得形, 神何以見? "神而明之, 存乎其人", 然則亦[530]須待人而後能明乎神.

|번역| "신묘하여 밝히는 것이 그 사람에게 달려 있다"고 했으니, 도는 지극히 밝히기 어려운 지점이 있지만, 그것을 밝힐 수 있는 것은 사람에게 달려 있다는 뜻이다. 무릇 신에 대해 말하자면 반드시 형체를 기다린 후에 드러나니, 형체를 얻지 못하면 신이 어찌 보이겠는가?

528 〈중화 주석〉 '性' 자는 의심컨대 위 문장을 이어받아 '行'이라고 해야 할 것 같다.
529 〈중화 주석〉 이상은 모두 『정몽』 「천도편」 및 『정의』에 근거해 보완하고 바로잡았다.
530 〈중화 주석〉 『정의』에는 '亦' 자가 없다.

"신묘하여 밝히는 것이 그 사람에게 달려 있다"고 하니, 그렇다면 이 또한 사람을 기다린 후에 신묘함을 밝힐 수 있을 것이다.

| 해설 | 신묘함은 우선은 하늘 자체의 신묘함을 가리키지만, 여기서는 성인의 덕이 지닌 신묘함을 뜻하기도 한다. 천도는 밝히기 어려운 지점이 있지만, 신묘한 경지에 이른 성인에 의해 그 덕은 밖으로 드러나게 된다. 하늘의 신묘함은 형체를 지닌 만물의 생명 운동을 통해 드러나기도 하고, 덕이 신묘해진 성인에 의해 드러나기도 하는 것이다.

1.164 [存文王則知天載之神, 存衆人則知物性之邪.][531]

| 번역 | 문왕(文王)이 지닌 것을 보존하면 하늘이 싣고 있는 신(神)에 대해 알게 되고, 뭇사람이 지닌 것을 보존하면 만물의 본질인 신(神)에 대해 알게 된다.

| 해설 | 이 조목은 『정몽』 「천도편」 3.15와 중첩된다. 해설은 『정몽』을 참조하라.

531 '邪' 자는 『정몽』 「천도편」에 근거해 '神' 자로 고쳐 읽는다. 〈중화 주석〉 이 조목은 『정의』에 의거해 보완했다. '邪' 자는 '神'의 오자인 것 같다.

2

계사하
繫辭下

八卦成列, 象在其中矣; 因而重之, 爻在其中矣; 剛柔相推, 變在其中矣; 繫辭焉而(1)命之, 動在其中矣. 吉凶悔吝者, 生乎動者也; 剛柔者, 立本者也; 變通者, 趣時者也; 吉凶者, 貞勝者也,[532]

팔괘가 배열을 이루니, 모든 상이 그 가운데에 있고, 팔괘에 근거해 그것을 중첩시키니, 효가 그 가운데에 있다. 강한 것과 부드러운 것이 서로를 밀어 변화가 그 가운데에 있고 말을 매달아 알려 주니, 움직임이 그 가운데에 있다. 길함과 흉함, 뉘우침과 부끄러움이란 움직이는 데서 생기는 것이요, 강한 것과 부드러운 것은 근본을 세우는 것이다. 변통함은 때를 따르는 것이요, 길흉은 바름으로 이기는 것이다.

2.1 變其勢也, 動其情也, 情有邪正故吉凶生. 變能通之則盡利, 能貞夫一, 則吉凶可勝, 而天地不能藏其迹, 日月不能(1)眩其明. 辭各指其

532 (1)命, 가르치다, 알리다.

所之, 聖人之情也; 指之使趨時盡利, 順性命之理, 臻三極之道也. [人]能從之, 則不陷於凶悔矣, 所謂"變動以利言"者也. 然爻有攻取愛惡, 本情素動, 因生吉凶悔吝而不可變者, 乃所謂"吉凶以情遷"者也. 能深存「繫辭」所命, 則二者之動見矣. 又有義命當吉當凶·當(否)[亨]當(亨)[否]者, 聖人不使避凶趨吉, 一以貞勝而不顧. 如"大人否亨"·"有隕自天"·"過涉滅頂凶無咎"·「損」「益」"龜不克違"及"其命亂也"之類. 三者[情]異, (情)不可不察.[533]

|번역| 변함은 추세이고, 움직임은 정황(情)이다. 정황에는 삿됨과 바름이 있으니 길흉이 생겨난다. 변통할 수 있으면 이로움을 다하고, 바름으로 통일할 수 있으면 길흉을 이겨 낼 수 있고, 천지는 그 자취를 숨길 수 없으며 일월은 그 밝음을 어지럽힐 수 없다. 괘효사는 각기 그 갈 바를 가리키니, 성인의 정황이다. 가리켜서 때를 따라 이로움을 다하니, 성명(性命)의 이치를 따르는 것이고, 하늘, 땅, 인간의 도에 이르는 것이다. 사람이 그것을 따를 수 있다면 흉함과 뉘우침에 빠지지 않게 되니, "변함과 움직임은 이로움으로 말한다"는 말은 이런 뜻이다. 하지만 효에는 공격해 취하고 사랑하고 미워하는 일이 있으니, 정황에 근본을 두고 늘 움직이며 그로 인해 길함과 흉함, 뉘우침과 부끄러움이 생겨나서 변할 수 없게 되니, "길흉은 정황에 의해 옮겨 간다"는 말은 이런 뜻이다. 「계사전」에서 알려 주는 것을 깊이 보존하면 '이로움의 측면'과 '정황의 옮김'이라는 측면에서의 두 가지 움직임이 보이게 된다. 또 마땅히 길해야 하고 마땅히 흉해야 하며 마땅히 막혀야 하고 마땅히 형통해야 한다는 의로운 명(義命)

533 (1)眩(현), 어지럽히다. 현혹하다. 〈중화 주석〉 이상은 모두 『정의』에 근거해 삭제, 보완, 수정했다. 『정의』에는 '陷於'가 '陷其'로 되어 있다.

이라는 것도 있으니, 성인은 흉함을 피하고 길함으로 나아가지 않고 한결같이 바름으로 이겨 내고 다른 것은 신경 쓰지 않도록 한다. 예컨대 "대인은 막히지만 형통한다", "하늘에서 떨어지는 것이 있다", "지나치게 건너다가 이마가 물속에 빠져 사라지니, 흉하지만 허물은 없다", 손괘와 익괘의 "거북점의 결과와도 어긋나지 않는다", "그 명이 어지럽다"와 같은 부류이다. 세 가지는 정황이 다르니 살피지 않을 수 없다.

|해설| 이 조목은 앞 몇 구절을 빼고 辭各指其所之부터는 『정몽』 「대역편」 14.56과 내용이 중첩된다. 해설은 『정몽』을 참조하라.

天地之道, 貞觀者也, 日月之道, 貞明者也, 天下之動, 貞夫一者也.

천지의 도는 바름으로 보는 것이요, 일월의 도는 바름으로 밝히는 것이요, 천하의 움직임은 바름으로 통일하는 것이다.

2.2 著天地日月, 以剛柔立其本也, 其變雖大, 蓋不能遷夫正者也. 一本下有"剛柔立本, 故又著見之."534 貞明不爲日月所眩, 貞觀不爲天地所遷. 貞, 正也, 本也, 不眩・不惑・不倚之謂也. 天地之道至(廣)[大]至(大)[廣], 貞乃能觀也; 日月之明, 貞乃能明也; 天下之動, 貞乃能一也. 蓋言天地之道, 不眩惑者始能觀之; 日月之明, 不眩惑者始能明之; 天下之動, 不眩惑者始能見夫一(者)也. 所以不眩惑者何? 正以

534 〈중화 주석〉 『정의』에는 이 주석이 없다.

是本也. 本立則不爲聞見所轉, 其(見)[聞]其(聞)[見],[535] 須透徹所從來, 乃不眩惑. 此蓋謂人以貞而觀天地, 明日月, 一天下之動也.

|번역| 천지와 일월을 드러내는 것은 강한 것과 부드러운 것으로 그 근본을 세웠기 때문이다. 그 변화는 크지만, 저 바른 것을 옮길 수는 없다. 어떤 판본에서는 이어서 "강한 것과 부드러운 것으로 근본을 세웠으므로 또한 그것을 드러내 보인다"고 되어 있다. 바른 밝힘은 일월에 의해 현혹되지 않고, 바른 관찰은 천지에 의해 옮겨지지 않는다. 정(貞)은 바름이요, 근본이요, 현혹되지 않음이요, 미혹되지 않음이요, 한쪽으로 기대지 않음이다. 천지의 도는 지극히 크고 지극히 넓지만, 바르면 관찰할 수 있고, 일월의 밝음은 바르면 밝힐 수 있으며, 천하의 움직임은 바르면 통일할 수 있다. 천지의 도는 현혹되지 않는 자만이 비로소 그것을 관찰할 수 있고, 일월의 밝음은 현혹되지 않는 자만이 비로소 밝힐 수 있으며, 천하의 움직임은 현혹되지 않는 자만이 비로소 통일성을 볼 수 있음을 말한다. 현혹되지 않을 수 있는 까닭은 어디에 있는가? 바로 옳음을 근본으로 하기 때문이다. 근본이 확립되면 견문에 의해 변하지 않으니, 그 보고 그 듣는 것이 반드시 그 말미암은 바에 투철해야 현혹되지 않게 된다. 이를 사람이 바름으로 천지를 관찰하고 일월을 밝히며 천하의 움직임을 통일한다고 한다.

|해설| 천지, 일월 등 자연의 변화와 천하, 곧 사회의 운동은 복잡하고 다양하다. 장재는 이 복잡하고 다양하게 운동변화하는 자연과 사회 속에서 인간이 바른(貞) 태도, 가치관을 확고히 견지하는 것이 무엇보다 중요함을 역설한다. 이것은 마치 하늘이 강유라는 무형의 기운으로 천지와 일월을 밝게 드러낼 수 있는 것과 같다. 바른 태도 혹은 가치관이 확립되면 천지가 아무리 광대해도, 일월이 아무리

535 〈중화 주석〉 이상은 모두 『정의』에 근거해 삭제, 보완, 수정했다.

눈부시게 빛나도 그것들의 본질을 제대로 밝힐 수 있고, 사회의 복잡한 운동도 통일시킬 수 있다.

2.3 貞明不爲日月所眩, 貞觀不爲天地所遷, 貞觀貞明, 是己以正而明日月·觀天地也. [多]爲日月之明與天地變化所眩惑, 故必己以正道觀之. 能如是, 不越乎窮理. 豈惟耳目所聞見, 必從一德見其大源, 至於盡處, 則可以不惑也. [心]存默識, 實(有)[536]信有此, 苟不自信, 則終爲物役. 事千變萬化, 其究如此而已, 天下之動貞夫一者也.[537]

|번역| 바른 밝힘은 일월에 의해 현혹되지 않고, 바른 관찰은 천지에 의해 옮겨지지 않으니, 바른 관찰과 바른 밝힘은 자기를 바르게 하여 일월을 밝히고 천지를 관찰하는 것이다. 많은 경우 일월의 밝음과 천지의 변화에 현혹되므로 반드시 자신이 바른 원칙으로 그것을 관찰해야 한다. 그럴 수 있는 것은 이치를 궁구하는 일을 넘어서지 않는다. 어찌 단지 귀와 눈으로 듣고 보는 것일 뿐이겠는가? 반드시 하나의 덕을 따라 그 커다란 근원을 보아 극진한 지점에 이르러야 현혹되지 않을 수 있다. 마음으로 보존하고 묵묵히 기억하여 실제로 그것이 있음을 믿으라. 만약 스스로 믿지 않으면 결국은 외물에 부림을 당한다. 일은 수만 가지로 변화하지만, 그 궁극은 이와 같을 따름이니, 천하의 움직임을 바름으로 통일하는 것이다.

|해설| 대의는 앞 조목과 같다. 새롭게 추가된 내용은 다음 두 가지이다. 하나는 자연과

536 〈중화 주석〉 이상은 모두 『정의』에 근거해 삭제, 보완, 수정했다.
537 〈중화 주석〉 이 조목은 『정의』에서는 바로 앞 조목과 하나로 이어져 있다.

인간사의 현상적 변화 이면에 있는 형이상학적 본질을 파악하는 일은 한마디로 말해 "궁리(窮理)"라는 것이다. 다른 하나는 이러한 궁리가 실은 '하나의 덕을 따라 그 커다란 근원을 보는', 즉 '덕성에 근거해 아는(德性所知)' 도덕적 성격을 띠는 것이지, 단순한 견문지지만은 아니라는 것이다. 이 덕성에 근거해 알게 된 것을 확신해야 끊임없이 변화하는 외부세계에 의해 현혹되지 않을 수 있다.

爻象動乎內, 吉凶見乎外,

효상은 안에서 움직이고, 길흉은 밖으로 드러난다.

2.4 因爻象既動, 明吉凶於未形, 故曰"爻象動乎內, 吉凶見乎外."

|번역| 효상이 이미 움직임으로 인해 아직 형성되지 않았을 때 길흉을 밝힌다. 그러므로 "효상은 안에서 움직이고, 길흉은 밖으로 드러난다"고 말한다.

|해설| 이 조목은 『정몽』「대역편」 14.57과 중첩된다. 해설은 『정몽』을 참조하라.

功業見乎變,

공과 업적은 변하는 데서 나타난다.

2.5 隨爻象之變以通其利, 故功業見也.

|번역| 효상의 변함을 따라 그 이로움에 통하므로, 공과 업적이 나타난다.

|해설| 『주역』을 믿는 자는 효상의 변화를 잘 살펴, 서로에게 이로운 방향으로 판단하고 행동한다. 그 결과 공과 업적이 나타난다.

聖人之情見乎辭.

성인의 감정은 괘효사에 나타나 있다.

2.6 聖人之情, 存乎教人而已.

|번역| 성인의 감정은 사람을 가르치는 일에 담겨 있을 따름이다.

|해설| 「계사전」에서는 성인이 세상을 근심하는 감정을 바탕으로 괘효사를 지었다고 하였다. 장재는 그 말을 이어받아 성인이 세상을 근심하는 감정을 담아 괘효사를 지음으로써 사람늘이 바르게 행동하도록 가르쳤다고 했다.

天地之大德曰生,

천지의 큰 덕을 생(生)이라고 한다.

2.7 (1)將陳理財養物於下, 故先敍天地生物.[538]

|번역| 장차 아래에서 재물을 관리하고 기르는 일을 진술하고자 하므로 우선 천지의 만물을 낳는 것에 대해 서술했다.

聖人之大寶曰位. 何以守位曰仁.

성인의 큰 보물을 지위라고 한다. 어떻게 위치를 지키는가? 인(仁)으로 지킨다고 한다.

2.8 失位則無以參天地而措諸民也.

|번역| 지위를 잃으면 천지에 참여하여 백성에게 베풀 수 없다.

|해설| 사회적 지위란 곧 권력이다. 물론 『역』은 이 권력을 인(仁)을 바탕으로 선용하라고 말한다. 인이 가장 중요한 것이다. 하지만 어쨌든 높은 지위를 상실하면 천지의 화육이나 백성의 삶에 미치는 영향력도 줄어든다.

(昔)[古][539]者<u>包犧氏</u>之王天下也, 仰則觀象於天, 俯則觀法於地, 觀鳥獸之文與地之宜,

538 (1)將陳理財養物於下, '재물을 관리하고 기르는 일을 진술하고자 한다'는 것은 「계사하」에서 이어서 말하는 다음 구절을 가리킨다. "어떻게 사람을 모으는가? 재물이다. 재물을 관리하고 말을 바로잡으며, 백성들이 잘못하는 것을 금하는 것을 의라고 한다."(何以聚人? 曰財. 理財, 正辭, 禁民爲非曰義.)

539 〈중화 주석〉 '古' 자는 『주역』 원문에 근거해 고쳤다.

옛날에 포희씨가 천하에 왕노릇할 때에는 우러러 하늘에서 형상을 관찰하고 굽어보아 땅에서 형태를 지닌 것을 관찰하고 조수의 무늬와 땅의 적절한 것을 관찰했다.

2.9 此皆是聖人取之於糟粕也.[540]

|번역| 이것은 모두 성인이 찌꺼기에서 취한 것이다.

|해설| 장재는 만물을 "신화(神化)의 조박(糟粕)"이라고 했다. 하늘의 기운은 맑은 데 비해 만물의 기운은 탁하고, 따라서 무궁한 신성을 표현해 내는 데 한계를 갖는다. 장재는 만물을 그런 의미에서 조박, 즉 찌꺼기라 칭했는데, 성인은 그 찌꺼기에서 정수, 즉 하늘의 신성을 발견한 자이다.

2.10 "地之宜", 如爲黑, 爲剛鹵, 爲大塗.

|번역| "땅의 적절함"이란 예컨대 검고, 강하고 짜며, 큰길이 되는 것을 뜻한다.

|해설| "땅의 적절함"이란 인간의 살기에 땅이 적절한 것들을 가리킨다. 비옥한 흑토, 단단한 땅, 짠 소금을 얻을 수 있는 땅, 큰길을 이루는 땅 등이 그것이다.

以通神明之德, 以類萬物之情.

540 〈중화 주석〉 이 조목과 아래 두 조목이 『정의』에서는 하나로 합쳐져 있다.

신명의 덕에 통하고 만물의 정황을 분류하였다.

2.11 神明之德, 通於萬殊; 萬物之情, 類於形器.

|번역| 신명의 덕은 모든 특수한 것에 통하고, 만물의 정황은 외형에 의해 분류된다.

|해설| 하늘의 신묘하고 밝은(神明) 기는 만물에 두루 체현되듯, 성인의 덕 역시 하늘처럼 신묘하고 밝아 만물과 막힘없이 소통한다. 아울러 성인은 그 밝은 지혜로 만물을 형기, 즉 외형적 형태에 따라 분류하기도 한다.

作結繩而爲(1)罔罟, 以(2)佃以漁, 蓋取諸離.[541]

끈을 묶어 그물을 만들어 사냥을 하고 물고기를 잡으니, 이는 대체로 이(離)괘에서 취한 것이다.

2.12 柔附於物, (1)飮血茹毛之敎, 古所先有. [一作无有.][542]

|번역| 부드러운 것이 사물에 붙어 있으니, 피를 마시고 털을 먹는 가르침

541 (1)罔罟, 즉 網罟, 그물. (2)佃, 田과 같음. 사냥함.

542 (1)飮血茹毛, 상고시대에 음식을 불에 익혀 먹지 않고 날것으로 먹던 것을 가리킨다. 茹, '먹는다'는 뜻. 〈중화 주석〉『정의』에서는 '先' 다음의 '有' 자가 빠져 있다. 주석은 『정의』에 근거해 보완했다.

은 고대에 먼저 있었던 바이다. 어떤 판본에는 "없었던 바이다"라고 되어 있다.

|해설| 「계사전」에서 "이는 대체로 이괘에서 취했다"는 말은 보통 그물의 모양을 이괘(☲)처럼 가운데가 뚫린 형상에서 취했다는 것을 뜻하는 것으로 이해한다. 그런데 이와는 달리 장재는 이괘가 '붙어 있음'을 뜻한다는 점에 착안하여, 수렵시대에 사람들이 짐승에 붙어 있는 피와 털을 떼어 내지 않고 날것 그대로 먹었음을 뜻한다고 이해하여 위와 같이 설명했다.

<u>包犧氏</u>沒, <u>神農氏</u>作, (1)斲木爲(2)耜, 揉木爲(3)耒, 耒耨之利以敎天下, 蓋取諸益.[543]

포희씨가 죽자 신농씨가 일어나 나무를 깎아 보습을 만들고 나무를 구부려 쟁기를 만들어, 쟁기와 김매는 이로움으로 천하를 가르쳤으니, 대체로 익괘에서 취한 것이다.

2.13 天施地生[而]損上益下, [故][544]播種次之.

|번역| 하늘이 베풀고 땅이 생성하여 위에 있는 것을 덜어 내 아래에 보태므로, 파종하는 것이 그다음이다.

|해설| 땅에 생명체가 탄생하려면 허공에 있는 자연력이 그 기를 베풀어 아래에 공급해 주어야 한다. 이것은 위에 있는 것을 덜어 내 아래에 보태 준다는 익괘의 대의에

543 (1)斲(착), (나무 등을) 깎다. (2)耜, 보습. 쟁기 등에 끼워 밭을 가는 데 쓰임. (3)耒(뢰), 쟁기

544 〈중화 주석〉 '故'는 『정의』에 근거해 보완했다.

부합한다. 이러한 이치에 발맞추어 가는 일이 농부의 파종이다.

日中爲市, 致天下之民, 聚天下之貨, 交易而退, 各得其所, 蓋取諸噬嗑.

한낮에 시장을 만들어 천하의 백성들을 이르게 하고 천하의 재화를 모아, 교역한 다음 물러나 각기 그 필요로 하는 것을 얻게 한 것은 대체로 서합괘에서 취한 것이다.

2.14 聚而通[貨]·[545]交相有无次之.

| 번역 | 모아 재화를 유통하게 하고 있는 것과 없는 것을 교환하게 한 것이 그다음이다.

| 해설 | 서합괘(噬嗑卦)(䷔)를 하진상리, 즉 중천에 밝은 해(離)가 있을 때 사람들이 움직여(震) 교역을 한다는 뜻으로 이해하여 위와 같이 설명했다.

神農氏沒, 黃帝堯舜氏作, 通其變, 使民不倦, 神而化之, 使民宜之.

신농씨가 죽자 황제, 요, 순이 일어나 그 변화에 통하여 백성들이 게으르지 않도록 하고, 신묘하게 교화하여 백성들이 적절하게 느끼도록 하였다.

545 〈중화 주석〉 '貨'는 『정의』에 근거해 보완했다.

2.15 (1)鴻荒之世，食足而用未備，堯舜而下，通其變而教之也．神而化之，使[民]不知所以然，運之無形以通其變，不(類)[頓]革之，(使)[欲]民宜之也.[546] [大抵][547]立法須是過人者乃能之，若常人安能立法！凡變法須是通,[548] "通其變使民不倦"，豈有聖人變法而不通也?[549]

|번역| 태초의 시대에는 먹을 것은 족했으되 활용이 미비하다가 요순 이후로는 그 변화에 통달하여 그것을 가르쳤다. 신묘하게 교화하여, 백성들이 그렇게 되는 까닭을 알지 못하도록 했고, 무형 가운데 운용하여 변화에 통하였지, 갑작스럽게 변혁하지 않아 백성들이 합당하다고 여기게 하려고 했다. 대체로 법을 세우는 일은 남보다 탁월한 자가 할 수 있으니, 보통 사람이라면 어떻게 법을 세울 수 있겠는가! 무릇 변법은 통함이어야 한다. "그 변화에 통해 백성들이 게으르지 않도록 한다"고 하니, 어찌 성인이 변법을 하면서 통하지 않음이 있겠는가?

|해설| 인류가 태초에 아주 소박하게 살던 데서 벗어나, 생산기술이 발전하고 그로 인해 사회가 복잡해지면서, 변화의 이치에 통달하여 복잡하게 변화하는 사회현실에 적절하게 대응할 지도자가 필요하게 되었다. 장재는 요, 순이 그런 능력을 갖춘 성인이라 믿었다. 그는 위에서 그들의 대응이 탁월한 점을 '신묘하게 교화함', '무형 가운데 운용하여 변화에 통함'이라고 했다. 이 말은 앞뒤 문맥으로 미루어 급작스러운 과격한 개혁이 아닌, 온건하며 점진적인 개혁을 의미하는 것으로

546 〈중화 주석〉 이상은『정의』에 근거해 삭제, 보완, 수정했다. 이어지는 부분은『정의』에 근거해 한 조목으로 합쳤다.
547 〈중화 주석〉 이 두 글자는『정의』에 근거해 보완했다.
548 〈중화 주석〉『정의』에는 '通' 자가 빠져 있다.
549 (1)鴻荒之世, 혼돈 상태의 세상이 처음 열리던 시대. 즉 태초의 시대.

보인다. 백성들이 사회가 변모된 까닭을 모를 정도로 점진적으로 이루어지고, 백성들 다수가 합당하다고 여기는 그런 개혁 말이다. 장재가 여기서 이런 개혁을 말한 까닭은 다분히 그가 살아 있을 때 추진되었던 왕안석의 급진적인 변법에 다소 불만을 품었기 때문인 것으로 보인다.

黃帝堯舜垂衣裳而天下治, 蓋取諸乾坤.

황제, 요, 순은 의상을 늘어뜨리고 가만히 있어도 천하가 다스려졌으니, 이는 대체로 건괘와 곤괘에서 취한 것이다.

2.16 君逸臣勞.[550] 上古無君臣尊卑勞逸之別, 故制以[551]禮, 垂衣裳而天下治, 必是前世未得如此, 其文章禮樂簡易朴略, 至堯[552]則煥乎其有文章. 然傳上世者, 止是伏羲神農. 此仲尼道古也, 猶據聞見而言, 以上則不可得而知. 所傳上世者未必有自, 從來如此而已. 安知其間(固)[(1)][故][553]嘗有禮文, 一時磨滅爾, 又安知上世[554]无不如三代之文章者乎! 然而如『周禮』則不過矣, 可謂[(2)]周盡. 今言治世, 且指堯舜而言, 可得而傳者也. 歷代文章, 自夫子而損益之, 見其禮而知其政, 聞其樂而知其德, 不可加損矣.[555]

550 〈중화 주석〉 이어지는 부분은 『정의』에 근거해 한 조목으로 합쳤다.
551 〈중화 주석〉 『정의』에는 이 다음부터 '文章'에 이르는 17자가 빠져 있다.
552 〈중화 주석〉 『정의』에는 '舜' 자가 군더더기로 들어가 있다.
553 〈중화 주석〉 '故'는 『정의』에 근거해 수정했다.
554 〈중화 주석〉 '世' 자가 『정의』에는 '古'로 되어 있다.
555 (1)故, 여기서는 부사로 쓰여 '본디'의 뜻이다. (2)周盡, (이치를) 두루 다 드러내다.

|번역| 임금은 편안하고 신하는 수고롭다. 상고시대에는 임금과 신하, 존귀한 자와 비천한 자, 수고로움과 편안함의 구별이 없었다. 따라서 예를 제정하여 의상을 늘어뜨리고 가만히 있어도 천하가 다스려지는 일은 앞 시대에는 틀림없이 없었을 것이다. 그 제도, 예악은 간단하고 쉽고 소박하고 간략하게 하였는데, 요에 이르러서는 그 제도가 생겨 빛나게 되었다. 그러니 상고시대에서 전해진 것은 복희, 신농에 관한 것뿐이었다. 이것이 공자께서 옛것을 논하실 때 견문에 근거해 말씀하시고 그 이상에 대해서는 듣지 못했다고 말씀하신 까닭이다. 상고시대부터 전해진 것은 꼭 뿌리가 있는 것은 아니니, 본래부터 그와 같았을 따름이다. 그 사이에 본디 예악제도가 있었으나 일시적으로 소멸된 것은 아닌지 어찌 알며, 또 상고시대가 하, 은, 주 삼대의 제도만 못하지 않은 줄 어찌 알겠는가! 그렇지만 『주례』 같은 것은 착오가 없으니 그 이치를 두루 다했다고 할 만하다. 지금 치세를 말할 때 임시로 요, 순을 가리켜 말하는 것은 보고 들어 전할 수 있는 것이기 때문이다. 역대의 제도는 공자로부터 덜어 내고 보탰거니와, 그 예를 보면 그 정치를 알게 되고, 그 음악을 들으면 그 덕을 알게 되니, 더하고 덜어 내서는 안 된다.

|해설| 상고시대에는 신분의 차이가 전혀 없었다. 임금은 편안히 지내고 신하는 분주히 일하는 그런 차별도 없었다. 그러다가 요순시대에 이르러 신분의 구별과 그에 따른 직분의 차이가 생겨난다. 장재는 그런 차별이 생겨난 것을 문명의 진보로 생각한다. 그런 차별과 직분을 제도화한 예악제도를 빛나는 문명의 성과로 평가한다. 그러고는 요순 이전의 상고시대에는 이런 제도가 있었는지 명확히 알 수 없다고 말한다. 전하는 기록이 거의 없기 때문이다. 그 점에서 유자들이 요순을 태평성세의 대명사로 칭하는 것은 그 시대에 이르러서야 비로소 확실히 전하는 기록이 있기 때문이다. 상고시대의 진상을 살피는 데에는 이렇게 어려움이 있지만, 『주례』만큼은 공자에 의해 더하고 덜어 내는 작업이 이미 이루어

진 것이라 믿기 때문에 완전무결한 제도라고 주장한다.

(1)刳木爲舟, (2)剡木爲(3)楫, 舟楫之利以濟不通, 致遠以利天下, 蓋取諸渙.[556]

나무를 파서 배를 만들고, 나무를 깎아 내 노를 만들어 배와 노의 이로움으로 통하지 않던 곳을 건너 먼 곳에 이름으로써 천하를 이롭게 한 것은 대체로 환괘에서 취한 것이다.

2.17 舟車之作, 舟易車難, 故舟先於車.

| 번역 | 배와 수레를 만드는 경우에 배는 만들기 쉽고 수레는 만들기 어려우므로 배를 수레보다 먼저 만들었다.

| 해설 | 환괘䷺는 상괘가 손(巽)으로 나무를 상징하고, 하괘는 감(坎)으로 물을 상징한다. 물 위에 나무로 만든 배가 떠 있는 형상이므로 위와 같이 말했다. 한편 장재의 배를 수레보다 먼저 만들었다는 말은 「계사전」에서 왜 이 구절에 이어 “소를 길들이고 말을 타 무거운 짐을 끌고 먼 곳에 이른다”는 구절이 등장하는지를 설명해 준다.

服牛乘馬, 引重致遠, 以利天下, 蓋取諸隨.

556 (1)刳(고), (칼로) 가르다. 파다. 도려내다. (2)剡(염), (칼로) 깎아 내다. (3)楫(즙), 노. 배를 젓는 기구.

소를 길들이고 말을 타고 무거운 짐을 끌고 먼 곳에 이르러 천하를 이롭게 하는 것은 대체로 수괘에서 취한 것이다.

2.18 不勞而得其欲, 故動而悅. [取諸隨][557]

|번역| 수고하지 않고 원하는 것을 얻으니 움직이며 기뻐한다. 수(隨)괘에서 취한 것이다.

|해설| 수괘(隨卦)䷐의 상괘 태(兌)는 기쁨을 상징하고 하괘인 진(震)은 움직임을 상징한다. 소나 말을 타고 짐을 수레에 싣고 가는 것은 걷는 것에 비해 수고를 덜면서 멀리 가려는 목적을 달성하는 것으로 움직이며 기뻐한다는 뜻을 지닌 수괘에서 취한 것이다.

重門擊(1)柝以待(2)暴客, 蓋取諸豫.[558]

여러 겹의 문에서 딱따기를 쳐서 도적을 막으니, 대체로 예괘에서 취한 것이다.

2.19 有備則無患, 故豫.

|번역| 대비함이 있으면 근심이 없으므로 미리 대비한다.

557 〈중화 주석〉 주석은『정의』에 근거해 보완했다.
558 (1)柝(탁), 밤에 순찰을 돌 때 치던 딱따기. (2)暴客. 도적, 도둑.

| 해설 | 예괘(豫卦)䷏의 여러 음효는 여러 겹의 문을 상징하고 중간에 있는 하나의 양효는 딱따기를 치며 순찰 도는 사람을 상징한다. 예(豫)에는 미리 방비한다는 뜻이 있으므로 위와 같이 말했다.

斷木爲(1)杵, 掘地爲(2)臼, 臼杵之利, 萬民以濟, 蓋取諸小過.[559]

나무를 잘라 절굿공이를 만들고 땅을 파서 절구를 만들어 절굿공이와 절구의 이로움으로 만민이 구제되니, 대체로 소과괘에서 취한 것이다.

2.20 備物致用, 過以養物.[560] [小過][561]

| 번역 | 사물을 갖추어 쓰임을 다하니, 지나가며 사람(物)을 기른다. 소과괘이다.

| 해설 | 소과(小過)괘䷽의 상하 네 개의 음효는 절구를 상징하고, 가운데 두 개의 양효는 절굿공이를 상징한다. 절구와 절굿공이를 갖추어 그것이 쓰임새를 다하면 만민을 기를 수 있다. 장재의 해설 가운데 물(物)은 사물이 아닌, 사람을 뜻하는 것으로 생각된다.

(1)弦木爲(2)弧, 剡木爲矢, 弧矢之利以威天下, 蓋取諸睽.[562]

559 (1)杵(저), 절굿공이. (2)臼(구), 절구.
560 〈중화 주석〉『정의』에서 '養物'은 '爲養'이라고 되어 있다.
561 〈중화 주석〉 주석은『정의』에 근거해 보완했다.
562 (1)弦. (활처럼) 휘다. 굽히다. (2)弧(호), 활.

나무를 휘어 활을 만들고 나무를 깎아 화살을 만들어 활과 화살의 이로움으로 천하에 위엄을 보이니, 대체로 규괘에서 취한 것이다.

2.21 養道雖至, 禁網尚疏, 但懲其乖亂而已. [睽][563]

|번역| 기르는 도가 비록 지극하지만 금지하는 법망이 아직 엉성하므로 그 어그러뜨리고 어지럽히는 자를 징벌할 따름이다.

|해설| 규(睽)괘는 어긋난다는 뜻이다. 장재는 「계사전」의 활과 화살을 만들어 세상에 위엄을 보인다는 말을 사회질서를 어지럽히는 자를 징벌하는 것을 뜻하는 것으로 보았다.

上古穴居而野處, 後世聖人易之以宮室, 上(1)棟下(2)宇以待風雨, 蓋取諸大壯.[564]

상고시대에는 굴에서 기거하고 들판에서 지내다가 후세의 성인이 그것을 집으로 바꾸어 위에는 용마루를 얹고 아래에 서까래를 얹어 바람과 비에 대비했으니, 대체로 대장괘에서 취한 것이다.

2.22 剛以承上, 柔以覆下, 上其棟下其宇之象.[565] 棟, (1)屋脊檩也; 宇,

563 〈중화 주석〉 주석은 『정의』에 근거해 보완했다.
564 (1)棟, 용마루. 즉 지붕 가운데의 가장 높은 수평 마루. (2)宇, 서까래.
565 〈중화 주석〉 이어지는 구절은 『정의』에 근거해 한 조목으로 합쳤다.

[(2)]椽也. 若指第二櫄爲棟, 則其間已有宇, 不得[爲]上棟也. 若指[(3)]栿爲棟, 又益遠矣. 宇[兩][566]垂而下, 故言"下宇."[567]

|번역| 강한 것으로 위를 받치고 부드러운 것으로 아래를 덮으니, 위는 용마루요, 아래는 서까래의 형상이다. 동(棟)은 가옥의 용마루의 도리요, 우(宇)는 서까래이다. 만약 두 번째 도리를 가리켜 동(棟)이라고 한다면 그 사이에 이미 서까래가 있어 위에 있는 동(棟)이 되지 못한다. 만약 들보를 가리켜 동(棟)이라고 한다면 더욱 멀어지게 된다. 서까래는 양쪽으로 늘어뜨려 내려가므로 "아래는 서까래이다"라고 했다.

|해설| 대장괘(大壯卦)䷡에서 아래 네 개의 양효를 대들보로 보고, 위의 두 개의 음효를 처마에 해당된다고 보는 경우도 있다. 하지만 장재는 위의 두 개의 음효를 용마루의 도리로 보고, 아래에 있는 네 개의 양효를 서까래라고 본다. 그렇기 때문에 동(棟)은 위에 있고, 우(宇)는 아래에 있는 것이라고 이해했다.

上古結繩而治, 後世聖人易之以書契, 百官以治, 萬民以察, 蓋取諸夬.

상고시대에는 끈을 묶어 다스렸으나 후세의 성인은 그것을 글자로 바꾸어, 백관이 그것으로 다스려지고, 만민이 그것으로 살펴졌으니 대체로 쾌괘에서 취한 것이다.

566 〈중화 주석〉 '爲' 자와 '兩' 자는 『정의』에 근거해 보완했다.

567 (1)屋脊櫄, 櫄(름)은 도리를 가리킨다. 屋脊櫄은 가옥 용마루 끝 서까래가 걸리게 되어 있는 도리이다. (2)椽, 서까래. (3)栿(복), 들보.

2.23 禮(成)教備, 養道足, 而後刑可行, 政可明, 明而不疑. 備一作修.[568]

|번역| 예교가 갖추어지고 기르는 방법이 족해야 형벌을 행할 수 있고, 정치가 밝을 수 있으며, 밝아 의심하지 않게 된다. 갖추어짐(備)이 어떤 곳에서는 닦임(修)이라고 되어 있다.

|해설| 쾌괘(夬卦)䷪는 다섯 양효가 하나의 음효를 척결해 내는 것을 상징한다. 여기서는 그러기 위해 예교가 갖추어져야 한다고 말하였다. 예교가 갖추어지면 음효를 척결하듯 간사한 세력을 형벌에 처하여 정치가 밝아진다고 여겼다.

2.24 『易』說制作之意蓋取諸某卦, 止是取[其][569]義與象契, 非必見卦而後始有爲也, 然則是言夫子之言爾.

|번역| 『역』에서 제작의 의미를 대체로 어느 괘에서 취한 것이라고 말한 것은 단지 그 의미가 어떤 상과 합치되는 것을 취한 것일 뿐이지, 반드시 괘를 보고 나서 함이 있었던 것은 아니다. 그러므로 이것은 공자의 말씀을 말한 것이다.

|해설| 여러 기물을 발명할 때 『주역』의 여러 괘에서 그 의미를 취했다는 말의 실질적 의미를 밝혔다. 그것은 실제로 먼저 어떤 괘상을 보고 어떤 기물을 제작했음을 뜻하는 것이 아니다. 단지 제작된 어떤 것이 특정 괘상과 그 의미가 합치됨을 뜻하는 것일 따름이다. 이런 장재의 설명은 지극히 타당하다. 말미에 '이것은 공자

568 〈중화 주석〉 '成' 자는 『정의』에 의거해 삭제했다. 이어지는 부분은 『정의』에 근거해 분리시켰다. 주석은 원래 다음 조목 말미에 있었는데, 이곳으로 옮겼다. 『정의』에는 주석이 없다.

569 〈중화 주석〉 '其'는 『정의』에 근거해 보완했다.

의 말씀을 말한다'는 구절은 『주역』의 "기물을 제작하는 자는 그 상을 높인다(以制器者尙其象)"는 말을 가리킨다.

[陽卦多陰, 陰卦多陽.]

양괘는 음이 많고 음괘는 양이 많다.

2.25 [陽卦多陰, 則陽爲之主; 陰卦多陽, 則陰爲之主; 雖小大不齊, 而剛柔得位, 爲一卦之主則均矣.][570]

| 번역 | 양괘는 음이 많으나 양이 그것의 주인이 되고, 음괘는 양이 많으나 음이 그것의 주인이 된다. 비록 작고 큰 것이 같지 않지만, 강한 것과 부드러운 것이 위치를 잡고 한 괘의 주인이 되는 것은 똑같다.

| 해설 | 양괘는 진(震)☳, 감(坎)☵, 간(艮)☶으로 모두 양이 하나이고 음이 둘이다. 반대로 음괘는 태(兌)☱, 이(離)☲, 손(巽)☴으로 모두 음이 하나이고 양이 둘이다. 양괘와 음괘 모두 각각 음과 양이 더 많지만, 그것을 주도하는 것은 각기 양과 음이다. 그래서 양괘라 부르고 음괘라 부른다.

陽一君而二民, 君子之道也; 陰二君而一民, 小人之道也.

양괘는 임금이 하나이고 백성이 둘이니 군자의 도이고, 음괘는 임금

570 〈중화 주석〉 이 조목은 『정의』에 근거해 보완했다.

이 둘이고 백성이 하나이니, 소인의 도이다.

2.26 一其歸者, 君子之道; 多以御者, 小人之理. 御一作禦.[571] 陽遍體衆陰, 衆陰共事一陽, 理也. 是故二君共一民, 一民事二君, 上與下皆小人之道也; 一君而體二民, 二民而宗一君, 上與下皆君子之道也.

|번역| 귀착점을 하나로 하는 것은 군자의 도요, 많은 것으로 제어하는 것은 소인의 이치이다. 御가 어떤 곳에서는 禦로 되어 있다. 양은 여러 음을 두루 돌보고, 여러 음은 하나의 양을 함께 섬기는 것이 이치이다. 그런 까닭에 두 임금이 하나의 백성을 함께하고 하나의 백성이 두 임금을 섬기는 것은 위와 아래가 모두 소인의 도인 것이다. 반면 하나의 임금이 두 백성을 돌보고 두 백성이 하나의 임금을 종주로 여기는 것은 위와 아래가 모두 군자의 도인 것이다.

|해설| 이 조목의 陽遍體衆陰부터는 『정몽』「대역편」 14.8의 내용과 중첩된다. 그곳의 해설을 참조하라.

『易』曰, "憧憧往來, 朋從爾思." 子曰, 天下何思何慮! 天下同歸而殊塗, 一致而百慮, 天下何思何慮! 日往則月來, 月往則日來, 日月相推而明生焉, 寒往則暑來, 暑往則寒來, 寒暑相推而歲成焉. 往者屈也, 來者信也, 屈信相感而利生焉. 尺蠖之屈, 以求信也, 龍蛇之蟄, 以存身也.

571 〈중화 주석〉『정의』에는 주석이 없다. 이어지는 부분은 『정의』에서는 따로 한 조목으로 분리시켰다.

精義入神, 以致用也, 利用安身, 以崇德也.

『역』에서 말했다. "자주 마음이 왔다 갔다 하면서 친구가 따를 것을 네가 생각한다." 공자께서 말씀하셨다. 천하에 무엇을 사려하겠는가! 천하가 같은 데로 돌아가지만 길은 다르고, 이르는 곳은 하나이지만 헤아리는 것은 수백 가지이니, 천하에 무엇을 생각하고 무엇을 헤아리겠는가! 해가 가면 달이 오고, 달이 가면 해가 와, 해와 달이 서로 밀쳐서 밝음이 생겨난다. 추위가 가면 더위가 오고 더위가 가면 추위가 와, 추위와 더위가 서로를 밀어 한 해가 이루어진다. 가는 것은 굽히고, 오는 것은 펴니, 굽히고 펴는 것이 교감하여 이로움이 생겨난다. 자벌레가 굽히는 것은 펴기 위한 것이고, 용과 뱀이 동면하는 것은 몸을 보존하기 위한 것이다. 의리를 정밀하게 탐구하여 신묘한 경지에 들어가는 것은 작용을 다하기 위한 것이고, 이롭게 작용하여 몸을 편안히 하는 것은 덕을 높이기 위해서이다.

2.27 正惟存神爾.[572] 不能利用, (使)[便]不思不勉, 執多以御, 故憧憧(之)心勞而德喪矣. 將陳怙知交養, 故序日月寒暑屈信相感之義(也).[573]

|번역| 바로 오직 신을 보존할 따름이다. 이롭게 작용하지 못하면 생각하지 않고 힘쓰지 않으며, 많은 것을 붙잡아 제어하려 하니, 마음이 왔

572 〈중화 주석〉『정의』에는 이 구절이 다음 구절인 '將陳~' 앞에 놓여 있다.

573 〈중화 주석〉이상은 모두『정의』에 근거해 삭제하고 수정했다.『정의』에는 '矣' 앞에 '而德喪'이 빠져 있다.

다 갔다 하며 수고해도 덕이 상실된다. 장차 평온함과 앎을 교대로 기르는 것에 대해 진술하려 하므로 해와 달, 추위와 더위, 굽힘과 폄이 교감하는 의미를 서술했다.

|해설| 이 조목에서 장재는 주로 막 신묘한 마음의 경지에 진입한 대인이 덕을 보존하는 일에 힘써야 함을 강조하였다. 대인이 신묘한 경지에 이른 덕을 보존하려면 부단히 타자를 널리 이롭게 하는 실천에 힘써야 한다. 그러지 못한다면 여러 가지 일을 통제하려 애쓴다 해도 성공하지 못하고, 신묘한 덕마저 상실하고 만다. 한편 「계사전」 위 단락에서는 일월, 한서 등의 굴신에 대해 논하고 있는데, 장재는 그 논의가 내면의 평온함과 외적인 지식 증대를 교대로 기르는 일을 설명하기 위함이라고 하여, 내적 수양과 외적 공부의 병진을 추구하는 자신의 수양론을 은근히 부각시키고 있다.

2.28 君子行義以達其道, 精一於義, 使不思而得, 不勉而中, 如介於石, 故能見幾而作.[574]

|번역| 군자는 옳음을 행하여 그 도에 통달하니, 옳음에 순수하고 한결같아, 생각하지 않아도 얻고 힘쓰지 않아도 적중하게 하여 돌처럼 굳건하므로 조짐을 보고 행할 수 있다.

|해설| 순수한 마음으로 한결같이 의를 행해, 의의 실천이 습관화되면, 도덕적 판단과 행동의 능력이 고도의 숙련성을 갖추어, 열심히 사유하고 인위적으로 노력하지 않아도 늘 적절하게 행위하게 된다.

574 〈중화 주석〉 이어지는 부분은 『정의』에 근거해 분리했다.

2.29 天下何思何慮, 明屈信之變, 斯盡之矣.

|번역| 천하에 무엇을 생각하고 헤아리겠는가? 굽히고 펴는 변화를 밝히면 극진하게 된다.

|해설| 세계의 변화와 그 변화에 대처하는 방법은 복잡다단하지만, 앞서 말했듯 그 올바르게 판단하고 행동하는 숙련성이 높아지면 더는 고심하며 애써 생각하지 않게 된다. 세계의 변화는 간단히 말하면 굴신과 같이 대립하는 두 측면의 상호의존, 상호대립, 상호협력일 따름이니, 성숙된 인격자는 이 이치를 천명하며 고도로 숙련된 시중의 행위를 할 따름이다.

2.30 [“天下何思何慮”, 行其所無事, 斯可矣.][575]

|번역| “천하에 무엇을 사려하겠는가!” 그 무사를 행하면 된다.

|해설| 이 조목은 『정몽』「지당편」 9.52와 중첩된다. 그곳의 해설을 참조하라

2.31 “何思何慮”, 行其所無事而已. 下文皆是[此]一意. 行其所无事, 惟務崇德, 但妄意有意即非行其所无事; 行其所无事, 則是意·必·固·我已絕. 今天下无窮動靜情僞, 止一屈信而已, 在我先行其所无事, 則復何事之有! 日月寒暑之往來, 尺蠖之屈, 龍蛇之蟄, 莫非行其所无事, 是以惡其鑿也. 百慮而一致, 先得此一致之理, 則

575 〈중화 주석〉 이 조목은 『정의』에 근거해 보완했다.

何用百慮! 慮雖百, 卒歸乎理而已[矣]. 此章[從]"憧憧往來", 要其有心, 至於"德之盛也", 率本此意. 咸之九四, 有應在初, 思其朋, 是(咸)[感]其心也. 不言心而言心之事, 不能虛以受人, 乃憧憧而致其思, 咸道失矣. 憧憧往來, 心之往來也; 不能虛以接物而有所繫著, 非行其所无事也.[576] 精義入神, 豫而已. 學者求聖人之學以備所行之事, 今日先撰次來日所行必要作事. 如此, 若事在一月前, 則自一月前(1)栽培(埃)[安]排, 則至是時有備. 言前定, [道前定,] 事前定, 皆在於此積累, 乃能有功. 天下(2)九經, 自是行之者也, 惟豫而已. 撰次豫備乃擇義之精, 若是則何患乎物至事來! 精義入神須從此去, 豫則事无[不]備, 備則用利, 用利則身安. 凡人應物无節, 則往往自失, 故要在利用安身, (益)[蓋]以養德也. 若夫窮神知化則是德之盛, 故云(3)"未之或知". 蓋大則猶可勉而至, 大而化則必[在]熟, 化即達也. "精義入神以致用", 謂貫穿天下義理, 有以待之, 故可(推)[致]用. 窮神是窮盡其神也, 入神是僅能入於神也, 言入如自外而入, 義固有淺深.[577]

576 〈중화 주석〉 이상의 오탈자는 모두 『정의』에 근거해 교정했다. 『정의』에는 '卒歸'가 '率歸'로 되어 있다. 이어지는 부분은 마땅히 따로 하나의 조목이 되어야 할 것 같다.

577 (1)栽培, 가려냄, 뽑음. (2)九經, 『中庸』, 20장, "천하의 국가를 다스리는 데는 9가지 원칙이 있다. 자신을 닦을 것, 현명한 사람을 높일 것, 친한 사람을 친하게 대할 것, 대신을 공경할 것, 뭇 신하들을 보살필 것, 평민들을 자식처럼 대할 것, 수많은 장인들을 불러들일 것, 멀리 있는 이들을 부드럽게 대할 것, 제후들을 따르게 할 것이 그것이다."(凡爲天下國家有九經, 曰: 修身也, 尊賢也, 親親也, 敬大臣也, 體群臣也, 子庶民也, 來百工也, 柔遠人也, 懷諸侯也.) (3)未知或知, 『周易』, 「繫辭下」, "의리를 정밀하게 탐구하여 신묘한 경지에 들어서는 것은 작용을 다하기 위해서이다. 이롭게 작용하여 몸을 편안히 하는 것은 덕을 높이기 위해서이다. 그것을 넘어서 나아가는 일에 대해서는 혹 알 수가 없다. 신을 다하고 점진적 변화를 아는 것은 덕의 성함이다."(精義入神, 以致用也; 利用安身, 以崇德也. 過此以往, 未之或知也. 窮神知化, 德之盛也.) 〈중화 주석〉 '何思何慮'에서 여기에 이르는 부분이 원래는 아래의 '義以反經爲本' 조목 다음에 잘못 들어가 있었으니,

|번역| "무엇을 사려하겠는가?" 그 무사를 행할 따름이다. 아래의 문장은 모두 이 한 가지 의미이다. 그 무사를 행한다는 것은 오직 덕을 높이는 일에 힘쓰는 것이니, 뜻을 삿되게 갖거나 의도가 있으면 곧 그 무사를 행하는 것이 아니다. 그 무사를 행하면 의도함(意) 기필함(必) 고집함(固) 소아(我)가 없어진다. 지금 천하에 끊임없는 움직임과 고요함, 진실과 거짓은 다만 하나의 굽힘과 펼침일 따름이다. 내가 먼저 그 무사를 행한다면 다시 무슨 일이 있겠는가? 해와 달, 추위와 더위의 왕래, 자벌레의 굽힘, 용과 뱀의 동면은 그 무사를 행함이 아닌 것이 없으니, 이에 천착하는 것을 싫어한다. 사려하는 것은 수백 가지이지만 하나에 이르니, 먼저 하나에 이르는 이치를 얻는다면, 수백 가지를 사려할 필요가 있겠는가! 사려함은 비록 수백 가지이지만 결국은 이치로 귀결될 따름이다. 이 장(章)은 "동동왕래(憧憧往來)"의 의도함이 있는 것에서부터 "덕의 성함(德之盛也)"에 이르기까지 대체로 이러한 의미를 근본으로 한다. 함괘(咸卦)의 구사(九四)는 초육에 응함이 있으니, 그 친구를 생각하는 것은 그 마음을 느끼는 것이다. 마음(心)을 논하지 않고 마음의 일(心之事)을 논한 것은, 마음을 비워 사람을 받아들이지 못하기 때문이니, 마음이 왔다 갔다 하며 그 생각을 다하여 느낌(感)의 도가 상실된다. '동동왕래(憧憧往來)'란 마음이 왔다 갔다 함이고, 텅 빈 마음으로 사물과 접할 수 없어 매여 집착하는 바가 있으니, 그 무사를 행하는 것이 아니다. 의리를 정밀하게 탐구하여 신묘한 경지에 들어서는 것은 미리 하는 것(豫)일 따름이다. 배우는 자는 성인의 학문을 구하여 행할 일을 갖추고, 오늘 우선 내일 행할 필요가 있는 일을 차례대로 선택한다. 이렇

『정의』에 근거해 교정했다. 『정의』에는 '至是時' 다음에 '有時'라는 글자가 군더더기로 들어가 있다.

게 일이 한 달 전에 있다면 한 달 전에 뽑아내 배치하면, 그 때에 이르러 갖춘 것이 있게 된다. 말이 앞서 정해지고 일이 앞서 정해져 모든 것이 거기에 쌓이면 공이 있을 수 있게 된다. 천하를 다스리는 9가지 원칙(九經)은 이것을 행하는 것이니, 오직 미리 하는 것일 따름이다. 차례를 택하고 미리 대비하면 의리를 가려내는 것이 정밀해지니, 그와 같다면 사물이 이르는 것을 어찌 근심하겠는가! 의리를 정밀히 탐구하여 신묘한 경지에 들어서는 것은 여기에서부터 나아가야 하니, 미리 하면 일이 갖추어지지 않음이 없고, 갖추어지면 작용이 이로우며, 작용이 이로우면 몸이 편안하다. 무릇 사람이 사물에 응하는 것이 무절제하면 종종 자신을 잃게 된다. 그러므로 요체는 이롭게 작용하여 몸을 편안하게 하는 데 있으니, 그것으로 덕을 기르기 때문이다. 신을 다하고 화를 아는 것은 덕의 성함이다. 그러므로 (정의입신 이상의 일에 대해서는) "알 수 없다"고 했다. 대개 크게 되는(大) 경지는 힘써 이를 수 있으나, 크게 되어 화하는(大而化) 경지는 반드시 무르익게 하는 데 있으니, 화(化)하면 곧 통달하게 된다. "의리를 정밀하게 탐구하여 신묘한 경지에 들어서 작용을 다한다"고 하는 것은 천하의 의리를 꿰뚫는 일을 기다림이 있고서야 작용을 다할 수 있음을 말한다. 궁신(窮神)은 그 신을 다하는 것이고, 입신(入神)은 단지 신묘한 경지에 들어선 것이니, 밖에서 안으로 들어간다고 할 때의 들어감을 말한다. 의미에 본래 얕고 깊은 차이가 있다.

|해설| 이 비교적 긴 단락은 대체로 사람들이 신묘한 경지에 이르면 자연스럽게 무사, 즉 무위의 원칙에 따르게 됨을 말하고 있다. 이 조목은 크게 세 부분으로 나눌 수 있다.

첫째는 그 무사를 행함의 원칙을 따르는 것에 관해 말하고 있다. 맹자의 그 무사를 행한다는 말을 장재는 사람들이 자기중심적인 생각, 기대, 집착을 버리고 마음을 비우는 것으로 이해한다. 그런 자기중심적 태도를 최대한 버려야 타자

를 도덕적으로 배려해 덕을 높이는 일이 가능해진다고 생각했기 때문이다. 자연의 일은 무위의 원칙에 따라 이루어진다. 그래서 맹자가 말했듯 이 무위의 원칙을 따르는 사람들은 자기중심적 관점에 따라 '천착하는' 작위를 싫어한다. 모두가 '하나에 이르는 이치'인 무위의 원칙을 따른다면 저 천착하는 데 필요한 수백 가지 사항들은 헤아릴 필요가 없게 된다. 그러지 못해 어떤 일이든 천착하고 집착한다면 그는 외부의 사물과 교감하는 올바른 원칙을 잃은 것이다.

둘째는 신묘한 경지, 즉 무사, 무위를 행하는 경지에 이르기 위해서는 '의리를 정밀하게 탐구해(精義)' 사태에 '미리 대비하는(豫)' 작위적 노력이 필요함을 말하고 있다. 상황마다 무엇이 옳은 것인지 세밀하게 탐구해 행위의 방향을 선택하고, 그 순서를 배열하고 행위 원칙을 미리 정할 것을 주문한다. 그러면 근심이 없어져 심신이 편안해지고, 그 미리 대비된 행위는 많은 이들에게 이롭게 작용하고, 자신의 덕 또한 높아져 마침내 신묘한 경지에 들어선다는 것이다.

셋째는 신묘한 경지로 진입하는 것과 덕이 원숙해지는 것 사이의 차이에 대한 설명이다. 장재는 대인과 성인을 구별한다. 미리 치밀하게 대비해 작용을 이롭게 함으로써 그 덕이 신묘한 경지에 들어서는 것은 대인의 경지이다. 비록 신묘한 경지에 들어섰다고는 하지만, 이제 막 들어선 것이므로 엄밀히 말해 최고의 경지는 아니다. 이와는 달리 성인은 덕성이 완전히 무르익어 하늘처럼 거대한 능력을 유감없이 발휘하는 자이다. 그 신묘한 힘으로 타자를 자연스럽게 감화, 변화시키는 자이다. 장재는 대인과 성인의 경지가 이렇게 다르다고 생각했다.

2.32 "日月相推而明生焉, 寒暑相推而歲成焉", 神易无方體, 一陰一陽不測, 皆所謂"通乎晝夜之道"也.[578]

|번역| "해와 달이 서로를 밀어 밝음이 생겨나고, 추위와 더위가 서로를 밀어 한 해가 이루어진다." 신(神)의 변역(易)은 일정한 장소와 형체가 없으니, "한 번 음이 되었다가 한 번 양이 되는 것을 헤아릴 수 없는 것"은 모두 "낮과 밤의 도에 통한다"는 뜻이다.

578 〈중화 주석〉『정의』에는 두 번의 '焉' 자가 없고, '所謂'는 '可謂'라고 잘못 표기되어 있다.

| 해설 | 『정몽』「태화편」 1.17과 내용이 중첩된다. 그곳의 해설을 참조하라.

(屈信相感而利生, 感以誠也; 情僞相感而利害生, 雜之僞也.)[579]

2.33 "精義入神", 事豫吾內, 求利吾外也 [求一作素];[580] "利用安身", 素利吾外, 致養吾內也. "窮神知化"乃養成自然, 非思勉之能強, 故崇德而外, 君子未或致知也. "精義入神", (養)[豫]之至也.[581]

| 번역 | "의리를 정밀하게 알아 신묘함에 들어선다"는 것은 일이 '내' 안에서 미리 정해져 '내' 밖에서 이로움을 구하는 것이다. 求가 어떤 판본에는 素라고 되어 있다. "이롭게 작용하여 몸을 편안히 한다"는 것은 '내' 밖을 이롭게 하여 '내' 안을 기르는 데 이르는 것이다. "신을 다하고 화를 안다"는 것은 길러서 자연스럽게 되는 것이지, 생각하고 힘써 강화할 수 있는 것이 아니다. 그러므로 덕을 높이는 것 외에 군자는 앎을 끝까지 추구한 적이 없다. "의리를 정밀하게 탐구하여 신묘한 경지에 들어선다"고 하는 것은 미리 함이 지극한 것이다.

| 해설 | 이 조목은 『정몽』「신화편」 4.17과 문장이 거의 같다. 해설은 『정몽』을 참조하라.

2.34 義以反經爲本, 經正則精; 仁以敦化爲深, 化行則顯. 義入神, 動一靜也; 仁敦化, 靜一動也. 仁敦化則無體, 義入神則無方.

579 〈중화 주석〉 이 네 구절은 뒤에 중복되어 나온다. 『정의』 역시 마찬가지이다.
580 〈중화 주석〉 주석은 『정의』에 의거해 보완했다.
581 〈중화 주석〉 『정의』에는 '養成自然'이 '養盛自致'라고 되어 있다. '豫' 자는 『정의』에 근거해 바로잡았다. 위 세 조목은 『정의』에서는 한 조목으로 잘못 합쳐져 있다.

|번역| 의(義)는 불변하는 원칙으로 돌이킴을 근본으로 하니, 불변하는 원칙이 바르면 의는 정밀해진다. 인(仁)은 두텁게 교화함을 깊은 것으로 하니, 교화가 행해지면 인은 드러난다. 의가 신묘함(神)에 들어서면 움직임도 하나의 고요함이 되고, 인(仁)으로 두텁게 교화하면 고요함도 하나의 움직임이 된다. 인으로 두텁게 교화하면 인은 일정한 형체가 없게 되고 의가 신묘함에 들어서면 의는 일정한 장소가 없게 된다.

|해설| 이 조목은 『정몽』「신화편」4.30과 내용이 중첩된다. 해설은 『정몽』을 참조하라.

2.35 "精義入神", 要得盡思慮, 臨事無疑.

|번역| "의리를 정밀하게 탐구하여 신묘한 경지에 들어선다"고 하니, 사려를 다할 수 있어야 일에 임하여 의심이 없게 된다.

|해설| 의리를 정밀하게 탐구하여 사물의 이치를 투철하게 이해해야 일을 할 때 확신을 갖고 할 수 있다.

2.36 "精義入神", 固不待接物. 然[582]君子何嘗不接物, 人則見君子閑坐獨處, 不知君子接物在其中. 睡雖不與物接, 然睡猶是成熟者.

|번역| "의리를 정밀하게 탐구하여 신묘한 경지에 들어섰다"면, 물론 사물과 접촉할 필요가 없다. 하지만 군자가 사물과 접하지 않은 적이 있

582 〈중화 주석〉『정의』에는 '然' 자가 빠져 있다.

던가? 사람들은 군자가 한가하게 홀로 앉아 있는 것을 보되, 군자가 사물과 접하는 일이 그 가운데에 있음을 알지 못한다. 잠을 자는 것은 비록 사물과 접하는 일이 아니지만, 잠을 자는 것은 성숙되는 것이다.

| 해설 | 사물의 이치를 투철히 파악해 신묘한 경지에 들어섰다면 더는 굳이 사물을 접해 궁리할 필요는 없겠지만, 오관을 지닌 인간이니, 사물과 접촉하지 않을 수는 없다. 홀로 한가하게 있을 때도 군자는 사물과 접촉한다. 잠을 잘 때만 사물과 접하지 않지만, 잠을 잔다는 것은 깨어 있을 때 함양한 덕성이 스스로 무르익는 시간이다. 잠자는 시간마저 도덕과 관련 짓는 이런 생각에서 유학자들의 엄정한 도덕의식을 엿볼 수 있다.

2.37 知幾其神, 精義入神, 皆豫之至也. 豫者見事於未萌, 豫即神也.[583]

| 번역 | "기미를 아는 것은 신이다"라고 하고, "의리를 정밀하게 탐구하여 신묘한 경지에 이른다"고 하니, 모두 미리 함이 지극한 것이다. 미리 한다는 것은 아직 싹 트지 않았을 때 일을 보는 것이니, 미리 하면 곧 신묘해진다.

| 해설 | 미래를 정확히 예측한다는 것은 쉬운 일이 아니다. 그런 능력을 지닌 자는 신묘하다고 할 만하다. 하지만 장재가 어떤 신비주의를 말하는 것은 아니다. 그것은 철저한 이성적 사유의 훈련을 부단히 하여 강화되는 능력이다.

2.38 精義入神, 利用安身, 此大人之事. 大人之事則在思勉力行, 可以

583 〈중화 주석〉 이어지는 부분은 『정의』에 근거해 분리시켰다.

(擴)[推]而至之; 未之或知以上事, 是聖人(德)盛[德]自致, 非思勉可得. 猶大而化之, 大則人爲可勉也, 化則待利用安身以崇德, 然後德盛仁熟, 自然而致也, 故曰"窮神知化, 德之盛也." 自是別隔爲一節.[584]

|번역| 의리를 정밀하게 탐구하여 신묘한 경지에 들어서고 이롭게 작용하여 몸을 편안하게 하는 것, 그것은 대인의 일이다. 대인의 일은 생각하고 힘쓰며 역행하는 데 있으니, 그것은 밀고 나가 이를 수 있다. "혹 알 수 없는" 그 이상의 일은 성인의 성한 덕으로 자연히 이르는 것이니, 생각하고 힘써 얻을 수 있는 것이 아니다. 크게 되어 화하는 것과 같으니, 크게 되는 것은 인위적으로 힘쓸 수 있으나, 화의 경지는 이롭게 작용하여 몸을 편안하게 함으로써 덕을 높인 후에 덕이 성해지고 인이 무르익어 자연스럽게 이르는 것이다. 그래서 "신을 다하고 화를 아니 덕의 성함이다"라고 했다. 자연히 따로 나누어 하나의 단계가 된다.

|해설| 장재는 대인과 성인의 경지를 구분했다. 그 본질적 차이는 전자는 인위적인 노력으로 이를 수 있는 데 반해 후자는 인위적 노력으로 이를 수 없고, 덕성이 자연히 무르익어야 이르게 된다는 점이다. 마치 수확을 하기 직전까지 농부는 열심히 농사를 짓지만, 벼가 얼마나 잘 익느냐는 하늘에 달린 것과 같은 이치이다.

2.39 義有精粗, 窮理則至於精義, 若(精義)盡性則[卽]是入神, 蓋(爲)[惟]一故神.[585]

584 〈중화 주석〉 이상은 모두 『정의』에 근거해 수정했고, 이어지는 부분은 『정의』에 근거해 분리시켰다. 『정의』에서는 '化之' 다음의 '大' 자가 빠져 있다.

|번역| 의(義)에는 정밀한 것과 투박한 것이 있으니, 이치를 궁구하면 의리를 정밀하게 탐구하는 데 이르게 되고, 만약 본성을 다하면 곧 신묘한 경지에 이르게 되니, 오직 하나이므로 신묘하다.

|해설| 사물의 의리에 정밀한 것과 거친 것이 있다는 말은 사물에는 심층적인 의미와 표면적인 의미가 있다는 뜻이다. 사람들이 사물의 이치를 오래 깊이 궁구하다 보면 심층적인 의미를 파악하는 데 이르게 된다. 이렇게 외적으로는 궁리(窮理)를 통해 정의(精義)에 이른다. 한편 내적으로는 덕성을 남김없이 발휘하면 신묘한 경지에 이르게 된다. 그런 경지에 이른 자는 덕성의 한결같음을 유지한다. 이렇게 내적으로는 진성(盡性)을 통해 입신(入神)의 경지에 이른다.

2.40 通天下爲一物(在己)[而已], 惟是要精義入神.[586]

|번역| 온 천하가 하나일 따름이니, 오로지 의를 정밀하게 탐구하여 신묘한 경지에 들어서야 한다.

|해설| "온 천하가 하나일 따름이다"라는 말에서 '하나'란 통일적 기운 혹은 보편적인 덕을 뜻한다. 온갖 이치를 정밀하게 탐구해 신묘한 경지에 들어선 자는 각각의 특수한 상황에 적절히 대처하면서도 세계가 하나의 기운으로 통일되어 있음을 실감하고 자신이 하늘과 동일한 덕을 지니고 있음을 자각한다.

2.41 所存能靜而不能動者, 此則存; 博學則利用, 用利則身安, 身安所

585 〈중화 주석〉 이상은 『정의』에 근거해 삭제하고 수정했으며, 이어지는 부분은 『정의』에 근거해 분리시켰다.

586 〈중화 주석〉 '而已' 두 글자는 『정의』에 근거해 수정했고, 이어지는 부분은 『정의』에 근거해 분리시켰다.

以崇其德也.[587] 所應皆善, 應過則所存者復神.

|번역| 보존하는 것이 능히 고요하여 동요할 수 없는 것, 그것이 곧 보존함이다. 널리 배우면 이롭게 작용하고 이롭게 작용하면 몸이 편안하니, 몸이 편안함은 그 덕을 높이기 위함이다. 응하는 것이 모두 선하니, 응하는 일이 지나가면 보존한 것은 신묘함으로 되돌아간다.

|해설| 늘 마음의 평온함을 유지하며 동요하지 않아야 하늘로부터 부여받은 덕성을 보존할 수 있고, 사물에 탁월하게 응할 수 있다. 마음의 평온함을 유지하면서 널리 배워 타자에 이롭게 작용하면 몸이 편안해지는데, 이 편안함은 몸이 아닌, 덕을 높이기 위해서이다. 이렇게 대인은 사물에 응대하는 일이 모두 선한 작용이 되며, 그 응대하는 일을 마치면 덕은 신묘한 본체의 자리로 복귀하게 된다.

窮神知化, 德之盛也.

신(神)을 다하고 화(化)를 아니 덕의 성함이다.

2.42 德盛者, 神化可以窮盡, 故君子崇之. 一作窮理盡性.[588]

|번역| 덕이 성한 자는 신묘한 감화를 온전히 발휘할 수 있으므로, 군자는 그를 존숭한다. 어떤 곳에서는 이치를 궁구하고 본성을 다한다고 되어 있다.

587 〈중화 주석〉『정의』에서는 "用利則安身, 安身所以崇德也"라고 되어 있다.
588 〈중화 주석〉『정의』에는 이 주석이 없다.

| 해설 | '신을 다하고 화를 아는 것(窮神知化)'은 성인의 경지이다. 군자는 그러한 성인을 숭상한다.

2.43 化, 事之變也.[589]

| 번역 | 화(化)란 일의 변화이다.

2.44 大可爲也, 大而化不可爲也, 在熟而已. 『易』謂"窮神知化", 乃德盛仁熟之致, 非智力能強也.[590]

| 번역 | 크게 되는 것은 인위적으로 할 수 있지만, 크게 되어 화(化)하는 것은 인위적으로 할 수 없으니, 그것은 무르익는 데 달려 있을 따름이다. 『주역』에서는 "신을 다하고 화를 안다"고 했으니, 이는 덕이 융성하고 인이 무르익어 이르는 것이지, 지력으로 강화할 수 있는 것이 아니다.

| 해설 | 이 조목은 『정몽』 「신화편」 4.11과 내용이 중첩된다. 해설은 『정몽』을 참조하라.

2.45 形而上者, 得辭幾得象矣. 神爲不測, 故緩辭不足以盡神, [緩則化矣]; 化爲難知, 故急辭不足以體化, [急則反神].[591]

589 〈중화 주석〉 이 구절은 아래 조목과 연결되어야 할 듯하다.

590 〈중화 주석〉 『정의』에서는 '大而化' 다음에 '之'가 있고, '乃'는 '而'로 되어 있으며, '致'는 '至'로 되어 있다.

|번역| 형이상적인 것을 말로 표현할 수 있으면 거의 상(象)을 얻은 것이다. 신(神)은 헤아릴 수 없으므로, '느림을 나타내는 말(緩辭)'로는 신을 온전히 표현하기에 부족하다. 느리면 화한다. 화(化)는 알기 어려우므로 급함을 나타내는 말로는 화를 체현하기에 부족하다. 급하면 신으로 돌아간다.

|해설| 이 조목은 『정몽』「신화편」 4.6과 내용이 중첩된다. 해설은 『정몽』을 참조하라.

2.46 『易』所以明道, 窮神則無『易』矣.[592]

|번역| 『역』은 도를 밝히기 위한 것이니, 신(神)을 다하면 『역』은 없다.

|해설| 『역』은 천지의 이치와 인간의 행위 원칙을 밝히기 위해 쓰인 것이다. 따라서 그 목적에 도달해 자연과 인간의 본체인 신(神)을 온전히 체득한 성인에게 그 본체와 작용을 설명한 『역』은 따로 필요가 없게 된다. 성인 자신이 곧 『역』의 온갖 이치를 온전히 드러내고 있기 때문이다.

2.47 見幾則義明, 動而不括則用利. 屈信順理則身安而德滋. "窮神知化", 與天爲一, [豈]有我所能勉哉? [乃德盛自致爾. 大抵思慮靜]乃能[(1)]炤物, 須放心寬快公平以求之, 乃可見道. 況德性自[是]廣大, 『易』曰"窮神知化, 德之盛也", 豈淺心可得![593]

591 〈중화 주석〉 이 두 구절은 『정의』에 근거해 보완했다.

592 〈중화 주석〉 이 두 구절이 『정의』에서는 앞 조목과 연결되어 있고, 다음 구절 끝에도 중복되어 나온다.

593 (1)炤, 환히 비추다, 밝게 비추다. 〈중화 주석〉 이상은 모두 『정의』에 근거해 보완하고

| 번역 | 기미를 보면 의리가 밝아지고, 움직임에 막힘이 없으면 작용이 이롭다. 굽히고 폄이 이치를 따르면 몸이 편안하고 덕이 자라난다. '신을 다하고 화를 알아' 하늘과 하나가 되는 일에 어찌 내가 힘쓸 수 있는 것이 있겠는가? 덕이 융성하면 자연히 이르게 된다. 대개 사려가 고요하면 사물을 환히 비출 수 있다. 반드시 마음을 놓아 넉넉하고 쾌적한 상태에서 공평함으로 구해야 도를 볼 수 있다. 하물며 덕성이 자연히 광대해짐이랴. 『주역』에서는 "신을 다하고 화를 아니 덕의 성함이다"라고 했으니, 어찌 얕은 마음으로 얻을 수 있겠는가!

| 해설 | 見幾부터 乃德盛自致爾까지는 『정몽』 「신화편」 4.16과 내용이 중첩된다. 해설은 『정몽』을 참조하라. 이어지는 구절은 대인이 고요한 심리상태, 쾌적한 마음상태에서 공평한 태도로 사물에 응대함을 말하고 있다. 대인도 그러한 자이니, 성인은 더 말할 것도 없다.

2.48 [化不可言難知, 可以言難見, 如日景之行則可知之, 其所以行則難見也.][594]

| 번역 | 화(化)에 대해 알기 어렵다고 말할 수 없고, 보기 어렵다고 말할 수는 있다. 예를 들어 해의 그림자가 나아가는 것을 알 수는 있으나 그것이 나아가는 것을 보기는 어렵다.

| 해설 | 이 조목은 기의 점진적 변화(化)는 눈에 보이지 않기 때문에 보기는 어렵지만, 그 점진적 변화의 이치를 아는 것을 어렵다고 할 수는 없다는 뜻이다. 이 발언은 "화는 알기 어려우므로 급함을 나타내는 말로는 화를 체현하기에 미흡하다"는

바로잡았다.

594 〈중화 주석〉 이 조목은 뒤에 나오는 일문에서 여기로 옮겼다.

발언과 모순된다. 하지만 표현의 모순을 넘어서 대의를 생각해 보면, 화(化)는 무형의 변화이므로 유형의 변화인 변(變)에 비해서는 알기 어렵지만, 현저한 변화를 관찰함으로써 그 법칙을 알 수는 있다고 여겼음을 추론할 수 있다. 해의 그림자가 시간이 흐름에 따라 얼마나 이동했는지를 관찰함을 통해 그것의 이동 법칙을 파악할 수 있는 것이 그 예이다.

2.49 [雷霆感動雖速, 然其所由來亦漸爾. 能窮神知化, 德之盛也歟!]

|번역| 천둥과 번개가 감응해 움직이는 것은 비록 신속하지만 그것이 유래한 것은 점진적이다. 신화(神化)가 유래하는 바를 궁구할 수 있다면 덕이 뛰어난 자일 것이다.

|해설| 이 조목은 『정몽』「삼량편」 2.18과 내용이 거의 같다. 해설은 『정몽』을 참조하라.

2.50 [神化者, 天之良能, 非人能; 故大而位天德, 則窮神知化.][595]

|번역| 신화는 하늘의 본래적 능력이지 인간의 능력이 아니다. 그러므로 크게 되어 하늘의 덕에 위치하면 신을 다하고 화를 안다.

|해설| 이 조목은 『정몽』「신화편」 4.10과 내용이 같다. 해설은 『정몽』을 참조하라.

2.51 [氣有陰陽, 推行有漸爲化, 合一不測爲神. 其在人也, 智義利用,

595 〈중화 주석〉 이상의 두 조목은 『정의』에 근거해 보완했다. 아래 각 조목도 마찬가지이다.

則神化之事備矣. 德盛者, 窮神則智不足道, 知化則義不足云. 天之化也運諸氣, 人之化也順夫時; 非化非時, 則化之名何有? 化之實何施? 『中庸』曰"至誠爲能化", 『孟子』曰"大而化之", 皆以其德合陰陽, 與天地同流而无不通也.[596] 所謂氣也者, 非待其鬱蒸凝聚, 接於目而後知之; 苟建順·動止·浩然湛然之得言, 皆可名之象爾. 然則象若非氣, 指何爲象? 時若非象, 指何爲時? 世人取釋氏銷(凝)[礙]入空, 學者捨惡趨善以爲化, 直可爲始學(遺)[遣]累者薄乎云爾, 豈天道神化所同語也哉![597]

|번역| 기에는 음양이 있어서, 밀고 나아가는 것이 점진적이면 화(化)가 되고, 합일되어 헤아릴 수 없으면 신(神)이 된다. 이것이 사람의 경우에는 지혜와 의가 이롭게 작용하면 신화(神化)의 일이 갖추어진다. 덕이 성대한 자의 경우, 신(神)을 다 발휘하면 지혜(智)로는 말하기에 부족하고, 화(化)를 알면 의(義)로는 말하기에 부족하다. 하늘의 조화(造化)는 기에 의해 운행되고 사람의 교화는 때를 따른다. 기가 아니고 때가 아니라면 화(化)의 명칭이 어찌 있으며, 화(化)의 실질이 어찌 베풀어지겠는가? 『중용』에서는 "지극히 정성스러우면 변화시킬 수 있다"고 했고, 『맹자』에서는 "크게 되어 교화한다"고 했다. 모두 그 덕으로 음양을 합하고, 천지와 함께 흘러 통하지 않음이 없는 것이다. 기라는 것은 그것이 빽빽하게 응결되어 눈으로 접한 후에야 알게 되는 것이 아니다. 강건하고 유순하며, 움직이고 정지하며, 성대하고 고요하다고 말할 수 있는 것은 모두 이름 붙일 수 있

596 〈중화 주석〉 이 이후로는 마땅히 따로 한 조목으로 분리해야 할 듯하다.

597 〈중화 주석〉 '礙'와 '遣'은 『정몽』 「신화편」에 근거해 고쳤다. 이 이후는 『정몽』에 근거해 분리했다.

는 상(象)이다. 그럴진대 상이 기가 아니라면 무엇을 가리켜 상이라 하겠는가? 때가 상이 아니라면 무엇을 가리켜 때라 하겠는가? 세상 사람들은 불교의 장애가 되는 것을 녹여 공(空)으로 들어가자는 주장을 취하고 배우는 자들은 악을 버리고 선으로 나아가는 것을 화(化)라고 생각하지만, 이는 단지 배움을 시작하여 얽매임을 제거하는 자들이 천박하게 말하는 것일 뿐이다. 어찌 천도의 신화와 함께 말할 수 있는 것이겠는가?

| 해설 | 이 조목은 『정몽』 「신화편」 4.7과 완전히 중첩된다. 해설은 『정몽』을 참조하라.

2.52 [物無孤立之理, 非同異 · 屈信 · 終始以發明之, 則雖物非物也. 事有始卒乃成, 非同異 · 有无相感, 則不見其成; 不見其成, 則雖物非物. 故一屈一信[598]相感而利生焉.][599]

| 번역 | 사물이 홀로 존립하는 이치란 없다. 같음과 다름, 굽힘과 폄, 끝과 시작으로 드러내지 못하면 설사 사물이라 하더라도 사물이 아니다. 일은 시작과 끝이 있어야 이루어지니, 같은 것과 다른 것, 유형과 무형이 서로 감응함이 아니라면 그 이루어짐을 보지 못한다. 그 이루어짐을 보지 못하면 설사 사물이라고 하더라도 사물이 아니다. 그러므로 한번 굽히고 펴 서로 감응함에 이로움이 생겨난다.

| 해설 | 이 조목은 『정몽』 「동물편」 5.7과 완전히 중첩된다. 해설은 『정몽』을 참조하라.

598 〈중화 주석〉 '不見其成'은 『정몽』 「동물편」에 근거해 보완했다. 『정몽』에는 '一'이라는 글자가 없다.

599 〈중화 주석〉 이어서 『정의』에는 "屈伸相感而利生焉"에서 "僞則不循理而害"에 이르는 조목이 있다.

2.53 [知幾者爲能以屈爲信. "君子无所爭". 彼信則我屈, 知也. 彼屈則吾不信而自信矣, 又何爭!]

|번역| 조짐을 아는 자는 굽힘을 폄의 계기로 삼을 수 있다. "군자는 다투는 일이 없다"고 했다. 저 사람이 펴면 나는 굽히니, 이는 지혜롭다. 저 사람이 굽히면 나는 펴지 않아도 자연히 펴지니, 다시 무엇을 다투겠는가!

|해설| 이 조목은 『정몽』 「지당편」 9.39와 거의 내용이 일치한다. 해설은 『정몽』을 참조하라.

2.54 [無不容, 然後能盡屈信之道, 至虛則無不信矣.]

|번역| 포용하지 않는 것이 없어야 굽히고 펴는 도를 온전히 다할 수 있고, 마음이 지극히 텅 비어야 펴지 않는 일이 없게 된다.

|해설| 이 조목은 『정몽』 「지당편」 9.40과 거의 내용이 일치한다. 해설은 『정몽』을 참조하라

2.55 [君子無所爭, 知幾於屈信之感而已. 精義入神, 交信於不爭之地, 順莫深焉, 利莫大焉.]

|번역| "군자는 다투는 일이 없다"고 했으니, 굽히고 펴는 느낌 속에서 조짐을 알 따름이다. "의리를 정밀하게 탐구해 신묘함에 들어선다"고 했

으니, 다투지 않는 곳에서 교대로 펴는 것보다 훨씬 더 순조로운 것은 없고 더 이로운 것은 없다.

| 해설 | 이 조목은 『정몽』 「지당편」 9.41과 내용이 일치한다. 해설은 『정몽』을 참조하라.

2.56 [將致用者, 幾不可緩; 將進德者, 徙義必精; 此君子所以立多凶多懼之世, 乾乾進德, 不少懈於趨時也.]

| 번역 | 작용을 온전히 다 발휘하고자 한다면 일의 조짐을 살피는 일에 느슨해서는 안 된다. 덕을 향상시킬 것을 생각하는 자라면 옳음을 실천에 옮기는 일이 반드시 정밀해야 한다. 이것이 군자가 흉하고 두려운 일이 많은 곳에 처하여 굳세게 덕을 향상시키고 업적을 쌓으며 조금이라도 시간의 변화를 따르는 일에 게으르지 않은 이유이다.

| 해설 | 이 조목은 『정몽』 「지당편」 9.49와 완전히 일치한다. 해설은 『정몽』을 참조하라.

2.57 [明庶物, 察人倫, 然後能精義入神, 因性其仁而行.]

| 번역 | (순임금은) 만물의 이치를 밝히고 인륜을 살핀 후에 의리를 정밀하게 탐구하고 신묘한 경지에 들어서, 인을 본성 그대로 행할 수 있었다.

| 해설 | 이 조목은 『정몽』 「작자편」 10.7의 일부 내용과 완전히 일치한다. 해설은 『정몽』을 참조하라.

2.58 [不知來物, 未足以利用.][600]

|번역| 장차 올 사물에 대해 모르면 이롭게 작용하기에 부족하다.

|해설| 이 조목은 『정몽』 「지당편」 9.27의 일부 내용과 완전히 일치한다. 해설은 『정몽』을 참조하라.

『易』曰, "困于石, 據于蒺藜, 入于其宮, 不見其妻, 凶." 子曰, "非所困而困焉, 名必辱, 非所據而據焉, 身必危. 旣辱且危, 死期將至, 妻其可得見邪?"

『역』(곤괘 육삼)에서 말했다. "육삼은 돌에 곤궁을 당하고 가시나무에 앉아 있으며, 그 집에 들어가서도 그 처를 보지 못하니 흉하다." 공자께서 말씀하셨다. "곤궁을 당할 곳이 아닌데도 곤궁을 당하면 이름이 반드시 욕되고, 앉아야 할 곳이 아닌데도 앉아 있으면 몸이 반드시 위태로울 것이다. 욕되고 위태로우면 죽을 날이 장차 다가올 것이니, 아내를 볼 수 있겠는가?"

2.59 此明不能利其用者[也],[601] 寡助之至, 親戚畔之.

|번역| 이것은 그 작용을 이롭게 하지 못하는 자를 설명한 것이니, 돕는 사

600 〈중화 주석〉 이상 세 조목은 『정의』에 의거해 보완했다. 『정의』에서는 이어서 "聖人之道"라는 조목이 군더더기로 들어가 있는데, 이 책에서는 앞에 이미 나왔다.

601 〈중화 주석〉 '也'는 『정의』에 근거해 보완했다. 『정의』에는 '能' 자가 없다.

람이 아주 적어 친척도 그를 등진다.

|해설| 곤(困)괘 육삼은 '돌'로 상징되는 구사, '가시나무'로 상징되는 구이에 의해 곤궁함을 당한다. 장재는 육삼 자신이 처신을 잘못하여 그를 아무도, 심지어 친척도 돕지 않는 것이라 설명했다.

『易』曰, "公用射隼于高墉之上, 獲之, 无不利." 子曰, "隼者, 禽也, 弓矢者, 器也, 射之者, 人也. 君子藏器, 待時而動, 何不利之有! 動而不括, 是以出而有獲, 語成器而動者也."

『역』(해괘 상육)에서 말했다. "왕공이 높은 성곽 담장 위에 있는 새매를 활로 쏘아 잡으니 이롭지 않음이 없다." 공자께서 말씀하셨다. "새매는 날짐승이요, 활과 화살은 기구요, 그것을 쏘는 자는 사람이다. 군자는 기구를 간직하고 때를 기다려 움직이니, 무슨 이롭지 않음이 있겠는가! 움직임에 막힘이 없어 나가 행동함에 수확이 있으니, 이는 기물을 이루고 나서 움직이는 것을 말한다."

2.60 此明能精義以致用者[也].[602]

|번역| 이것은 의리를 정밀하게 탐구하여 작용을 다할 수 있는 자를 설명한 것이다.

|해설| 해(解)괘의 상육인 왕공은 활과 화살을 간직하고 있다가 적절한 때에 움직여 나

602 〈중화 주석〉 '也'는 『정의』에 근거해 보완했다. 『정의』에는 '能' 자가 없다.

뻔 짓을 일삼는 새매, 즉 육삼을 제거하였다. 장재는 이것이 시의(時義)를 제대로 파악해 행동으로 옮긴 사례라 설명하였다.

子曰, 小人不恥不仁, 不畏不義, 不見利不勸, 不威不懲. 小懲而大戒, 此小人之福也.

공자께서 말씀하셨다. "소인은 불인함을 부끄럽게 여기지 않고 의롭지 못함을 두려워하지 않으며, 이익을 보지 못하면 권하지 않고 위엄을 보이지 않으면 징계를 두려워하지 않는다. 작은 징계로 크게 경계하게 하면 이는 소인의 복이다."

2.61 暗於事變者[也].[603]

|번역| 일의 변화에 어두운 자이다.

子曰, 危者, 安其位者也, 亡者, 保其存者也, 亂者, 有其治者也. 是故君子安而不忘危, 存而不忘亡, 治而不忘亂. 是以身安而國家可保也.

공자께서 말씀하셨다. "위태로울까 하는 것은 그 자리를 편안히 하는 것이고, 망할까 하는 것은 그 생존을 보존하는 것이며, 어지러울까 하는 것은 그 다스려짐을 있게 하는 것이다. 그러므로 군자는 편안하면서도

603 〈중화 주석〉 '也'는 『정의』에 근거해 보완했다.

위태로울 것을 잊지 않고, 보존하면서도 망할 것을 잊지 않으며, 다스려지면서도 어지러울 것을 잊지 않는다. 그래서 몸은 편안하고 국가는 지킬 수 있다."

2.62 明君子之見幾.

|번역| 군자가 조짐을 보는 것을 밝혔다.

子曰, 德薄而位尊, 知小而謀大, 力小而任重, 鮮不及矣!

공자께서 말씀하셨다. "덕이 천박한데 지위가 높고 아는 것이 적은데 도모하는 것은 크며, 힘은 별로 없는데 임무는 무거우면 재앙이 미치지 않는 경우는 드물다!"

2.63 不知利用以安身者[也].[604]

|번역| 이롭게 작용하여 몸을 편안하게 할 줄 모르는 자이다.

|해설| 몸을 편안하게 한다(安身)는 것은 자신이 지닌 덕과 재능의 수준을 헤아려 그 수준에 적절하게 행동함으로써 성취되는 결과이다. 자신의 덕과 재능으로 감당할 수 없는 자리에서 큰일을 도모하는 것은 재앙을 낳는다. 따라서 몸을 편안히 하

604 〈중화 주석〉『정의』에는 '以' 자가 없다. '也'는 『정의』에 근거해 보완했다.

기 위한 선결 조건은 '나' 자신의 덕과 능력에 대한 정확한 파악이다.

子曰, 知幾其神乎? 君子上交不諂, 下交不瀆, 其知幾乎!

공자께서 말씀하셨다. "조짐을 아는 것은 신(神)이 아닌가? 군자는 윗사람과 사귈 때 아첨하지 않고 아랫사람과 사귈 때 모독하지 않으니, 조짐을 아는 것이 아닌가!"

2.64 ["上交不諂, 下交不瀆", 人事不過於上下之交, 此可盡人道也.][605]

| 번역 | "윗사람과 사귈 때 아첨하지 않고 아랫사람과 사귈 때 모독하지 않는다." 인간사는 윗사람, 아랫사람과의 사귐을 넘어서지 않으니, 이러면 사람의 도를 다할 수 있다.

| 해설 | 신분제 사회에서 모든 사회적 관계는 상하관계이다. 이 신분제 자체를 문제시하지는 않지만, 적어도 유학자들은 윗사람이든 아랫사람이든 진실한 마음으로 상대를 인격적 존재로 대할 것을 요구한다. 아첨과 모독은 모두 상대방을 인격적 존재로 대하는 것이 아니다.

2.65 人道之用, 盡於接人而已, 諂瀆召禍, 理勢必然, 故君子俯仰之際, 直而好義, 知幾莫大焉.

605 〈중화 주석〉 이 단락은 『정의』 및 일문에 의거해 보완했다. 다만 『정의』에서 이 문장은 뒤에 나오는 "亦止言吉爾" 다음에 보인다.

|번역| 인도의 작용은 사람과 접촉하는 데서 다해질 따름이다. 아첨과 모독이 화를 부르는 것은 일의 이치가 지닌 필연이다. 그러므로 군자는 굽어보고 올려다볼 때 곧으면서 의를 좋아하는 것이 조짐을 아는 데 가장 중요하다.

|해설| 인도(人道)는 사람과의 접촉을 통해 그 기능을 발휘하는데, 군자는 매사에 곧음을 원칙으로 삼고 의를 좋아하면 인간관계에서 그 인도를 온전히 실현할 수 있다. 그런 이유에서 장재는 기미를 아는 데 '곧고 의를 좋아하는' 태도가 무엇보다 중요하다고 말한다. 그러지 못하고 윗사람에게 알랑대거나 아랫사람을 모독하는 사람은 잠깐은 그것을 통해 사익을 취할는지 모르지만, 장기적으로 보면 그에게 반드시 화가 닥친다.

幾者, 動之微, 吉之先見者也.

기미란 움직임이 은미한 것이고, 길함이 먼저 보이는 것이다.

2.66 幾(知)[者]象見而未形[者]也, 形則涉乎明, 不待神而後知也. "吉之先見"云者, 順性命則所(先)[見]皆吉也.[606]

|번역| 기미란 형상은 보이나 아직 형체를 이루지 않은 것이다. 형체를 이루면 밝음(明)의 영역에 이르러 신묘(神)해지지 않고도 알게 된다. "길함이 먼저 보인다"고 말한 것은 성명(性命)을 따르면 보이는 것이 모두 길하다는 뜻이다.

606 〈중화 주석〉 이상은 모두 『정의』에 근거해 삭제, 보완하고 수정했다.

|해설| 기미는 아직 현실에서 구체적인 형태를 지닌 일로 드러나지 않은 것을 뜻한다. 구체적인 일로 드러났다면 그것은 밝음의 영역, 즉 형이하의 세계에 해당하는 일이 되며, 따라서 그것은 지각과 사유를 통해 충분히 알 수 있다. 그에 반해 기미는 오직 신묘한 덕으로만 알 수 있다. 신묘한 덕을 발휘하는 일은 곧 내면의 도덕성과 그것의 발현을 따르는 일로서, 신묘한 덕의 눈으로 만사를 보면, 만사는 도덕적인 이치를 따르는 일, 즉 도덕적으로 길한 일로 이해된다.

2.67 [觀其幾者, 善之幾也, 惡不可謂之幾. 如曰"幾者動之微, 吉之先見", 亦止言吉爾.[607] 且如(1)孝弟仁之本亦可以言幾, (2)造端乎夫婦亦可以言幾, 親親而尊賢亦可以爲幾, 就親親尊賢而求之又有幾焉. 又如不誠其身, 不悅於親, 亦是幾處. 苟要入德, 必始於知幾.][608]

|번역| 그 기미를 본다는 것의 (기미란) 선의 기미로, 악은 기미라고 부를 수 없다. 예를 들어 "기미란 움직임이 은미한 것이니, 길함이 먼저 보이는 것이다"라고 했으니, 이 또한 길함만을 말했다. 또 예컨대 효제는 인의 근본이라는 것에 대해서도 기미를 말할 수 있고, 평범한 부부에게서 도가 시작된다는 것에 대해서도 기미를 말할 수 있으며, 부모님을 친애하고 현자를 존숭하는 일도 기미로 삼을 수 있다. 부모

607 〈중화 주석〉 이 조목은 일문(『장재집』(三) 370쪽)에서 옮겨 왔다. 이어지는 부분에는 "上交不諂" 이하의 23자는 앞선 "人道之用" 조 앞에 보완해 넣었다.

608 (1)孝弟仁之本: 『論語』, 「學而」, "군자는 근본에 힘을 쓴다. 근본이 바로 서면 도가 생겨난다. 부모님께 효도하고 웃어른을 공경하는 것이 바로 인의 근본일 것이다."(君子務本. 本立而道生, 孝弟也者, 其爲仁之本與.) (2)造端乎夫婦, 『중용』 제12장, "군자의 도는 평범한 부부에게서 시작되지만, 그 지극한 데에 이르러서는 하늘과 땅에서 밝게 드러난다."(君子之道, 造端乎夫婦, 及其至也, 察乎天地.) 〈중화 주석〉 이 조목은 일문(『장재집』(三) 370쪽)에서 옮겨 왔다. 『정의』에도 보인다. 그런데 『정의』에는 "學必知幾造微" 조 뒤에 잘못 배치했으며, 위로는 "不見易則不識造化" 조와 이어진다.

님을 친애하고 현자를 존숭하는 일을 추구하는 과정에서도 기미가 있다. 또 예컨대 자신을 진실하게 하지 못하면 부모님께서 기뻐하지 않으시는 것도 기미가 보이는 지점이다. 만약 덕에 진입하고자 한다면 반드시 기미를 아는 것에서 시작해야 한다.

| 해설 | 일반적으로 기미, 즉 일의 조짐에는 선한 일이 일어날 조짐도 있고 악한 일이 일어날 조짐도 있다. 하지만 유학자들이 말하는 기미란 일반적으로 말하는 일의 기미가 아니라, 도덕의식 혹은 도덕적인 사건이 생겨나는 기미이다.

君子見幾而作, 不俟終日. 『易』曰, '介于石, 不終日, 貞吉.' 介如石焉, 寧用終日? 斷可識矣!

군자는 기미를 보고 행하니 하루 종일 기다리지 않는다. 『주역』[예괘(豫卦) 육이]에서 말했다. "육이는 견고함이 돌 같아 종일 기다릴 필요도 없이 바르니 길하다." 견고함이 돌 같으니, 하루 종일일 필요가 있겠는가? 신속히 알 수 있다.

2.68 知幾其神, 由經正以貫之, 則寧用終日, (而)斷可識矣.[609]

| 번역 | 기미를 아는 것, 그것은 신(神)이 아닌가! 불변하는 원칙(經)의 바름으로 꿰뚫으면 어찌 하루 종일 걸리겠는가? 즉시 알 수 있을 것이다.

609 〈중화 주석〉 이 조목은 원래 "幾者象見而未形者也" 조 뒤에 잘못 배치되어 있었는데, 「계사」의 문장에 근거해 이곳으로 옮겨 왔다. '而'는 『정의』에 근거해 삭제했다.

| 해설 | 이 조목은 『정몽』 「신화편」 4.23의 일부 내용과 완전히 일치한다. 해설은 『정몽』을 참조하라.

2.69 君子(見)[既知]其幾, 則隨有所處, 不可過也, 豈俟終日? "幾者動之微, 吉之先見者也." 夫幾則吉凶皆見, (時)[特]言吉者, 不作則已, 作則所求(乎)向[乎]吉.[610]

| 번역 | 군자가 그 기미를 알았을진대 처하는 곳이 있음을 따라 지나쳐서는 안 된다. 어찌 하루 종일 기다리겠는가? "기미란 움직임이 은미한 것이니, 길함이 먼저 보이는 것이다." 무릇 기미는 길함과 흉함이 다 보이는데, 특별히 길함만을 말한 것은 하지 않으면 그만이지, 하면 추구하는 것이 길함을 향한다는 뜻이다.

| 해설 | 군자가 구체적인 어떤 일의 조짐이 싹트는 것을 감지하면 그 상황에서의 가장 합당한 원칙을 세워 곧바로 행동하면 된다. 일의 기미에 선한 것과 악한 것, 길함과 흉함이 모두 있는데 길함만을 말하는 이유는 도덕 주체가 추구하는 것은 앞서 말했듯 도덕적 길함이기 때문이다.

(不終日貞吉言速正則吉也六二以陰居陰獨无累於四故其介如石雖體柔順以其在中而靜何俟終日必知幾而正矣)[611]

610 〈중화 주석〉 이상은 모두 『정의』에 근거해 보완하고 바로잡았다.
611 〈중화 주석〉 이상은 「豫卦」의 글과 중복해 출현했으므로 삭제했다. 『정의』의 오류도 같다.

2.70 常易故知險, 常簡故知阻, (君子見)[豫之六二][612]常不動, 故能得動之微.

|번역| 항상 쉬운 까닭에 험난함을 알고 항상 간단한 까닭에 가로막는 것을 안다. 예(豫)괘의 육이는 항상 움직이지 않으므로 움직이는 미세함을 알 수 있다.

|해설| 군자는 마음속에 가장 근본적인 도덕원칙을 확고히 지니고 있다. 이 근본이 되는 도덕원칙은 따르기 쉽고 간단하다. 그것은 내면의 본성에 기초한 몇 가지 원칙이기 때문이다. 그렇게 쉽고 간단한 원칙을 따르기 때문에 삶의 순간마다 '나'를 위험에 빠뜨리고 가로막는 것이 무엇인지 제대로 파악할 수 있다. 마음이 동요하지 않기 때문에 위험과 곤란 속에서도 혼미한 상태에 빠지지 않고, 기미를 파악해 미리 적절히 대처할 수 있다.

(君子見幾而作不俟終日苟見其幾則時處置不欲過何俟終日幾者動之微吉之先見特言吉者事則直須求向吉也)

(豫之六二常不動故能得動之微)[613]

君子知微知彰, 知柔知剛, 萬夫之望.

612 〈중화 주석〉 아래의 연문(衍文)에 근거해 바로잡았다. 『정의』에는 '豫之'가 빠져 있다.
613 〈중화 주석〉 이상의 두 조목은 앞에 나온 문장과 중복해 출현했다. 『정의』도 마찬가지다. 그 가운데 자구에 약간 차이가 있지만 연문인 것으로 보인다.

군자는 은미한 것을 알고 드러난 것을 알며, 부드러운 것을 알고 강한 것을 알기 때문에 모든 사람이 우러러본다.

2.71 [君子知微知彰, 知柔知剛,] 未嘗不得其中, 故動止爲衆人之表. 一無止字.[614]

|번역| 군자는 은미한 것을 알고 드러난 것을 알며, 부드러운 것을 알고 강한 것을 알아 그 중(中)을 얻지 않은 적이 없어, 움직임과 멈춤이 뭇 사람들의 모범이 된다. 어떤 곳에는 止 자가 없다.

|해설| 군자는 은미한 도와 밝게 드러난 현상, 형이상의 본체와 형이하의 현실을 다 잘 안다. 또 부드러움과 강함 등 상대되는 두 측면을 잘 알아 늘 시의적절하게 대처한다. 그리하여 그의 행동거지는 모든 사람의 모범이 된다.

(知崇禮卑叩其兩端而竭也崇既效天卑必法地)[615]

(易曰原始要終故知死生之說死生止是人之終始也)[616]

2.72 學必知幾造微. (1)"知微之顯, 知風之自, 知遠之近, 可以入德." 由

614 〈중화 주석〉 첫 두 구절은 『정의』에 근거해 보완했다. 『정의』에는 주석이 없다.
615 〈중화 주석〉 이 문장은 착간이다. 『장재집』(三) 173쪽으로 옮겼다.
616 〈중화 주석〉 이 문장 역시 착간이다. 『장재집』(三) 145쪽으로 옮겼다.

微則遂能知其顯, 由末即至於本, 皆知微知彰知柔知剛之道也.[617]

|번역| 배움은 반드시 기미를 알아 은미한 데 이르러야 한다. "은미한 것이 드러난 것으로 나아감을 알고 바람이 비롯된 곳을 알며, 먼 것이 가까운 것에서 비롯됨을 알면 덕으로 진입할 수 있다"고 했다. 은미한 것을 따르면 마침내 그 드러난 것을 알 수 있고, 말단을 따르면 곧 근본에 이르니, 모두 은미한 것을 알고 드러난 것을 알며 부드러운 것을 알고 강한 것을 아는 방법이다.

|해설| 배움을 통해 반드시 은미한 것, 즉 형이상학적 본체를 인식하는 데 이르러야 한다. 그 본체를 인식하면 모든 드러난 현상은 그 은미한 본체의 드러남임을 알게 되고, 반대로 드러난 현상, 즉 말단을 따라가다 보면 근본이 되는 본체에 이르게 된다.

子曰, 顏氏之子, 其殆庶幾乎! 有不善, 未嘗不知, 知之, 未嘗復行也.

공자께서 말씀하셨다. "안연은 거의 완벽하구나! 선하지 않음이 있으면 알지 못한 적이 없고, 그것을 알면서도 다시 행한 적은 없다."

2.73 知不善未嘗復行, 不貳過也.

617 (1)知微之顯, 知風之自, 知遠之近, 可以入德: 『中庸』 제33장, "먼 것이 가까운 것에서 시작됨을 알고, 바람이 비롯된 곳을 알며, 은미함이 드러남으로 나아감을 알면, 덕으로 진입할 수 있다."(知遠之近 知風之自 知微之顯 可與入德矣.)

| 번역 | 선하지 않음을 알진대 다시 행한 적이 없다는 것은 같은 잘못을 반복하지 않았다는 뜻이다.

2.74 盛德之士, 然後知化, 如顏子庶乎知化也. 有不善未嘗不知, 已得善者, 辨善與不善也. 『易』[曰]"有不善未嘗不知", 顏子所謂有不善者, 必只是以常意有迹處便爲不善而知之, 此知幾也, 於聖人則无之矣.[618]

| 번역 | 덕이 성한 선비라야 화(化)를 안다. 예컨대 안연은 거의 화를 알았다. 선하지 않은 것이 있으면 알지 못한 적이 없었으니, 이미 선을 얻은 자로서 선과 불선을 분별했다. 『역』에서는 "선하지 않은 것이 있으면 알지 못한 적이 없다"고 했다. 안연에게 선하지 않은 것이 있음이란 틀림없이 다만 변치 않는 의념에 흔적을 남긴 곳이 있음으로 인해 선하지 않게 되어 그것을 아는 것이니, 이는 기미를 아는 것이다. 성인의 경우에는 그런 일이 없다.

| 해설 | 안연이 어떤 점에서 성인의 경지에 아주 가까운지 설명하였다. 『주역』에서는 안연이 자신에게 불선한 점이 있으면 그것을 알아 고쳤다고 했다. 장재는 평범해 보이는 이 말이 실은 안연이 선과 불선이 무엇인지 분명히 분별할 줄 알아 구체적인 일에서 기미를 알아차릴 줄 아는 것으로 재해석했다. 또 여기서 기미를 알아차린다는 말을 그는 안연이 변치 않는 도덕 원칙을 지키려다가 그 의념의 발현이 가끔 과도한 목적의식의 흔적을 남김으로 인해 생겨나는 잘못을 알아차리고 선을 지향하는 것이라고 했다. 이러한 의념의 변화는 미세하고 점진적인 변화, 즉 화(化)에 해당하는 것이다. 이에 장재는 안연의 경지를 '거의' 화를 아는

618 〈중화 주석〉 '曰'은 『정의』에 근거해 보완했다. 『정의』에는 '幾' 위에 '知'가 빠져 있다.

경지라고 했다.

2.75 知德爲至當而不忘至之, 可見(吉)[善]於微也. 蓋欲善不舍, 則善雖微必知之. 不誠於善者, 惡能爲有爲無, 雖終身由之不知其道, 烏足與幾乎! 顏子心不違仁, 故不善未嘗不知, 其致一也.[619]

|번역| 덕을 알면 지극히 합당하여 거기에 이를 것을 잊지 않으니, 은미한 것에서 선을 볼 수 있다. 대개 선하려고 함을 멈추지 않으면 선이 설사 은미하더라도 틀림없이 그것을 알게 된다. 선에 대해 정성스럽지 않은 자는 악이 있을 수도 있고 없을 수도 있어, 종신토록 그것을 따르더라도 그 도를 알지 못하니, 어찌 기미를 함께할 수 있겠는가! 안연은 마음이 인(仁)을 어기지 않아 불선함에 대해 모른 적이 없었으니, 그 이른 경지는 똑같다.

|해설| 쉼 없이 선을 추구하는 자세의 중요성을 역설하였다. 군자는 선하게 되려는 목표를 잊지 않고 부단히 그것을 추구하여 은미한 선의 본체를 자각하고 그 본체의 움직임을 신속하게 포착하는 자이다. 그런 노력을 하지 않으면 결코 선한 자가 될 수 없다. 안연은 부단히 선을 추구해 성인과 거의 같은 경지에 이른 자이다.

2.76 孔子稱顏子"不善未嘗不知, 知之未嘗復行", 其知不善, 非獨知己, 凡天下不善皆知之, 不善則固未嘗復行也. 又曰: (1)"吾未見能見其過而內自訟", 亦是非獨自見其過, 乃見人之過而自訟. "其殆庶

619 〈중화 주석〉 '善'은 『정의』에 근거해 고쳤다. 『정의』에서 이 조목은 다음 조목과 하나로 연결되어 있다.

幾", 言庶幾於知幾.[620]

|번역| 공자께서는 안연이 "선하지 않음을 알지 못한 적이 없고 알면서도 다시 행한 적은 없다"고 칭찬하셨다. 그가 선하지 않음을 안 것은 비단 자기의 불선함을 안 것만이 아니고, 세상의 불선함도 모두 알아, 불선하면 다시 그것을 행하지 않았다는 뜻이다. 또 이렇게도 말씀하셨다. "나는 아직 그 잘못을 보고서 안으로 자기를 비판하는 사람을 보지 못했다." 이 역시 비단 자기 잘못만 본 것이 아니고, 타인의 잘못도 보고 자기를 비판한 것이다. "안연은 거의 완벽하구나!"라는 말은 기미를 아는 일에서 거의 완벽함을 뜻한다.

|해설| 기미를 안다는 것은 '나' 자신의 선하고 불선한 행위가 생겨나는 의식의 조짐을 아는 것일 뿐 아니라, 타인의 그것도 알아차리는 것을 뜻한다. 기미는 내면에만 있는 것이 아니라 밖에도 존재하기 때문이다. 이런 점에 착안해 장재는 안연이 불선함을 알고, 안으로 스스로 잘못을 비판했다는 말이 실은 자기의 잘못뿐 아니라, 타인의 잘못에 대한 인식도 포함하고 있다고 하였다.

天地絪縕, 萬物化醇, 男女構精, 萬物化生.

천지가 왕성하게 교감하니, 만물의 변화가 두텁고, 남녀가 정기를 합치니, 만물이 변화를 일으켜 생겨난다.

620 (1)吾未見能見其過而內自訟: 『論語』, 「公冶長」, 공자께서 말씀하셨다. "됐다. 나는 아직 그 잘못을 보고서 안으로 자기를 비판하는 사람을 보지 못했다."(子曰, 已矣乎. 吾未見能見其過而內自訟者也.) 〈중화 주석〉 『정의』에는 '又' 다음에 '曰'이 빠져 있다. 또 '庶幾於'가 '屢至於'로 되어 있다.

2.77 始陳上下交以盡接人之道, 卒具男女致一之戒而人道畢矣.[621]

|번역| 처음에 위와 아래의 교감을 진술하여 사람과 접촉하는 도를 다하고 끝에 남녀가 하나를 이루는 것에 관한 경계의 말을 갖추어 인간의 도리가 끝난다.

|해설| 『주역』의 원문은 보통 자연의 교감, 변화를 논한 것으로 이해된다. 예컨대 '남녀' 역시 암컷, 수컷을 가리키는 것으로 해석할 수 있다. 그러나 장재는 『주역』의 위 구절을 인간의 교감, 변화를 논한 것이라 했다. 천지처럼 윗사람과 아랫사람이 소통하고 남녀가 결합하는 인간의 도를 논한 것이라 했다.

2.78 氣坱然太虛, 升降飛揚, 未嘗止息, 『易』所謂"絪縕", 莊生所謂"生物以息相吹"·"野馬"者歟! 此虛實動靜之機, 陰陽剛柔之始. 浮而上者陽之淸, 降而下者陰之濁, 其感(遇)[通]聚結, 爲風雨, 爲霜雪, 萬品之流行, 山川之融結, 糟粕煨燼, 無非教也.[622]

|번역| 기는 태허에 자욱하여, 올라가고 내려오며, 날아들고 흩날리기를 멈춘 적이 없다. 이것이 『주역』에서 말하는 인온(絪縕)이고 장자가 말하는 '살아 있는 것들이 숨결로 서로를 불어 주는 것', '아지랑이'이다. 이것은 비고 차며, 움직이고 정지하는 기틀이며, 음과 양, 강함과 부드러움의 시작이다. 떠오르는 것은 양의 맑음이고, 내려가

621 〈중화 주석〉 이어지는 부분은 『정몽』 「태화편」에 근거해 분리했다.

622 〈중화 주석〉 이어지는 부분은 『정몽』에 근거해 분리했다. '通'은 『정의』에 근거해 고쳤다. 『정의』에서 '虛實'은 '靈虛'로 잘못 기재되어 있고, '浮而上'은 '而浮於上'으로 되어 있으며, '山川' 다음에 '之' 자가 빠져 있다.

는 것은 음의 탁함이다. 그것들이 감응하고 소통하며 모여 응결되면 바람과 구름이 되고 눈과 서리가 된다. 만물의 유행, 산천의 응결, 찌꺼기와 재 등은 가르침이 아닌 것이 없다.

|해설| 이 조목은 『정몽』「태화편」 1.6과 완전히 일치한다. 해설은 『정몽』을 참조하라.

2.79 心所以萬殊者, 感外物而不一也, 天大無外, 其爲感者絪縕(二端)而已. (萬)物(之)[物]所以相感者, 利用出入, 莫知其鄕, 一萬物之妙者歟![623]

|번역| 마음이 만 가지로 다른 것은 외물에 감응한 것이 동일하지 않기 때문이다. 하늘은 커서 그것 바깥은 없고, 그것이 감응하는 것은 인온(絪縕)과 음과 양의 두 끝일 따름이다. 사물이 서로 감응하는 것은 신(神)의 기운이 이롭게 작용하여 드나들되 그 향하는 바를 알지 못하니, 만물을 통일하는 오묘한 것이 아닌가!

|해설| 이 조목은 『정몽』「태화편」 1.21의 일부 내용과 완전히 일치한다. 해설은 『정몽』을 참조하라.

2.80 [虛則受, 盈則虧, 陰陽之義也. 故陰得陽則爲益, 以其虛也; 陽得陰則爲損, 以其盈也. (1)艮三索而得男, 乾道之所以成也; (2)兌三索而得女, 坤道之所以成也. 故三之與上, 有天地絪縕·男女構精

623 〈중화 주석〉 이상은 『정의』에 근거해 정정했다. 『정의』에서는 '而不一'이 '爲不一'로 되어 있고, '大'가 '地'로 되어 있으며, '而已' 다음에 '焉' 자가 있다.

之義者此也.][624]

|번역| 텅 비면 받아들이고 가득 차면 이지러지는 것은 음과 양의 이치이다. 그러므로 음이 양을 얻으면 보탬이 되는 것은 그것이 비어 있기 때문이요, 양이 음을 얻으면 손해를 입는 것은 그것이 가득 차 있기 때문이다. 간(艮)은 세 번째로 구하여 남자를 얻은 것이니, 건도가 이루어지는 것이요, 태(兌)는 세 번째로 구하여 여자를 얻으니 곤도가 이루어지는 것이다. 그러므로 삼효와 상효에 천지의 기가 왕성하게 교감하고 남녀가 정기를 합친다는 의미가 있는 것은 이 때문이다.

|해설| 음양은 기의 여러 상반된 속성을 상징한다. 음이 텅 빈 기라면 양은 가득 찬 기이다. 이 상반된 속성을 지닌 두 기는 끊임없이 교감한다. 그리하여 텅 빈 음이 양의 기와 만나면 보탬이 되고, 가득 찬 양이 음과 만나면 손해를 입는다. 음의 곤괘가 양의 건괘를 만나 초효부터 차례로 양기를 얻어 세 번째로 양기를 얻는 간(☶)괘에 이르면 건의 도가 완성된다. 반대로 가득 찬 양의 건괘가 음의 곤괘를 만나 차례로 기를 빼앗겨 세 번째로 태(☱)괘에 이르면 곤의 도가 완성된다. 그런 맥락에서 장재는 '천지의 기가 얽혀 왕성하게 교감한다(天地絪縕)'는 말을 곤괘가 초효에서부터 양기를 얻어 세 번째로 양기를 얻어 삼효에서 건도가 완성된다는 뜻으로, '남녀가 정기를 합친다'는 말을 건괘가 차례로 음기를 얻어 상효에서 곤도가 완성된다는 뜻으로 풀이했다.

2.81 [陰虛而陽實, 故陽施而陰受; 受則益, 施則損, 蓋天地之義也. 艮三索而得男, 兌三索而得女, 乾坤交索而男女成焉, 故三之與上,

624 (1)『周易』, 「說卦傳」, "간은 세 번째로 구하여 남자를 얻는다."(艮三索而得男.) (2)『周易』, 「說卦傳」, "태는 세 번째로 구하여 여자를 얻는다."(兌三索而得女.)

所以有絪縕構精之義. 夫天地之絪縕, 男女之構精, 其致一至矣. 是理也, 可以意考, 而言之所不能喻也. 以乾之三而索於坤, 則是三人行而損一人也; 索之而男女成焉, 是得其友也. 乾坤合而損益之義者, 非致一其孰能與於此!][625]

|번역| 음은 텅 비어 있고 양은 가득 차 있다. 그러므로 양은 베풀고 음은 받아들인다. 받아들이면 이득이 되고 베풀면 손해가 나니, 이는 천지의 이치이다. 간(艮)은 세 번째로 구하여 남자를 얻고, 태(兌)는 세 번째로 구하여 여자를 얻으니, 건과 곤이 서로 구하여 남자와 여자가 거기에서 이루어진다. 그러므로 삼효와 상효에는 천지의 기가 얽혀 왕성하게 교감하고 남녀가 정기를 합치는 이치가 있다. 무릇 천지의 기가 왕성하게 교감하고 남녀가 정기를 합쳐 그것들이 하나에 이르는 것은 지극하다. 이 이치는 뜻으로 살필 수 있지, 말로는 알 수 없는 것이다. 건의 셋으로 곤에서 구하는 것은 세 사람이 가다가 한 사람을 덜어 내는 것이요, 그것을 구하여 남자와 여자가 거기에서 이루어지는 것은 그 벗을 얻는 것이다. 건과 곤이 합쳐져 손해가 나고 이득이 되는 이치란 하나에 이르는 것이 아니라면 그 누가 이를 함께할 수 있겠는가!

|해설| 음과 양이 유기적으로 협력하여 통일되는 이치를 설명하였다. 하늘, 즉 양은 기로 가득하고 땅, 즉 음은 텅 비어 있다. 그래서 양은 자신의 기를 음에 내어 주고, 음은 그 기를 받아들인다. 땅에는 이익이고 하늘에는 손해가 나는 일이지만, 이것이 곧 천지의 기가 작동하는 원리이다. 이렇게 하늘과 땅의 기가 얽혀 교감하는 일이 간(☶)과 태(☱)와 같이 극한에 이르면 남녀가 정기를 합하듯, 천지는 완전히 하나로 통일된다. 건(☰)의 세 양기로 곤 (☷)에서 구할 경우 건이 하나의

625 〈중화 주석〉 이상의 두 조목은 『정의』에 근거해 보완했다.

양기를 곤에 내어 주고 자신은 음기를 하나 얻는 것은 마치 세 사람이 함께 가다가 한 사람이 빠지고, 새로운 벗을 얻는 것과 같다. 즉 그것은 양의 내어 줌이지만, 그 내어 줌을 통해서만 양은 비로소 음과 하나가 될 수 있다.

子曰, "君子安其身而後動, (1)易其心而後語, 定其交而後求, 君子脩此三者, 故全也. 危以動, 則民不與也, 懼以語, 則民不應也, 无交而求, 則民不與也, 莫之與, 則傷之者至矣. 易曰, '莫益之, 或擊之, 立心勿恒, 凶.'"[626]

공자께서 말씀하셨다. "군자는 몸을 편안히 한 후에 움직이고, 마음을 편안하게 한 후에 말하며, 교감을 확실히 한 후에 도움을 구한다. 군자는 이 세 가지를 닦기 때문에 온전하다. 위태로운 상태에서 움직이면 백성들이 함께하지 않고, 두려운 상태에서 말을 하면 백성이 호응하지 않으며, 교감함이 없이 도움을 구하면 백성이 주지 않는다. 주는 자가 없으면 해치는 자가 이를 것이다. 『주역』[익괘(益卦) 상구에서] 말했다. '더해 주는 것이 없으니, 혹 그를 공격하는데, 마음을 세움에 항구적인 것이 없어 흉하다.'"

2.82 此又終以昧於致用之戒.

|번역| 여기에서도 작용을 다하는 데 어두운 것을 경계하는 것으로 끝을 맺었다.

626 (1)易, (마음이) 평안하다, 평온하다.

|해설| 움직임, 말하는 것, 교감함은 모두 작용에 속한다. 그래서 장재는 위 원문이 '작용을 다하는(致用)' 것에 대해 말하는 것이라 했다.

子曰, 乾坤, 其易之門邪! 乾, 陽物也; 坤, 陰物也; 陰陽合德而剛柔有體,

공자께서 말씀하셨다. "건과 곤은 역으로 들어가는 문이로다! 건은 양이요, 곤은 음이다. 음과 양이 덕을 합하여 강한 것과 부드러운 것에 형체가 있게 된다."

2.83 推而行之存乎通, 所謂合德; (隤)(1)[確]然(確)(2)[隤][627]然, 所謂有體. 乾於天爲陽, 於地爲剛, 於人爲仁; 坤於天則爲陰, 於地爲柔, 於人爲義. 先立乾坤以爲『易』之門戶, 既定剛柔之體, 極其變動以盡其時, 至於六十四, 此『易』之所以教人也.[628]

|번역| 밀고 나가 행하는 것은 소통함에 존재하니 이른바 덕을 합하는 것이다. 강하고 유순하니 이른바 형체가 있게 된다. 건(乾)은 하늘에서는 양이 되고 땅에서는 강한 것이 되며 사람에게서는 인(仁)이 된다. 반면 곤(坤)은 하늘에서는 음이 되고 땅에서는 부드러운 것이 되며 사람에게서는 의(義)가 된다. 먼저 건과 곤을 세워『역』의 문호로 삼는다. 강하고 부드러운 형체가 이미 정해졌을진대, 그 변동을 극한

627 〈중화 주석〉 이상은 모두『정의』에 근거해 바로잡았다.
628 (1)確然, 강한 모습. (2)隤然, 유순한 모습.

에 이르게 하여 그 때를 다하여 64괘에 이르니, 이것이 『역』이 사람들에게 가르친 내용이다.

|해설| 세계의 모든 운동, 변화는 소통(通)을 계기로 삼아야 순조로울 수 있다. 그것을 『역』에서는 건과 곤의 협력과 소통으로 개념화하였다. 건, 즉 강건함은 자연에서는 양의 기, 강한 기로, 인간에게서는 타자를 살리는 인의 덕으로 표현된다. 반면 곤, 즉 유순함은 자연에서는 음의 기, 부드러운 기로, 인간에게서는 옳음을 판단하고 실천하는 의의 덕으로 표현된다. 건과 곤이라는 상대되는 두 측면이 확립되어야 모든 변화가 생겨난다. 『역』은 이 자연과 인간사회의 시간적 변화의 이치를 64괘의 체계로 사람들에게 교육하려는 서적이다.

其稱名也雜而不越.

그 명칭은 복잡하지만 넘어서지 않는다.

2.84 其文辭錯綜而條理不雜, [雜而不越.][629]

|번역| 그 문장의 말은 여러 가지가 뒤섞여 있지만 이치(條理)는 복잡하지 않으니, 복잡하면서도 넘어서지 않는다.

|해설| 64괘를 설명하는 말들은 매우 복잡하게 뒤얽혀 있다. 하지만 그 말들을 통해 전달하고자 하는 의미는 위에서 말한 건곤의 이치를 넘어서지 않는다.

629 〈중화 주석〉『정의』에 근거해 보완했다.

於稽其類, 其衰世之意邪!

그 종류를 살펴보면 쇠퇴한 세상의 뜻이 아닌가!

2.85 世衰則天人交勝, 其道不一, 『易』之情也. 人一作理.[630]

|번역| 세상이 쇠퇴하면 하늘과 사람이 교대로 이겨 그 도가 한결같지 않게 되니, 『역』의 정황이다. 人은 어떤 곳에서는 理라고 되어 있다.

|해설| 『주역』에는 명이(明夷, 어두운 상황), 곤(困, 곤란함), 건(蹇, 발을 저는 것처럼 나아가기 어려움), 비(否, 소통하지 못하고 꽉 막힘) 등 쇠퇴함을 나타내는 괘들이 무척 많다. 물론 의미가 상반된 괘들도 있다. 이를 장재는 하늘과 사람이 교대로 이긴다는 말로 표현하고 있다. 사람이 하늘에 순응해야 융성할 수 있으나, 인간사회는 일찌감치 그런 하늘의 이치에 어긋나는 삶을 살기 시작했다. 『주역』은 그렇게 타락한 세상의 정황을 다루고 있는 책이다.

夫『易』, 彰往而察來, 而(1)微顯闡幽.[631]

『역』은 지나간 것을 밝혀 올 것을 살피며, 드러난 것을 은미하게 하고 그윽한 것을 천명한다.

630 〈중화 주석〉 『정의』에는 '人'이 '理'로 되어 있고, 주석이 없다.

631 (1)微顯, 많은 학자들, 예컨대 주자는 微顯을 顯微, 즉 은미한 것을 드러냄으로 해석한다. 하지만 2.87에서 보듯 장재는 微顯을 글자 그대로 드러난 것을 은미하게 하는 것이라 풀이한다.

2.86 如坤初六驗履霜於已然·察堅冰於將至之類. 一云: "數往知來", 其義一也.[632]

|번역| 예컨대 곤괘 초육의 과거에 서리를 밟는 경험을 하여 장차 단단한 얼음이 이를 것을 살피는 부류이다. 어떤 곳에서는 "지나간 것을 헤아려 올 것을 안다"고 했는데, 그 의미는 같다.

|해설| 『주역』은 과거의 어떤 경험을 토대로 앞으로 일어날 결과에 대해 예측한다. 곤괘 초육의 서리를 밟은 경험에서 앞으로 얼음이 더욱 단단해지는 겨울이 올 것이라는 점을 예측하는 것이 그 일례이다.

其事(1)肆而隱.[633]

그 일은 벌여 놓았으면서도 그 이치는 숨어 있다.

2.87 顯者則微之使求其原, 幽者則闡之使見其用; 故曰: "其事肆而隱".

|번역| 현저한 것은 그것을 은미하게 하여 그 근원을 찾도록 하고, 그윽한 것은 그것을 밝혀 그 작용을 나타내도록 한다. 그러므로 "그 일은 벌여 놓았으면서도 그 이치는 숨어 있다"고 했다.

|해설| 현저한 것(顯)과 그윽한 것(幽), 즉 형이하자와 형이상자의 관계에 대해 논하였

632 〈중화 주석〉『정의』에는 이 조목이 없다.
633 (1)肆, 늘어놓음, 펼쳐 놓음.

다. 형이하자는 그것을 통해 사람들이 그 궁극적 근원이 되는 형이상자를 찾도록 하고, 형이상자는 그것을 통해 사람들이 형이하자가 곧 형이상자의 드러남으로 이해하도록 한다.

2.88 [(1)卦有稱名至小而與諸卦均齊者, 各著其義也, 蓋稱名小而取義大也.][634]

|번역| 괘에는 지칭하는 이름은 지극히 작지만 여러 괘와 균등한 것이 있으니, 각기 그 의미를 드러낸다. 지칭하는 이름은 작지만 의미를 취하는 것은 크기 때문이다.

|해설| '지칭하는 이름이 작은' 괘란 가리키는 범위가 협소한 듯이 보이는 구체적인 사물로 이름붙은 괘이다. 예컨대 정(井)괘, 정(鼎)괘 같은 것이 그것이다. 그렇기는 하지만, 그 괘들이 포함하는 의미는 매우 광대하다. 그런 이유에서 명칭은 작지만 다른 괘들과 마찬가지로 그 의미를 취하는 것은 크다고 했다.

因貳以濟民行.

둘로 인해 백성의 행위를 구제한다.

2.89 (無有遠近幽深遂知來物非天下之至精孰能與於此此言易之爲書也至精者謂聖人窮理以

634 (1)卦有稱名至小, 『周易』, 「繫辭下」, "그 지칭하는 이름은 작지만 그 취하는 종류는 크다."(其稱名也小, 其取類也大.) 〈중화 주석〉 이 조목은 『정의』에 근거해 보완했다.

至於極盡精微處也)[635] 天下之理既已思盡(思), [因]『易』之三百八十四爻變動以寓之人事告人, (以)[則]當如何時, 如何事, (若其應也)如何則吉, 如何則凶, 宜動宜靜, 丁寧以爲告戒, (以)[所以]因貳以濟民行也.[636]

| 번역 | 천하의 이치를 이미 다 생각했을진대, 『역』 384효의 변동을 가지고 인간사에 적용해 사람들에게 알려 주어 마땅히 어떨 때 어떤 일에 대해 어떻게 하면 길하고 어떻게 하면 흉하며, 의당 움직이고 의당 고요해야 하는지 재삼 당부해 타이르니, 이것이 둘로써 백성의 행위를 구제하는 것이다.

| 해설 | 『역』 원문의 둘(貳)에 대해서는 여러 가지 다른 해석이 있다. 건곤(乾坤)으로 보는 견해도 있고, 길흉으로 보는 견해도 있다. 장재의 경우에는 "어떻게 하면 길하고 어떻게 하면 흉하며, 의당 움직이고 의당 고요해야 하는지"라고 설명한 것으로 미루어, 길흉, 동정 등의 대립면을 뜻하는 것으로 이해한 듯하다. 위 해설에서 장재는 『주역』이 64괘 384효의 복잡한 변화를 인간사에 적용해 어떻게 하면 길하고 어떻게 하면 흉한지, 어떨 때 움직여야 하고 어떨 때 가만히 있어야 하는지를 알려 줌으로써 백성들이 올바르게 판단하고 행동할 수 있도록 인도한다고 하였다.

『易』之興也, 其於中古乎! 作『易』者, 其有憂患乎!

635 〈중화 주석〉 이 구절은 『장재집』(三) 207쪽의 착간으로 『정의』에 근거해 삭제했다.

636 〈중화 주석〉 이상은 모두 『정의』에 근거해 정정했다. 『장재집』(三) 207~208쪽의 착간은 이것과 중복해서 나왔다. 『정의』에는 이 문장 아래에 다음과 같은 주석이 있다. "이 단락 위에 '知變化之道'라는 문장이 있는데, '有不知則有知'에서 '『中庸』所謂至矣'까지는 본래 이 문장과 연결되어 있다."

『역』이 흥기한 것은 아마도 상 말, 주 초의 중고(中古) 시대가 아닌가 한다! 『역』을 지은 자는 아마도 우환이 있었나 보다!

2.90 (1)諳識情僞吉凶之變, 故能(體)[637]盡性命.[638]

|번역| 참과 거짓, 길흉의 변화를 익숙하게 알았기 때문에 성명(性命)을 다할 수 있었다.

|해설| 흔히 『주역』은 상나라 말기, 주나라 초기에 문왕에 의해 만들어진 것으로 알려져 있다. 장재는 문왕이 세상에 대한 우환 의식을 갖고 사물의 참과 거짓, 길흉의 변화를 익숙히 알아, 성명(性命), 즉 덕성을 남김없이 발휘할 수 있었다고 했다.

[是故履, 德之基也]

그러므로 이(履)는 덕의 기반이다.

2.91 [「繫辭」獨說(1)九卦之德者, 蓋九卦爲德, 切於人事.][639]

637 〈중화 주석〉 '體'는 『정의』에 근거해 삭제했다.
638 (1)諳識: 諳(암), 외우다. 諳識, 외울 정도로 잘 알다, 익숙하게 알다.
639 (1)九卦之德: 9괘의 덕이란 다음 아홉 개의 괘가 지닌 덕을 가리킨다. 『周易』, 「繫辭下」, "이(履, 예禮를 가리킴)는 덕의 기반이요, 겸(謙, 겸손)은 덕의 자루요, 복(復, 회복됨)은 덕의 뿌리요, 항(恒, 항심)은 덕의 굳건함이요, 손(損, 욕심을 덜어 냄)은 덕의 닦음이요, 익(益, 선행의 증익)은 덕의 넉넉함이요, 곤(困, 곤궁할 때의 변별)은 덕의 분별함이요, 정(井, 길러냄)은 덕의 땅이요, 손(巽, 순종함)은 덕으로 규제해 따르게 하는 것이다."(是故履, 德之基也; 謙, 德之柄也; 復, 德之本也; 恒, 德之固也; 損, 德之修也; 益, 德之裕也; 困,

| 번역 | 「계사전」에서 유독 아홉 괘의 덕에 대해 말한 것은 아홉 괘의 덕이 인간사에 절실하기 때문이다.

| 해설 | 9괘의 덕에서 이(履)는 예에 따라 조심스럽게 걷는 것으로 그것은 덕의 기반이 된다. 겸(謙)은 겸손으로, 마치 자루를 붙잡는 것처럼, 그것은 덕의 핵심을 붙잡는 것이 된다. 복(復)은 회복됨으로, 예를 행하고 겸손한 태도를 유지하면 덕이 회복된다는 뜻이다. 항(恒)은 항심으로, 늘 변치 않는 마음을 유지하면 덕이 굳건해진다는 뜻이다. 손(損)은 욕심을 덜어 냄으로, 욕심을 덜어 내는 것은 덕을 닦는 일이라는 뜻이다. 익(益)은 선행을 증익시키는 것으로, 그러면 덕이 넉넉해진다. 곤(困)은 곤궁함으로, 곤궁할 때 사리를 올바르게 변별하는 힘을 키운다는 뜻이다. 정(井)은 우물물로 사람들을 먹이듯이 어떤 곳에 기틀을 잡고 만물을 기른다는 뜻이다. 손(巽)은 따름, 순종함을 가리키는데, 덕으로 규제해 따르게 한다는 뜻이다.

困, 德之辯也.

곤(困)은 덕의 분별함이다.

2.92 [困而不知變, 民斯爲下矣; 不待困而喻, 賢者之常也. 困之進人也, 爲德辨, 爲感速, 孟子謂"人有德慧術知恒存乎疢疾"以此. 自古困於內無如舜, 困於外無如孔子. 以孔子之聖而下學於困, 則其蒙難正志, 聖德日躋, 必有人所不必知而云獨知者矣, 故曰"莫我知也夫!""知我者其天乎!"][640]

德之辯也; 井, 德之地也; 巽, 德之制也.) 〈중화 주석〉 이 조목은 『정의』 및 일문(『장재집』(三) 370쪽)에 근거해 보완했다. 『정의』에는 '者蓋九卦爲德'이라는 6글자가 빠져 있다.

|번역| 어려움을 겪으면서도 변할 줄 모르니, 백성은 수준이 낮다. 어려움이 오기를 기다리지 않고서도 아는 것은 현명한 자의 일반적 상황이다. 어려움이 사람을 성장하게 하는 점은 덕이 분별되고 감응이 신속해지는 데 있다. 맹자가 "사람들 중에 덕, 지혜, 재능, 지식을 지닌 사람은 우환 속에 있다"고 말한 것은 이 때문이다. 자고로 집안에서 곤란을 겪은 이로 순임금만 한 사람이 없고, 집 밖에서 곤란을 겪은 이로 공자만 한 사람이 없다. 공자의 성스러움으로도 어려움 속에서 아래에서 배웠고, 어려움을 당하면서도 뜻을 바르게 하여 성스러운 덕이 날로 성장하였으니, 틀림없이 남들은 미처 알지 못하고 하늘만이 아는 것이 있었을 것이다. 그래서 공자는 "나를 알아 주는 사람이 없구나"라고 했고, "나를 알아 주는 자는 하늘인가 보다"라고 했다.

|해설| 이 조목은 『정몽』「삼십편」 11.5와 중첩된다. 해설은 『정몽』을 참조하라.

巽, 德之制也.

손(巽)은 덕으로 규제해 따르게 하는 것이다.

2.93 量宜接物, 故曰制也.

|번역| 적절함을 헤아려 사물과 접촉하므로 제(制)라고 했다.

640 〈중화 주석〉 이 조목은 『정의』에 근거해 보완했다.

|해설| 제(制)란 규정함, 규제함을 뜻한다. 글자만 놓고 보면 자칫 타자를 억지로 구속해 따르게 하는 것이라고 이해하기 쉽다. 그러나 여기서의 규정, 규제는 '덕으로 규제함', 따라서 타자가 자발적으로 순종하도록 이끄는 규제이다.

履, 和而至,

예는 조화롭게 이르게 한다.

2.94 和必以禮節之, 注意極佳.[641]

|번역| 조화는 반드시 예로 그것을 절제하니 유의함이 극히 훌륭하다.

|해설| 장재의 해설은 『논어』「학이」에 나오는 유약의 다음과 같은 말을 연상케 한다. "조화의 귀함만을 알아서 조화롭게만 하고 예로써 절제하지 않는다면, 이 또한 행하지 못할 것이다."(知和而和 不以禮節之 亦不可行也.) 예로 절제되지 못한 조화는 참 조화가 아니라는 뜻이다.

益, 長裕而不設,

익(益)은 오랫동안 넉넉히 해 주되 헛되이 베풀지 않는 것이다.

(益必實爲有益如天之生物長必裕之非虛設也.)[642]

641 〈중화 주석〉『정의』에서는 이 문장 다음에 '履和而至'(예는 조화롭게 이르게 한다)의 4 글자가 있다.

2.95 益物必誠, 如天之生物, [日進]日息. [自益]必誠, 如川之方至, [日增日得]. 施之妄, 學之不勤, 欲自益且不足, 益人難[矣]哉! 『易』曰: "益長裕而不設", [設, 謂虛設,] 信夫! [因銘諸牖以自訟].[643]

|번역| 타자를 유익하게 해 주는 일은 반드시 정성스러워야 하니, 마치 하늘이 만물을 낳는 것처럼 날마다 증진해 날마다 불어나게 해야 한다. 자신을 유익하게 하는 일은 반드시 정성스러워야 하니, 마치 시냇물이 막 이르는 것처럼 날마다 증진해 날마다 얻어야 한다. 베푸는 것이 망령되고 배움이 부지런하지 않으면 자신을 유익하게 하고 타인을 유익하게 해 주고자 해도 어려울 것이다! 『주역』에서는 "익은 오랫동안 넉넉히 해 주되 헛되이 베풀지 않는 것이다"라고 했으니, 확실히 그러하다! [이를 계기로 창 아래에 써 놓고 스스로 반성했다.]

|해설| 이 조목은 『정몽』 「건칭편」 17.16과 중첩된다. 해설은 『정몽』을 참조하라.

2.96 "長裕而不設", 益以實也; 妄加以不誠之益, 非益也. [益必實爲有益, 如天之生物, 長必裕之, 非虛設也.][644]

|번역| "오랫동안 넉넉히 해 주되 헛되이 베풀지 않는다"는 것은 진실함으

642 〈중화 주석〉 『정의』에 근거해 뒤로 옮겼다.
643 〈중화 주석〉 이상은 『정의』에 근거해 삭제, 보완, 수정했다. 『정의』에는 '不足'이라는 두 글자가 빠져 있다. '因銘諸牖以自訟'은 주석인 것 같다.
644 〈중화 주석〉 『정의』에 근거해 위에서 여기로 옮겼다.

로 유익하게 하는 것이다. 정성스럽지 않은 이익을 망령되게 주는 것은 이익이 아니다. 이익은 반드시 진실함을 유익함으로 삼아야 한다. 마치 하늘이 만물을 낳는 것처럼 오랫동안 반드시 그것을 넉넉히 해 주어야 하니, 그것은 헛되이 베푸는 것이 아니다.

|해설| 위 조목과 마찬가지로 여기에서도 남에게 유익을 주는 일을 할 때 반드시 진실한(實) 태도, 정성스러운(誠) 태도로 오랫동안 유익을 주어야 함을 말하고 있다. 이 조목의 대부분 내용은 『정몽』「대역편」 14.53과 중첩된다.

巽, 稱而隱.

손(巽)은 일의 경중을 헤아리면서 숨어 있다.

2.97 [巽][645]順以達志, 故事擧而意隱.

|번역| 순종하면서 뜻을 실현한다. 그러므로 일이 거행되되 뜻은 숨어 있다.

|해설| 손(巽)괘에서는 일의 경중을 잘 헤아려 사리를 잘 따름으로써 자신의 바람을 실현한다. 겉모습은 순종하는 듯한데 속으로 헤아림은 잘 드러나지 않기 때문에 '뜻은 숨어 있다'고 했다.

井以辯義,

645 〈중화 주석〉 '巽'은 『정의』에 근거해 보완했다.

정(井)으로 의를 분별한다.

2.98 稱物平施, 隨所求小大與之, 此辯義也.

|번역| 사물을 헤아려 공평하게 베풀고, 구하는 작고 큰 것을 따라서 주니, 이것이 의를 변별함이다.

|해설| 정(井)은 우물이 물을 널리 공급해 많은 사람을 기르듯이 군자가 널리 베푸는 것을 뜻한다. 장재는 이 널리 베푸는 정(井)의 덕으로 '의를 분별한다'는 말을 상대가 원하는 바에 따라 공평하게 베푸는 것이라 풀이했다.

巽以行權.

손(巽)으로써 권도를 행한다.

2.99 不巽則失其宜也.[646]

|번역| 순종하지 않으면 그 적절함을 잃는다.

|해설| 권(權)이란 저울추를 움직여 경중을 헤아리는 것을 뜻한다. 이에 장재는 "손(巽)으로 권도를 행한다"는 말을 상황에 따라 적절한 이치를 헤아려 따르는 것을 뜻

646 〈중화 주석〉『정의』에는 "순종하면 그 적절함을 잃지 않는다"(巽則不失其宜也)고 되어 있다.

한다고 풀이했다.

『易』之爲書也不可遠, 爲道也屢遷.

『역』이라는 책은 멀리할 수 없으니, 도는 자주 변한다.

2.100 心不存[647]之, 是遠也, 不觀其書, 亦是遠也, 蓋其爲道屢遷.[648]

|번역| 마음이 거기에 있지 않은 것이 멀리하는 것이요, 그 책을 보지 않는 것도 멀리하는 것이다. 그 도가 되는 것은 자주 변하기 때문이다.

|해설| 『주역』은 변천(遷)을 강조하는 책으로, 세계가 끊임없이 변화한다는 이치가 담겨 있다. 따라서 그것에 관심을 두지 않고 책을 읽지 않는다면, 이는 변역(變易)의 이치를 멀리하는 것이 된다.

『易』之爲書也, 原始要終以爲質也. 六爻相雜, 唯其時物也.

『역』이라는 책은 시작되는 부분을 살피고 끝맺는 부분을 추구하여 그것을 바탕으로 삼는다. 육효가 서로 뒤섞이니, 그것은 오직 그 때(時)와 사물의 상을 반영한 것이다.

647 〈중화 주석〉『정의』에는 '存'이 '有'로 되어 있다.

648 〈중화 주석〉『정의』에는 이어서 "神武而不殺者"(신비로운 무력을 지니고도 죽이지 않는 자) 및 "聖人與人撰出一法律之書"(성인이 사람들과 함께 법률서를 만들어 냈다)라는 두 조목이 군더더기로 들어가 있다.

2.101 於一卦之義, 原始要終, 究兩端以求其中. 六爻則各指所之, 非卦之質也, 故吉凶各類其情, 指其所之.[649]

|번역| 하나의 괘가 지닌 의미에 대해, 시작되는 부분을 살피고 끝맺는 부분을 추구하고, 양쪽 끝을 궁구하여 그 중(中)을 구한다. 육효의 경우에는 각기 그 가는 바를 가리키니, 한 괘의 바탕은 아니다. 그러므로 길흉은 각기 그 상황에 따라 분류되어 그 가는 바를 가리킨다.

|해설| 하나의 괘는 특정 사건, 사태를 상징하고, 그 괘의 초효에서 상효에 이르는 부분은 그 사건, 사태의 처음과 끝을 상징한다. 『주역』을 읽는 사람은 그 전체 과정을 살피고 궁구하여 사건, 사태마다 가장 적절한 상태, 즉 중에 도달할 방도를 구한다. 한편 육효 각각은 그 특정 상황마다 일의 진행되는 방향과 길흉을 지시한다.

其初難知, 其上易知, 本末也, (1)初辭擬之, 卒成之終. 若夫(2)雜物撰德, 辯是與非, 則非其中爻不備. 噫! 亦要存亡吉凶, 則居可知矣. 知者觀其(3)彖辭, 則思過半矣.[650]

그 초효는 알기 어렵고 그 상효는 알기 쉬우니, 근본과 말단이다. 초효의 말은 빗대고, 마침내 끝을 이룬다. 사물을 뒤섞고 덕(德)을 찬술하고 옳고 그름을 분별하는 일 같은 것은 중효(中爻)가 아니면 갖추어지지

649 〈중화 주석〉『정의』에는 '要終'이 '反終'이라고 잘못 기록되어 있고, '求其中'이 '求中'으로 되어 있으며, '各指所之'가 '各指其所之'로 되어 있다.

650 (1)初辭擬之: 擬, 빗대다, 비기다. 초효는 에둘러 빗대는 말이 많다는 뜻이다. (2)雜物撰德: 한 괘에서 강유가 뒤섞인 상태와 한 괘의 성질을 찬술하는 것을 가리킨다. (3)彖辭, 괘사를 가리킨다.

않는다. 아! 존망과 길흉을 구하면 집에서 머물면서도 알 수 있다. 지혜로운 자가 그 괘사를 보면 생각이 절반은 지나게 된다.

2.102 初上終始, 三四非貴要之用, 非內外之主, 中爻以要存亡吉凶. 如困卦"貞大人吉无咎", 蓋以剛中也, 小過小事吉, 大事凶, 以柔得中之類.

|번역| 초효와 상효는 시작과 끝이며, 삼효와 사효는 귀하고 중요한 작용이 아니고 내괘와 외괘의 주효가 아니니, 중효로써 존망과 길흉을 탐구한다. 예컨대 곤(困)괘에서는 "바르니 대인이면 길하고 허물이 없다"고 했는데, 이는 강하고 중의 위치에 있기 때문이다. 소과(小過)괘에서는 작은 일은 길하지만, 큰일은 흉한 것은 부드러운 것이 중을 얻은 부류이기 때문이다.

|해설| 한 괘의 길흉과 존망은 주로 내괘와 외괘의 중효(中爻)인 이효와 오효에 의해 결정된다. 예를 들어 곤(困䷮)괘의 괘사에서 "바르니 대인이면 길하고 허물이 없다(貞大人吉无咎)"고 말한 근거는 이효와 오효가 모두 강하면서 중의 위치에 있기 때문이다. 반대로 소과(小過䷽)괘 괘사에서 "작은 일은 가능하지만 큰일은 불가능하다(可小事, 不可大事)"고 한 까닭은 이효와 오효가 부드러운 것으로서 중의 위치에 있기 때문이다.

2.103 [『易』爲君子謀, 不爲小人謀. 故撰德於卦, 雖爻有小大, 及繫辭其爻, 必喩之以君子之義.][651]

651 〈중화 주석〉 이 조목은 『정의』에 근거해 보완했다.

| 번역 | 『주역』은 군자를 위해 도모해 주지, 소인을 위해 도모해 주지는 않는다. 그래서 괘에서 덕을 찬술할 때 비록 효에 음과 양이 있어도 그 효에 말을 덧붙임에 이르러서는 반드시 군자의 의로 깨우쳐 준다.

| 해설 | 이 조목은 『정몽』「대역편」 14.4와 중첩된다. 해설은 『정몽』을 참조하라.

柔之爲道, 不利遠者,

부드러움의 도는 멀리 있는 것에 이롭지 않다.

2.104 柔之用近也.[652]

| 번역 | 부드러운 것의 작용은 가깝다.

| 해설 | 이효의 작용에 대해 말하고 있다. 음의 자리에 있는 이효는 오효로부터 멀리 떨어져 있어, 그것에 직접적인 이로움을 주지 못한다. 이효의 작용은 가까운 데 그친다.

道有變動, 故曰爻, 爻有等, 故曰物, 物相雜, 故曰文.

도에는 변동이 있으므로 효(爻)라고 하고, 효에는 등급이 있으므로 물상이라 하고, 물상이 서로 뒤섞이므로 무늬(文)라고 한다.

652 〈중화 주석〉『정의』에는 이어서 '將致用者~' 조목이 군더더기로 들어가 있다.

2.105 爻者, 交雜[653]之義.

|번역| 효(爻)란 서로 뒤섞인다는 뜻이다.

|해설| 세계는 부단히 운동, 변화한다. 『주역』의 효는 이 운동, 변화의 과정(道)을 음효와 양효의 두 기호로 나타낸 것이다. 음효와 양효가 복잡하게 뒤섞이므로, 장재는 효(爻)에 서로 뒤섞인다는 뜻이 있다고 했다.

『易』之興也, 其當殷之末世, 周之盛德邪? 當文王與紂之事邪?

『역』이 흥기한 것은 은나라 말기, 주나라의 덕이 성한 시기에 해당하지 않은가? 문왕과 주의 일에 해당하지 않은가?

2.106 剛柔錯雜, 美惡混淆, 文王與紂當之矣.

|번역| 강한 것과 부드러운 것이 교착하여 뒤섞이고 아름다운 것과 추한 것이 뒤섞이니, 문왕과 주가 거기에 해당된다.

|해설| 『주역』이 은, 주 교체기에 형성되었다는 설이다. 은나라 말기의 마지막 군주 주와 주나라의 기초를 닦은 문왕이 대립하며 그 권력이 교체되는 시기이다.

是故其辭危. 危者使平, (1)易者使傾, 其道甚大, 百物不廢. 懼以終始,

653 〈중화 주석〉『정의』에는 '雜'이 '錯'으로 되어 있다.

其要无咎, 此之謂『易』之道也.[654]

그러므로 그 말이 위태롭다. 위태로운 것은 평안하도록 하고 쉽게 생각하는 것은 기울게 하니, 그 도는 대단히 커서 만물이 버려지지 않는다. 두려워함으로써 끝을 맺고 시작하니, 그 요점은 허물이 없도록 하는 데 있다. 이를 『역』의 도라고 부른다.

2.107 不齋戒其心, 則雜而著也.[655]

| 번역 | 그 마음을 재계하지 않으면 잡스럽게 나타난다.

| 해설 | 마음을 재계하여 순수하게 갖지 못하면 갖가지 잡스러운 마음이 생겨난다.

2.108 百物不廢, 巨細無不察也.[656]

| 번역 | 만물이 버려지지 않으니, 거대한 것과 미세한 것이 살펴지지 않음이 없다.

| 해설 | 『주역』에는 천지의 일과 인간 행위의 '거대한' 원칙과 구체적인 사물, 사태의 '미

654 (1)易, 쉽게 생각함, 가벼이 봄.

655 〈중화 주석〉 이 두 구절은 "爻者交雜之義"[효(爻)란 서로 뒤섞인다는 뜻]이라는 말 다음에 연결되어야 할 듯하다. 『정의』는 다음 구절과 연결하였다.

656 〈중화 주석〉 『정의』에는 이어지는 구절에 "도를 드러냄이란 위태로운 것을 편안하게 드러내는 것이다"(顯道者危使平) 등의 19자가 있어 앞쪽 문장(『장재집』(三) 198쪽)과 중복되어 나온다.

세한' 이치가 모두 담겨 있다. 그런 의미에서 거대한 것과 미세한 것을 다 살핀다고 했다.

夫乾, 天下之至健也, 德行恒易以知險, 夫坤, 天下之至順也, 德行恒簡以知阻. 能說諸心, 能硏諸(侯之)慮,

건은 천하의 지극히 강건한 것으로서 덕행은 항상 쉬움으로써 험함을 알고, 곤은 천하의 지극히 유순한 것으로서 덕행은 항상 간단함으로써 막힌 것을 안다. 마음속으로 기뻐하고 생각으로 연마할 수 있다.

2.109 擬議云爲, 非乾坤簡易以立本, 則『易』不可得而見也.[657]

| 번역 | 견주고 따지며 말하고 행동할 때 건과 곤의 간이(簡易)함으로 근본을 세우는 것이 아니라면 『역』은 볼 수 없다.

| 해설 | 천지의 간이(簡易)한 원칙이란 인간에게는 가장 근본이 되는 도덕 원칙일 것이다. 장재는 사람들이 『주역』을 읽는 주된 목적은 천지가 간이한 원칙에 따라 만물을 생육하는 일을 하듯, 인간 또한 『주역』을 통해 가장 근본이 되는 도덕 원칙을 확립하는 데 있다고 여겼다.

2.110 簡易故能悅諸心, [知][658]險阻故能硏諸慮.

657 〈중화 주석〉 이어지는 부분은 『정의』에 근거해 분리했다.
658 〈중화 주석〉 '知'는 『정의』에 근거해 보완했다.

|번역| 간단하고 쉽기 때문에 마음속으로 기쁠 수 있고, 험하고 막힌 것을 알기 때문에 사려를 통해 연마할 수 있다.

|해설| 천지의 조화의 원칙이든, 인간의 도덕 원칙이든 그것들은 모두 행하기에 간단하고 쉬우므로 기쁠 수 있다. 반면 자연의 운동이든 인간사든 그 구체적인 전개 과정에는 험난한 일과 장애가 가득하다. 이런 일에 맞닥뜨릴 때마다 심사숙고하여 일에 대처하는 지혜를 연마하는 계기로 삼는다.

2.111 簡易然後(能)知險阻, (易簡)理得然後一以貫天下之道.[659]

|번역| 간단하고 쉬워야 험한 것과 막힌 것을 알게 되고, 이치가 체득되어야 하나로 천하의 도를 꿰뚫게 된다.

|해설| 성현이 되기 위해서는 우선은 간단하고 쉬운 원칙, 즉 가장 근본이 되는 도덕 원칙을 마음속에 확립해야 한다. 그다음으로는 갖가지 험난하고 장애가 되는 상황 속에서 어떻게 대처하는 것이 합당한지 그 이치를 살펴야 한다. 마지막으로 앞서 세운 근본이 되는 하나의 원칙으로 세상의 모든 도리를 개괄한다.

2.112 [至健而易, 至順而簡, 故其險其阻, 不可階而升, 不可勉而至.][660]

|번역| 지극히 굳세면서 쉽고 지극히 유순하면서 간단하다. 그러므로 그

659 〈중화 주석〉 이어지는 부분은 『정의』에 근거해 분리했다. 그리고 위의 세 글자는 『정의』에 근거해 삭제했다. 이어지는 부분은 원래는 "繫辭言能硏諸慮~" 조에 연결되어 있었고 『정의』도 마찬가지였는데, 『역』 문장의 순서에 근거해 뒤로 옮겼다.
660 〈중화 주석〉 이 조목은 『정의』에 근거해 보완했다. 다만 『정의』에는 이 조목이 다음 조목 뒤에 잘못 들어가 있었으니, 『역』의 문장 선후에 근거해 앞으로 옮겼다.

험난함과 그 장애를 사다리를 타고 단계적으로 오를 수도 없고 힘써 이를 수도 없다.

|해설| 이 조목은 『정몽』 「대역편」 14.31의 일부 내용과 일치한다. 해설은 『정몽』을 참조하라.

2.113 太虛之氣, 陰陽一物也, 然而有兩[體], 健順而已. (又)[亦]不可謂天無意, 陽之[意]健, 不(耳)[爾]何以發散[和一]?[661] 陰之性常順, 然而地體重濁, 不能隨則不能順, (則)[少不順卽]有變矣. 有[變]則有象, 如乾健坤順, 有此氣則有此象可得而言; 若無則直無而已, 謂之何而可? 是無可得名. 故形而上者, 得辭斯得象, 但於不形中得以措辭者, 已是得象可狀也. 今雷風有動之象, 須(謂)[得]天爲健, 雖未嘗見, 然而成象, 故以天道言; 及其(發)[法也]則是效也, [效]著則是成形, 成形則(是)[地]道也. 若以耳目所及求理, 則安得盡! 如言寂然湛然亦須有此象. 有氣方有象, 雖未形, 不害象在其中.[662]

|번역| 태허의 기에서 음과 양은 하나이지만, 두 몸체(體)가 있으니, 강건함과 유순함일 따름이다. 하지만 또 하늘에 뜻이 없다고 말할 수는 없으니, 양의 뜻은 강건하다. 그렇지 않다면 어떻게 발산하여 화합하고 하나가 되겠는가? 음의 성질은 항상 유순하지만, 땅의 형체는 육

661 〈중화 주석〉 원래는 이어지는 부분과 분리되어 있었으나 『정의』에 근거해 합병했다.

662 〈중화 주석〉 이상은 모두 『정의』에 근거해 삭제, 보완하고 수정했다. 다만 『정의』에서 이 조목은 "天尊地卑" 아래에 있었다. 또 '得以'가 '得於'로, '有此象'이 '行此象'으로 잘못 표기되어 있었다.

중하고 둔탁하다. 따르지 못하면 순종할 수 없고, 조금이라도 순종하지 못하면 변화가 생겨나게 된다. 변화가 생겨나면 마치 건이 강건하고 곤이 유순한 것처럼 형상이 있게 된다. 그 기가 있으면 그 형상을 말할 수 있게 되며, 만약 기가 없으면 단지 없을 따름이다. 무엇을 가리켜 말할 수 있다고 하겠는가? 그것은 이름 붙일 수 없는 것이다. 그러므로 형이상자는 말할 수 있으면 상을 얻은 것이다. 다만 형체를 갖추지 않은 것에 대해 말을 할 수 있는 것은 이미 상을 얻어 묘사할 수 있는 것이다. 지금 우레와 바람에 움직이는 상이 있는 것은 하늘의 기를 얻어 강건해진 것으로, 비록 본 적은 없지만, 형상을 이룬다. 그러므로 하늘의 도라는 측면에서 말한다. 그 법상(法)의 경우는 본받는 것이다. 본받아 드러나니 형체를 이룬 것이다. 형체를 이루니 땅의 도이다. 만약 귀와 눈이 미치는 것으로 이치를 구한다면 어찌 다할 수 있겠는가! 예를 들어 적막하고 고요한 것에도 이 형상이 있다. 이 기가 있으면 이 형상이 있다. 비록 형체가 이루어지지 않았더라도 상이 그 가운데에 있는 것에는 장애가 되지 않는다.

| 해설 | 모든 기의 궁극적 근원으로서의 태허의 기가 일종의 형이상학적 본체로 규정될 수 있음을 말하였다. 태허의 기는 그 자체로는 혼일한 기이지만, 그 안에 강건한 기와 유순한 기로 화할 두 몸체(兩體)를 자신 안에 지니고 있다. 이렇게 하늘을 기로 설명하지만, 그렇다고 해서 하늘의 운동에 어떤 목적이 없다고 할 수는 없다. 하늘의 뜻, 즉 목적은 자신의 강건한 기를 발산해 음의 기와 화합함으로써 부단히 조화와 통일을 이루는 데 있다.

이어서 하늘과 땅, 강건한 양의 기와 유순한 음의 기가 화합하여 통일되는 방식을 장재는 세밀하게 묘사한다. 땅은 유순한 기로 하늘을 따르게 되어 있지만, 그 몸체가 육중하고 둔탁해서 미처 하늘을 다 따르지 못하게 되고, 그러면 질적 변화가 생기고, 그로 인해 형상이 나타난다고 말한다. 그러나 이 형상은 아직 구체적인 형체를 갖춘 것이 아니다. 예컨대 바람과 우레는 우리가 눈으로 볼 수 있는 형체는 없으나 기는 있어 우리에게 지각된다. 이렇게 무형이지만 기로 확실히 존재하는 것은 상으로 묘사할 수 있고, 말로 표현할 수 있다. 『주역』의 괘효상과 괘효사가 모두 그런 것들이다. 바로 이런 근거에서 장재는 무형이지만 기로 확실히 실재하여 상과 말로 표현할 수 있는 것을 형이상자라 규정한다. 이와는 달리 형체를 지닌 사물들은 땅이 하늘을 본받아 이루어 놓은 것들로 여겨진다. 이렇게 형체를 지닌 것들에만 매달려 그것에서 이치를 찾으려 한다면 절대 자연의 궁극적 이치는 파악할 수 없다는 것이 장재의 확고한 입장이다.

2.114 「繫辭」言"能研諸慮", 止是剩"侯之"二字. 說者就解而"諸侯有爲之主", 若是者即是隨文耳.

|번역| 「계사전」에서는 "생각 속에서 연마할 수 있다"고 했는데, 다만 '후지(侯之)'라는 두 글자가 남는다. 이에 대해 어떤 이는 "제후가 일을 하는 주인이다"라고 해석했는데, 이와 같은 것은 글을 따라 해석하는 것일 뿐이다.

|해설| 「계사전」 원문에는 본래 "能研諸侯之慮"라고 되어 있다. 많은 학자들이 이에 대해 후지(侯之)는 연문(衍文)이라 했거니와, 장재도 그런 견해를 보이고 있다.

定天下之吉凶, 成天下之亹亹者. 是故變化云爲, 吉事有祥, 象事知器, 占事知來. 天地設位, 聖人成能, 人謀鬼謀, 百姓與能.

천하의 길흉을 정하고 천하의 힘써야 할 것을 이룬다. 그러므로 음양의 변화와 사람의 말과 행동에 있어 길한 일에는 상서로움이 있고, 일을 형상화하면 기물을 만들 줄 알고, 일을 점치면 앞으로 올 일을 안다. 천지가 위치를 베푸니 성인은 능한 것을 이룬다. 사람들과 모의하고 귀신과 모의하며 백성들은 능한 것을 함께한다.

2.115 言[663]『易』於人事終始悉備, 行善事者, 『易』有祥應之理. 萌兆之事, 而『易』具著見之器; 疑慮而占, 則『易』示將來之驗. 有以見天地之間, 成能者聖人而已. 能畏信於『易』者, 雖百姓之愚, 能盡人鬼幽明之助.

|번역| 『역』은 인간사의 시작과 끝을 다 갖추고 있어, 선한 일을 행하는 자에 대해 『역』에서는 상서로움으로 응하는 이치가 있음을 말하였다. 조짐을 보이는 일에 대해 『역』은 드러내 보이는 기물을 갖추고 있고, 의심스러워 점을 치면 『역』은 장차 올 징험을 내보인다. 천지 사이에 본 것이 있어 능한 것을 이루는 자는 성인일 따름이다. 『역』을 두려워하며 믿을 수 있는 자라면 설사 우매한 백성이라 하더라도 사람과 귀신의 도움을 음양으로 받을 수 있다.

|해설| 『주역』은 선행을 하는 자가 좋은 결실을 맺을 수 있도록 행위의 지침을 제공해 준다. 그래서 어떤 일이 일어날 조짐을 구체적인 기물로 알려 주어, 사람들이 그 기물의 상징적 의미를 파악해 대처할 수 있게 해 준다. 또 의심스러운 일이 있어 점을 치면 앞으로 올 일을 알려 준다. 물론 이런 『주역』을 지침으로 삼아 자신의 능력을 유감없이 발휘하는 사람은 성인밖에 없지만, 우매한 백성도 『주역』을 믿으면 사람들과 귀신의 도움을 음양으로 받을 수 있다.

2.116 天能(爲)[謂]性, 人謀(爲)[謂][664]能. 大人盡性, 不以天能爲能而以

663 〈중화 주석〉 『정의』에는 '言' 자가 없다.

人謀爲能, 故曰"天地設位, 聖人成能."

|번역| 하늘의 능함을 본성이라고 하고 인위적인 꾀함을 인간의 능함이라고 한다. 대인이 본성을 온전히 발휘할 때는 하늘의 능함을 능한 것으로 여기지 않고 인위적으로 꾀함을 능한 것으로 여긴다. 그러므로 "천지는 자리를 잡고 성인은 능한 것을 이룬다"고 한다.

|해설| 이 조목은 『정몽』 「성명편」 6.8과 중첩된다. 해설은 『정몽』을 참조하라.

2.117 天人不須強分, 『易』言天道, 則與人事(1)一滾論之, 若分別則[只]是薄乎云爾. 自然人謀合, 蓋一體也, 人謀之所(2)經畫, 亦莫非天理(耳).[665]

|번역| 하늘과 인간은 억지로 나눌 필요가 없다. 『주역』에서 천도를 논할 때는 인간사와 함께 뒤섞어 논하니, 만약 분별한다면 그것은 천박한 말일 뿐이다. 자연과 인간의 도모는 합쳐지니, 일체이기 때문이다. 인간의 도모가 기획하여 그려내는 것 또한 천리(天理)가 아닌 것이 없다.

|해설| 자연과 인간을 통합적으로 이해하는 것은 주류 유학의 사유가 지니는 특징 가운데 하나이며, 그런 특징은 『주역』에 전형적으로 나타나 있다. 『주역』에서는 자연을 논하더라도 대부분 그것과 결부된 인간사 또한 함께 논한다. 하늘이 행하

664 〈중화 주석〉 두 '謂' 자는 『정의』에 근거해 고쳤다.

665 (1)一滾, 하나로 뒤섞음. (2)經畫, 기획하여 마련함. 〈중화 주석〉 '只'는 『정의』에 근거해 보완했고, '耳'는 『정의』에 근거해 삭제했다.

는 자연스러운 일과 인간이 행하는 인위적인 일은 자연과 인위라는 차이가 있으나, 그것이 하늘의 자연성을 따르는 인위라면 그것 역시 천리의 실현이라 할 수 있다.

八卦以象告, 爻彖以情言,

팔괘는 형상으로 알려 주고, 효사와 괘사는 정황으로 말해 준다.

2.118 八卦有體, 故象在其中. 錯綜爲六十四爻, (1)爻[666]彖所趨各異, 故曰"情言."[667]

|번역| 팔괘는 형체가 있으므로 형상은 그 가운데에 있다. 착종하여 64괘가 되는데, 효사와 괘사가 나아가는 바는 각기 다르다. 그리하여 "정황으로 말해 준다"고 했다.

|해설| 팔괘는 형체가 있으며 그것은 상(象)으로 표시된다. 형체 가운데에 상이 있는 것이다. 반면 효사와 괘사는 말로 사물이 변화하는 정황을 알려 준다.

變動以利言, 吉凶以情遷,

변동은 이로움으로써 말해 주고, 길흉은 정황으로 인해 옮겨 간다.

666 〈중화 주석〉 '爻'는 『정의』에 근거해 보완했다.

667 (1)爻, 팔괘가 착종하여 형성하는 것은 64괘이므로 여기서의 효(爻)는 괘(卦)로 수정되어야 할 듯하다. 爻彖, 효사와 단사. 여기서 단사는 괘사를 뜻한다.

2.119 能變通則盡利, 累於其情則陷於吉凶矣.

|번역| 변화에 통할 수 있으면 이로움을 다하게 되지만, 정황에 얽매이면 길흉에 빠지게 된다.

|해설| 변화하는 상황에 통해 적절하게 대처할 수 있으면 유익함을 얻을 수 있다. 반면 외부의 상황에만 얽매이면 능동적으로 대처하지 못해 그 상황에 의해 길하게도 흉하게도 될 수 있다.

情僞相感而利害生.

진실함과 거짓으로 서로 교감하면 이로움과 해로움이 생겨난다.

2.120 凡卦之所利與爻之所利, 皆變通之宜也. 如(1)"利建侯", (2)"利艱貞[吉]."668

|번역| 괘사에서 이롭게 여기는 것과 효사에서 이롭게 여기는 것은 모두 변화에 통하는 적절함이다. 예컨대 "제후를 세우는 것이 유리하다"

668 (1)利建侯, 『周易』, 「屯」, "둔은 시작되고 형통하니 바름에 이롭고 가는 일이 있어서는 안 되고 제후를 세우는 것이 유리하다."(屯, 元亨利貞, 勿用有攸往, 利建侯.) (2)利艱貞[吉], 『周易』, 「噬嗑」, "구사는 뼈가 많이 붙어 있는 고기를 씹듯이 어려운 일을 하되 쇠로 된 화살을 얻으니, 어렵지만 바르면 이롭고 길하다."(九四, 噬乾胏, 得金矢, 利艱貞, 吉.) 〈중화 주석〉 '吉'은 『정의』에 근거해 보완했다. 이 조목은 원래는 다음 문장인 "誠則順理而利~"의 두 구절 앞에 연결되어 있었으며, 중간의 네 구절이 빠져 있었으니, 마땅히 따로 한 조목이 되어야 한다.

거나 "어렵지만 바르면 이롭고 길하다"는 말이 그렇다.

|해설| 진실함으로 교감하면 이로움이 생겨난다는 말에서 이로움은 모두 변화하는 상황에 적절하게 대처함으로써 생겨나는 도덕적 유익함이다.

2.121 ["屈信相感而利生", 感以誠也; "情僞相感而利害生", 雜以僞也.][669] 誠則順理而利, 僞則不循理而害.

|번역| "굽힘과 폄이 서로 감응하니 이익이 생겨난다"는 것은 진실함으로 감응함이다. "진실함과 거짓으로 서로 감응하니 이익과 해로움이 생겨난다"는 것은 거짓으로 뒤섞인 것이다. 진실하면 이치를 따라 이롭고, 거짓되면 이치를 따르지 않아 해롭다.

|해설| 이 조목은 『정몽』「성명편」 6.35의 일부 내용과 완전히 일치한다. 해설은 『정몽』을 참조하라.

2.122 『易』言"情僞相感而利害生", 則是專以人事言, 故有情僞利害也. "屈信相感而利生", 此則是理也, 惟以利言.

|번역| 『주역』에서는 "진실함과 거짓으로 서로 감응하니 이익과 해로움이 생겨난다"고 했는데, 이는 오직 인간사를 가지고 말한 것이다. 그러

669 〈중화 주석〉 이 네 구절은 원래는 "精義入神" 조목과 연결되어 있었으니, 『정의』에 근거해 이곳으로 옮겼다. 다만 『정의』에서 앞 네 구절은 다음 조목 뒤에 있고, 또 『장재집』(三) 275쪽과 287쪽 "知幾者爲能…" 조에 중복해서 나오며, 287쪽에 다음 두 구절도 있다. 『정몽』「성명편」(『장재집』(一) 120쪽)에도 이 문장이 실려 있다.

므로 진실함과 거짓됨, 이로움과 해로움이 있는 것이다. “굽힘과 폄이 서로 교감하여 이로움이 생겨난다”고 하니, 이는 이치(理)로서 오로지 이로움으로만 말했다.

|해설| 인간사회에는 도덕과 부도덕이 공존하고 그로 인해 이로움과 해로움도 함께 존재한다. 그에 반해 자연에는 오직 기의 굴신 작용으로 만물에 이로움만이 생겨나는 것처럼 성인의 행위도 오직 이로움만 생겨나게 한다.

3

설괘전
說卦傳

昔者聖人之作『易』也, 幽贊於神明而生蓍,

옛날에 성인이 『역』을 지을 때 신명을 은밀하게 도와 시초를 내었다.

3.1 方其將有謀也, 將有問也, 命於蓍, 此所謂"生蓍", 非謂在野而生蓍也. 事在未來之前, 吉凶在(書)(1)[方]策[之]上, 蓍在手中, 卒歸三處一合, [豈][670]非幽贊於神明而得爾也? 起其用也.[671]

|번역| 막 도모하는 것이 있고, 묻는 것이 있을 때 시초에 명하니, 이것이 "시초를 낸다"는 말의 뜻이다. 들에서 시초를 낳는 것을 말하는 것이 아니다. 일이 아직 생겨나기 전에 길흉은 서책에 있고, 시초는 손에 있되, 결국은 천지인의 세 곳이 하나로 합쳐지는 것으로 귀결된

670 〈중화 주석〉 이상은 『정의』에 근거해 보완하고 바로잡았다.
671 (1)方策, 죽간, 서책.

다. 어찌 신명을 은밀하게 도와 얻는 것이 아니겠는가? 그 작용을 일으키는 것이다.

|해설| "시초를 낸다"는 말은 의심스러운 일이 생겼을 때 시초 점을 쳐서 그 길흉을 묻는다는 뜻이라고 재해석했고, "신명을 은밀히 돕는다"는 말은 결국은 인간이 천지의 일에 참여하여 그것을 돕는다는 뜻이라고 풀이했다.

參天兩地而(1)倚數, 觀變於陰陽而立卦,[672]

하늘을 셋으로 하고 땅을 둘로 하여 수를 세우고, 음양에서 변화를 보아 괘를 세운다.

3.2 地所以兩, 分剛柔男女而效之, 法也; 天所以參, 一太極兩儀而[673]象之, 性也.

|번역| 땅이 둘인 까닭은 강함과 부드러움, 남성과 여성으로 나누어 본뜨기 때문이니, 형체를 지닌 것(法)이다. 하늘이 셋인 까닭은 하나인 태극(太極)과 둘인 음양으로 형상(象)을 취하기 때문이니, 성(性)이다.

|해설| 이 조목은 『정몽』 「삼량편」 2.1과 완전히 중첩된다. 해설은 『정몽』을 참조하라.

672 (1)倚數: 倚, 기대어 세움. 수를 하늘과 땅의 수에 기대어 세움.
673 〈중화 주석〉 『정의』에는 '而'가 '四'로 잘못 기록되어 있다.

3.3 一物兩體者, 氣也; 一故神, 兩在故不測. 兩故化, 推行於一. 此天之所以參也. 兩不立則一不可見, 一不可見則兩之用息.[674] 兩體者, 虛實也, 動靜也, 聚散也, 清濁也, 其究一而已.[675] 有兩則有一, 是太極也. 若一則[有兩], 有兩亦[一][676]在, 無兩亦一在. 然無兩則安用一? 不以太極, 空虛而已, 非天參也.

| 번역 | 하나의 사물에 두 개의 체인 것은 기이다. 하나이므로 신묘하고(神) 둘이 있으므로 헤아릴 수 없다. 둘이므로 '점진적으로 변화하니'(化) 하나로 밀고 나아간다. 이것이 하늘이 셋인 까닭이다. 둘이 확립되지 않으면 하나가 드러날 수 없고, 하나가 드러날 수 없으면 둘의 작용은 멈추게 된다. 양체는 허(虛)와 실(實)이요, 움직임과 고요함이요, 모임과 흩어짐이요, 맑음과 탁함이되, 그것의 궁극은 하나일 따름이다. 둘이 있으면 하나가 있는 것은 태극이다. 만약 하나라면 둘이 있다. 둘이 있어도 하나는 존재하고 둘이 없어도 하나는 존재하지만 둘이 없다면 어떻게 하나를 쓰겠는가? 태극으로 하지 않는다면 공허할 따름이니, 셋인 하늘이 아니다.

| 해설 | 이 조목의 처음부터 此天之所以參也까지는 『정몽』「삼량편」 2.2와 완전히 중첩된다. 또 이어지는 兩不立則一不可見부터 其究一而已까지는 『정몽』「태화편」 1.14와 완전히 중첩된다. 관련 부분의 해설은 『정몽』을 참조하라. 이어지는 부분부터 끝까지 장재는 양체(兩體)의 중요성을 강조했다. 이론적으로만 보면 하나의 기는 그 안에 상대되는 기인 둘이 없어도 존재할 수는 있지만, 그 상대되는 기가 없다면 하나는 실질적인 작용을 일으킬 수 없다는 점 말이다.

674 〈중화 주석〉 이어지는 부분은 『정의』에 근거해 합쳤다. '者'는 『정의』에 근거해 보완했다. 두 번째 '一不'의 '一'이 『정의』에는 빠져 있다.
675 〈중화 주석〉 이어지는 부분은 『정의』에 근거해 합쳤다.
676 〈중화 주석〉 이상의 세 글자는 『정의』에 근거해 보완했다.

(和順於道德而理於義)

(理義即是天道也易言理於義一也求是即爲理義言理義不如且言求是易曉求是之心俄頃不可忘理於義此理云者猶人言語之間常所謂理者非同窮理之理凡觀書不可以相類而泥其義不爾則字字相梗觀其文勢上下如充實之美與詩之言美輕重不同)[677]

窮理盡性以至於命.

이치를 궁구하고 본성을 다하여 명에 이른다.

3.4 性盡其道, 則命至其源也. 一作至於原也.[678]

| 번역 | 성(性)으로 그 도(道)를 다하면 명(命)은 그 원천에 이른다. 어떤 곳에서는 "至於原"이라고 되어 있다.

| 해설 | 「설괘전」의 위 세 구절을 장재는 각기 다른 일로 본다. '이치를 궁구함(窮理)'은 외적 사물에 대한 지식을 증대하는 일이다. '본성을 다함(盡性)'이란 내적 덕성의 함양과 외적 지식의 증대가 상당히 이루어져, 그것을 기반으로 자기 자신과 타자의 본성을 완성하는 일이다. "성으로 그 도를 다한다"는 말은 바로 자신의 덕성으로 타자를 완성한다는 뜻이다. 마지막으로 '명에 이른다(至於命)'는 것은

677 〈중화 주석〉『정의』에서는 이 문장을 『정씨유서』(程氏遺書)의 문장으로 인용하였다. 따라서 삭제했다.
678 〈중화 주석〉『정의』에는 이 주석이 없다.

본성뿐 아니라 작용의 측면에서도 하늘과 완전히 합일된 경지에 이른다는 뜻이다. "명은 그 원천에 이른다"는 말은 바로 명(命), 즉 작용의 측면에서 만물의 근원인 하늘과 완전히 합일된 경지에 이름을 의미한다.

3.5 (致)[知][679]與至爲道殊遠, 盡性然後至於命, 不可謂一;[680] 不窮理盡性卽是戕賊, 不可至於命. [然至於命]者止能保全天[之][681]所稟賦, 本分者且不可以有加也. 既言窮理盡性[以至於命], 則不容有不知.[682]

|번역| 아는 것과 이르는 것은 도를 행함이 크게 다르다. 성을 다한 후에 명에 이르니, 같은 것이라고 말할 수 없다. 이치를 궁구하고 성을 다하지 않는 것은 곧 (덕성을) 해치는 것이니, 명에 이를 수 없다. 그런데 명에 이른 자는 하늘이 품부해 준 것만을 보전할 수 있을 뿐, 본성으로 부여된 것에는 더해진 것이 있을 수 없다. 이치를 궁구하고 성을 다하여 명에 이르렀다고 한 이상 알지 못하는 것이 있을 수 없다.

|해설| 여기서는 이치를 궁구해 본성을 다하는 것(窮理盡性)과 명에 이르는 것(至於命)의 관계 및 그 차이를 설명하였다. 하늘과 동등한 수준의 작용(命)을 일으키는

679 〈중화 주석〉 '致' 자는 『정의』에도 똑같이 잘못 기록되어 있다. 이 말은 정이(程頤)의 "이치를 궁구하면 성을 다하게 되고 성을 다하면 천명을 알게 된다…"(窮理則盡性, 盡性則知天命矣…)는 설을 반박하기 위해 말한 것이니, 반드시 먼저 명을 알아야 그 후에 명에 이를 수 있음을 뜻한다. 따라서 아래에서 "알지 못하는 것이 있을 수 없다"(不容有不知)고 한 것이다. '致'는 마땅히 '知'라고 해야 한다. 음이 비슷함으로 인해 잘못이 생겨난 것이다.

680 〈중화 주석〉 이어지는 부분이 『정의』에서는 잘못 분리되어 있다.

681 〈중화 주석〉 이상의 다섯 글자는 『정의』에 근거해 보완했다.

682 〈중화 주석〉 『정의』에는 "既言窮理然後至於命者, 則不可容有不知"라고 되어 있는데, 문장의 의미에 따라 고쳤다.

경지에 이르려면 반드시 이치를 궁구해 본성을 다하는 노력을 해야 한다. 궁리진성은 명에 이르는 전제조건이다. 하지만 '명에 이름'은 경지이지 공부가 아니다. 그 경지에 이른 자는 오직 천부적으로 주어진 덕성을 보전할 따름이다. 그리고 그 경지에 이른 자는 이미 궁리진성을 완벽하게 수행했기 때문에 모르는 것이 없는 상태에 이른다. 명에 이른 자는 곧 성인이다.

3.6 天道卽性也, 故思知人[者]不可不知天, 能知天斯[能]知人矣. [知天][683]知人, 與窮理盡性以至於命同意.

|번역| 천도는 곧 성이다. 그러므로 사람을 알 것을 생각하는 사람은 하늘을 알지 않을 수 없다. 하늘을 알 수 있다면 사람을 알 수 있게 된다. 하늘을 알고 사람을 아는 것은 이치를 궁구하고 본성을 다하여 명에 이르는 것과 같은 의미이다.

|해설| 장재는 천도(天道)에 대한 이해를 중시한다. 그것은 곧 이치를 궁구하는(窮理) 공부의 주된 내용 가운데 하나이다. 그러나 그에게 대자연의 일하는 과정을 아는 일은 사람을 아는 일이기도 하다. 대자연과 사람의 본질은 같다고 생각하기 때문이다. 자연과 사람을 충분히 아는 일은 이치를 궁구하고 타자의 본성을 완성해 작용의 측면에서 하늘과 같은 수준에 이르는 성인이 되는 일과 다르지 않다.

3.7 釋氏[元]無(天)用, 故不取理. 彼以(性)[有][684]爲無, 吾儒以參爲性, 故先窮理而後盡性.

683 〈중화 주석〉 이상은 『정의』에 근거해 보완했다.
684 〈중화 주석〉 이상은 『정의』에 근거해 수정했다.

|번역| 불교는 원래 용(用)이 없으므로 이치를 취하지 않는다. 저들은 유를 무라 여긴다. 우리 유자는 셋을 성으로 여기므로 먼저 이치를 궁구한 후에 성을 다한다.

|해설| 불교는 출세간적 성격이 강하다. 세간에서 일어나는 모든 작용(用), 현상을 불변하는 실체성이 없는 것, 가짜 현실, 즉 공이라고 생각한다. 그리하여 이들은 이치를 궁구하는 일이 갖는 가치를 경시한다. 반면 유학은 상대되는 기를 자기 안에 포함하는 하나, 즉 셋을 성(性)으로 여긴다. 성을 하나라고 하여 그것을 직관하는 것만으로는 성이 완전히 파악되지 못한다. 하나 안에 간직된 둘의 계기를 놓치고 있기 때문이다. 이 둘의 계기를 놓치지 않기 위해 행하는 일이 바로 '궁리'다. '이치'는 성의 작용이다. 장재는 이러한 이치에 대한 파악이 전제가 되어야 성이 완전히 파악될 수 있다고 생각했던 것이며, 그런 의미에서 먼저 사물의 이치를 궁구하고 나서야 본성을 완성할 수 있다고 했다.

3.8 凡人剛柔緩急, 趨識無有同者, 此"乾道變化各正性命"也, 及盡性則皆忘之.

|번역| 사람의 강하고 부드러움, 느리고 급함, 경향과 앎에는 같은 것이 없다. 이것이 "건도가 변화하니 각기 성명을 바르게 한다"는 말의 뜻이다. 성을 다함에 이르러서는 모두 잊게 된다.

|해설| 사람은 성격과 재능이 각기 다르다. 장재는 "건도가 변화하니 각기 성명을 바르게 한다"는 말이 이를 뜻한다고 했다. 어떤 근거에서 그렇게 말할 수 있나? 하늘이 기의 변화를 통해 만물을 생성할 때, 만물이 바르게 하는 성명(性命)에는 각기 차이가 있다, 만물은 각기 특수성이 있는 동시에 동일한 본질인 성(性)도 있다. 따라서 본성을 다하는 소통을 하고 나면 각기 지닌 차이는 중요하지 않게 된다.

3.9 窮理亦當有漸, 見物多, 窮理多, 從此就約, 盡人之性, 盡物之性. 天下之理無窮, 立天理乃各有區處, 窮[理]盡性, 言性已是近人言也. 既窮[物]理, 又盡[人]性, 然後能至於命, 命則又就己而言之也.[685]

|번역| 궁리는 마땅히 점진적이어야 한다. 사물을 많이 보고 이치를 많이 궁구하여 이로부터 요약함으로 나아가 타인의 본성을 다하고 만물의 본성을 다한다. 천하의 이치는 무궁하여 천리(天理)를 세우면 각기 구별되는 점이 있으니, 이치를 궁구하고 본성을 다한다. 성이라고 말하면 그것은 이미 사람에 가깝게 말하는 것이다. 사물의 이치도 궁구하고 사람의 본성도 다한 후에 명에 이를 수 있다. 명은 자기 자신에 가깝게 말한 것이다.

|해설| 세상에는 무수히 많은 사물이 있으므로, 그 사물의 이치 또한 무수히 많다. 이 무수히 많은 이치를 궁구하는 일은 점진적일 수밖에 없다. 하지만 이 무수히 많은 이치는 하나의 '천리'의 특수한 표현이기도 하다. 이 특수한 이치를 하나하나 궁구해야만 타자를 제대로 이해할 수 있고, 충분한 이해를 바탕으로 타인의 본성을 완성할 수 있다. 타인의 본성을 완성한 후에, '나'는 작용의 측면에서 하늘과 동등한 수준에 이를 수 있다.

昔者聖人之作『易』也, 將以順性命之理. 是以立天之道曰陰與陽, 立地之道曰柔與剛, 立人之道曰仁與義.

옛날에 성인이 『주역』을 지은 것은 장차 성명(性命)의 이치를 따르기 위해서였다. 그래서 하늘의 도를 세워 음과 양이라고 했고, 땅의 도를

685 〈중화 주석〉 이상은 『정의』에 근거해 보완했다.

세워 부드러운 것과 강한 것이라고 했으며, 사람의 도를 세워 인과 의라고 했다.

3.10 陰陽·剛柔·仁義, 所謂"性命之理."[686]

|번역| 음과 양, 강한 것과 부드러운 것, 인과 의가 이른바 "성명(性命)의 이치"이다.

|해설| 하늘과 땅은 각각 음과 양, 강한 것과 부드러운 것의 상호 대대와 협력의 원칙으로, 인간사회는 인과 의의 균형과 조화의 원칙으로 그 질서를 유지한다. 그리고 이 음양, 강유, 인의는 하늘, 땅, 인간이 각기 운명처럼 지녀 본성으로 삼는 것들이다. 그 점에서 "성명의 이치"라 불린다.

3.11 『易』一物而(1)三才備[687]: 陰陽氣也, 而謂之天; 剛柔質也, 而謂之地; 仁義德也, 而謂之人.

|번역| 『주역』은 하나이나 천지인의 삼재를 겸비하고 있다. 음과 양은 기이요, 이를 하늘이라 한다. 강한 것과 부드러운 것은 형질이요, 이를 땅이라고 한다. 인과 의는 덕이요, 이를 사람이라고 한다.

|해설| 이 조목은 『정몽』「대역편」 14.3과 내용이 중첩된다. 해설은 『정몽』을 참조하라.

686 〈중화 주석〉『정의』에 근거해 이어지는 부분과 분리했다.
687 〈중화 주석〉『정의』에는 '合三才'라고 되어 있다.

3.12 一物而兩體[者], 其太極之謂歟! 陰陽天道, 象之成也; 剛柔地道, 法之效也; 仁義人道, 性之立也. 三才兩之, 莫不有乾坤之道也. 『易』一物而合三才, 天[地]人一, 陰陽其氣, 剛柔其形, 仁義其性.[688]

|번역| 하나의 사물이면서 두 개의 몸체인 것, 그것은 태극을 말한다! 음과 양은 하늘의 도로, 상(象)이 이루어진다. 강한 것과 부드러운 것은 땅의 도로서 형질(法象)이 본떠진다. 인과 의는 사람의 도로서 성(性)이 확립된다. 삼재가 중첩되니, 건곤의 도가 있지 않은 것이 없다. 『주역』은 하나이나 삼재를 통합했으니, 천지인은 하나이다. 음과 양은 그 기이고, 강한 것과 부드러운 것은 그 형체이고, 인과 의는 그 덕성이다.

|해설| 이 조목의 대부분 내용은 『정몽』「대역편」 14.5와 내용이 중첩된다. 해설은 『정몽』을 참조하라.

數往者順, 知來者逆, 是故易逆數也.

지나간 것을 헤아리는 것은 따르는 일이고, 올 것을 아는 것은 거슬러 올라가는 일이다. 그러므로 『역』은 (과거를) 거슬러 올라가 (미래를) 헤아린다.

688 〈중화 주석〉 이상은 『정의』에 근거해 보완했다.

3.13 [數往順, 知來逆, 『易』逆數,][689] 如孟子曰(1)"苟求其故, 則千歲之日至可坐而致也.[690]"

| 번역 | 지나간 것을 헤아리는 것은 따르는 일이고, 올 것을 아는 것은 거스르는 일이다. 『역』은 거슬러 헤아린다. 예컨대 맹자는 "진실로 그 까닭을 구한다면 1,000년 후의 동짓날도 앉아서 계산해 낼 수 있을 것이다"라고 했다.

| 해설 | 장재와 거의 동시대를 살았던 소옹이 그린 선천팔괘도(先天八卦圖)에 근거해 보면, "數往者順"은 양기가 앞으로 나아가는 움직임이 순방향임을 뜻하는 것으로 이해될 수 있다. 그럴 경우, 이 구절은 "지나간 것을 헤아리는 것은 순방향이다"로 해석된다. "知來者逆"은 음기의 되돌아가는 움직임이 역방향임을 뜻하는 것으로 이해된다. 그럴 경우 이 구절은 "올 것을 아는 것은 역방향이다"로 해석된다. 하지만 장재는 『주역』의 위 구절을 그와 같이 이해하지 않았다. 무엇보다 맹자의 구절이 갖는 맥락을 생각해 보면 그렇다. '천 년 후의 동짓날을 앉아서 계산하는' 일은 미래를 헤아리는 일이다. 이것이 어떤 점에서 거슬러 헤아리는 일인가? 바로 맹자가 미래에 일어날 사물의 변화를 헤아리는 참된 원칙을 아주 먼 과거인 우왕치수에서 찾고 있기 때문이다. 위 인용문 앞의 몇 구절을 소개하면 다음과 같다. "만약 지혜로운 자가 우의 물을 흐르게 한 것처럼 한다면 지혜에 대해서 싫어할 것이 없을 것이다. 우가 물을 행하게 한 것은 그 무사를 행함이었다. 만약 지혜로운 자 또한 그 무사를 행할 수 있다면 그 지혜 역시 클 것이다." 맹자는 지혜를 발휘하는 원칙을 과거로 거슬러 올라가 찾아, 이를 근거로 미래를 헤아릴 수 있다고 주장한 것인데, 장재 또한 이 예를 들어 『주역』의 "올 것을 헤아림이란 거슬러 올라가는 일"이라는 말을 이해한 것이다.

689 〈중화 주석〉 『정의』에 근거해 보완했다.

690 (1)『孟子』, 「離婁下」, "하늘이 높고 별들이 멀리 있지만, 진실로 그 까닭을 구한다면 1,000년 후의 동짓날도 앉아서 계산해 낼 수 있을 것이다."(天之高也, 星辰之遠也, 苟求其故, 千歲之日至, 可坐而致也.)

神也者, 妙萬物而爲言者也.

신(神)이란 만물을 오묘하게 하는 것을 말한 것이다.

3.14 全備天理, 則其體孰大於此! 是謂大人. 以其道變通無窮, 故謂之聖[人].[691] 聖人心術之運, 固有不疾而速 · 不行而至 · 默而識之處, 故謂之神.

| 번역 | 천리를 온전히 갖추었으니, 그 본체가 그 누가 이보다 크겠는가! 이는 대인을 말한다. 그 도로 변통함이 무궁하니, 그를 성인이라고 부른다. 성인의 마음의 운용에는 본디 서두르지 않아도 빠르고 가려고 하지 않아도 이르며, 묵묵히 기억하는 점이 있으니, 이를 신(神)이라고 부른다.

| 해설 | 대인은 본체의 측면에서 하늘과 합일된 존재이다. 반면 성인은 본체뿐 아니라 작용의 측면에서도 하늘과 완전히 합일된 존재이다. 성인은 모든 사물의 변화에 통달하여 늘 적절히 대처한다. 성인은 하늘처럼 갖가지 인위적인 행위가 없이도 신속하게 만인을 교화하고 묵묵히 만사의 이치를 기억하는 경지에 이른 자이다.

動萬物者莫疾乎雷, 撓萬物者莫疾乎風, 燥萬物者莫(1)熯乎火, (2)說萬物者莫說乎澤, 潤萬物者莫潤乎水, (3)終萬物始萬物者莫盛乎艮.[692]

691 〈중화 주석〉 '人'은 『정의』에 근거해 보완했다.
692 (1)熯(한), 말리다, 마르다. (2)說萬物者莫說乎澤, 못은 물을 저장하고 있다가 벼 등 물을

만물을 움직이게 하는 것으로 우레보다 빠른 것은 없고, 만물을 흔드는 것으로 바람보다 빠른 것은 없으며, 만물을 말리는 것으로 불보다 더 잘 말리는 것은 없고, 만물을 기쁘게 하는 것으로 못보다 더 기쁘게 하는 것은 없으며, 만물을 적시는 것으로 물보다 더 잘 적시는 것은 없고, 만물을 끝맺고 시작하게 하는 것으로 간(艮)보다 더 성한 것은 없다.

3.15 造化之功, 發乎動, 畢達乎順, 形諸明, 養諸容載, 遂乎說潤, 勝(之)[乎][693]健, 不匱乎勞, 終始乎止.

| 번역 | 조화의 일은 움직임에서 발동하여 마침내 순한 데 이른다. 밝은 데서 드러나고 포용하여 싣는 데서 기르고, 즐겁고 윤택한 데서 이루어지며, 강건한 데서 승리하고 노력하는 데서 모자라지 않고 멈추는 데서 끝을 맺고 시작한다.

| 해설 | 이 조목은 『정몽』 「대역편」 14.35과 중첩된다. 해설은 『정몽』을 참조하라.

乾, 健也, 坤, 順也, 震, 動也, 巽, 入也, 坎, 陷也, 離, 麗也, 艮, 止也, 兌, 說也.

건은 굳셈이고, 곤은 유순함이며, 진은 움직임이고, 손은 들어감이며,

필요로 하는 사물에 제공되니 기쁘게 한다고 했다. (3)終萬物始萬物者莫盛乎艮: 艮은 방위로 보면 동북쪽에 있고, 절기로 보면 겨울과 봄 사이에 해당하니, 만물이 끝을 맺고 시작한다고 했다.

693 〈중화 주석〉 '乎'는 『정몽』에 근거해 고쳤다. 『정의』의 오류도 같다. 『정의』에는 이 조목의 첫머리에 "神也者妙萬物而爲言者也全備曰"라는 14글자가 군더더기로 들어가 있다.

감은 빠짐이고, 이는 붙음이고 간은 멈춤이며 태는 기뻐함이다.

3.16 健·動·陷·止, 剛之象; 順·麗·入·說, 柔之體.

|번역| 굳셈, 움직임, 빠짐, 멈춤은 강한 형상이요, 유순함, 붙음, 들어감, 기뻐함은 부드러운 체질이다.

|해설| 이 조목은『정몽』「대역편」14.36과 중첩된다. 해설은『정몽』을 참조하라.

3.17 [一陽生於兩陰之上, 各得其位, 其勢止也.][694]

|번역| 하나의 양이 두 개의 음 위에 생겨나 각기 그 위치를 얻으니, 그 기세는 멈춤이다.

|해설| 간(艮)괘에 대한 설명이다. 간(☶)은 하나의 양이 두 개의 음 위에 있어, 산처럼 음을 막고 있는 형상이다. 그로 인해 멈춤(止)이라는 의미를 지닌다.

巽爲雞,

손(巽)은 닭이다.

694 〈중화 주석〉 이 조목은『정의』에 근거해 보완했다.『정의』에는 이 조목 앞에 "一陷溺而不得出" 조목이 군더더기로 들어가 있어, 뒤의 "麗者離也"에 나오는 것과 중첩된다.

3.18 飛(遷)[升][695]躁動, 不能致遠, 雞之象.

| 번역 | 날아오르려고 조급하게 움직이지만 멀리 이르지 못하니, 닭의 형상이다.

| 해설 | 손(巽)의 상징물이 왜 닭인가? 위 장재의 말과 가장 가까운 설명은 다음과 같은 것이다. 닭은 원래는 날 수 있는 동물이었다. 그런데 인간이 닭을 가축으로 기르면서 날 수 있는 기능이 퇴화되었다. 그래도 옛 습관으로 인해 날갯짓을 하지만 절대 먼 곳에 이르지 못한다.

(1)乾爲寒, 爲冰, 爲大赤[696]

건은 추위가 되고 얼음이 되고 크게 붉은 것이 된다.

3.19 "乾爲大赤", 其正色也; "爲冰",[697] 健極而寒甚也.

| 번역 | "건은 크게 붉은 것이 된다"고 하니, 그것의 본색이다. "얼음이 된다"고 하니, 강건함이 극한에 이르러 심히 춥다.

| 해설 | 이 조목은 『정몽』「대역편」 14.43과 중첩된다. 해설은 『정몽』을 참조하라.

695 〈중화 주석〉 '升'은 『정의』에 근거해 고쳤다.
696 (1)乾爲寒, 爲冰, 건은 방위로는 서북쪽, 절기로는 늦가을에서 초겨울에 해당하므로 추위이고 얼음이 된다고 했다.
697 〈중화 주석〉 『정의』에 '大'는 '天'으로, '冰'은 '寒'으로 잘못 표기되어 있다.

3.20 自此而下, 皆所以明萬物之情. 明一作類.[698]

|번역| 이 이하로는 모두 만물의 정황을 밝히는 것들이다. 어떤 곳에서는 밝힘(明)이 분류함(類)으로 되어 있다.

坤爲文, 爲衆,

곤은 무늬가 되고 무리가 된다.

3.21 "坤爲文", 衆色也; "爲衆", 容載廣也.

|번역| "곤이 무늬가 된다"는 것은 여러 가지 색을 이룬다는 것이요, "무리가 된다"는 것은 포용하여 싣는 것이 넓음을 뜻한다.

|해설| 이 조목은 『정몽』「대역편」 14.42와 중첩된다. 해설은 『정몽』을 참조하라.

爲旉, 爲蒼筤竹, 爲萑葦

진(震)은 펼치는 것이 되고 어린 푸른 대나무가 되고 속이 빈 갈대가 된다.

698 〈중화 주석〉『정의』에는 이 조목이 빠져 있다.

3.22 “震爲萑葦”, “爲蒼筤竹”, “爲旉”, 皆蕃鮮也.

| 번역 | “진震은 속이 빈 갈대가 되고”, “푸른 빛깔의 어린 대나무가 되고” “펼쳐짐이 되니”, 모두 번성하고 선명하다는 뜻이다.

| 해설 | 이 조목은 『정몽』「대역편」 14.44와 중첩된다. 해설은 『정몽』을 참조하라.

(1)巽爲木, 爲風, 爲長女, 爲繩直, 爲工, 爲白, 爲長, 爲高, (2)爲進退, (3)爲不果, 爲臭, 其於人也爲寡髮, 爲廣顙, 爲多白眼, (4)爲近利市三倍, 其究爲躁卦.[699]

손(巽)은 나무가 되고 바람이 되고 장녀가 되고, 먹줄이 되고 장인이 되며, 흰색이 되고 긴 것이 되고 높은 것이 되며, 나아가고 물러나는 것이 되고 과단성이 없게 되고 냄새가 되고, 사람에게서는 머리카락이 적은 것이 되고 이마가 넓은 것이 되며, 눈 속에 흰 자위가 많은 것이 되고, 이익에 근접하여 시장에서 세 배로 파는 것이 되며 궁극적으로는 조급함을 뜻하는 괘가 된다.

3.23 “巽爲木”, 萌於下, 滋於上也; “爲繩直”, 順以[700]達也; “爲工”, 巧且

699 (1)巽爲木, 爲風: 손(☴)은 양 둘이 위에서 움직이고 음 하나가 아래에서 정지해 있다는 점에서 나무를 닮았다. 또 손에는 入의 뜻이 있는데, 바람은 틈 속으로 들어가므로 바람을 뜻하기도 한다. (2)爲進退, 바람은 정해진 방향이 없이 나아갔다 물러났다 한다. (3)爲不果, 나아갔다 물러났다는 반복하므로 과단성이 없다. (4)爲近利市三倍, 나무를 잘 길러 시장에 내다 팔아 세 배의 이익을 얻는다.

700 〈중화 주석〉『정의』에는 ‘以’가 ‘且’로 되어 있다.

順也; "爲白", 因所遇而從也; "爲長, 爲高", 木之性也; "爲臭", 風也, 入也; "於人爲寡發廣顙", 躁人之象也.

|번역| "손(巽)은 나무가 된다"고 하니 아래에서 싹터서 위에서 자라난다. "먹줄이 된다"고 하니 따름으로써 도달한다. "장인이 된다"고 하니 정교하면서도 순종한다. "흰색이 된다"고 하니 우연히 마주치는 바를 따른다. "긴 것이 되고 높은 것이 된다"고 하니 나무의 성질이다. "냄새가 된다"고 하니 바람이요, 들어감이다. "사람에게서는 머리카락이 적고 이마가 넓은 것이 된다"고 하니 조급한 사람의 형상이다.

|해설| 이 조목은 『정몽』「대역편」 14.37과 중첩된다. 해설은 『정몽』을 참조하라.

坎爲血卦, 爲赤,

감(坎)은 피의 괘가 되고 붉은색이 된다.

3.24 "坎爲血卦", 周流而勞, 血之象也; "爲赤", 其色也.

|번역| "감은 피의 괘가 된다"고 하니 두루 흘러 수고하니, 피의 형상이다. "붉은색이 된다"고 하니 그것의 색깔이다.

|해설| 이 조목은 『정몽』「대역편」 14.38과 중첩된다. 해설은 『정몽』을 참조하라.

離爲乾卦, 其於木也爲科上槁.

이(離)는 건괘가 되고 그것은 나무에서 속이 비고 위가 마른 것이 된다.

3.25 "離爲乾卦", "於木爲科上槁", 附(其)[且]燥也. (一作且躁也.)[701]

|번역| "이(離)는 건괘가 되고" "나무에서는 속이 비고 윗부분이 마른 것이 된다"고 하니, 붙어 있고 건조함을 뜻한다.

|해설| 이 조목은 『정몽』「대역편」 14.39와 중첩된다. 해설은 『정몽』을 참조하라.

艮爲徑路, 爲小石,

간(艮)은 작은 길이 되고 작은 돌이 된다.

3.26 "艮爲小石", 堅難入也, "爲徑路", 通或寡也. 或一作且.[702]

|번역| "간(艮)은 작은 돌이 된다"고 하니 견고하여 들어가기 어려움을 뜻한다. "작은 길이 된다"고 하니 통하는 것이 혹여 적을 것이다. 혹(或)이 어떤 곳에는 차(且)로 되어 있다.

701 〈중화 주석〉 '且'는 『정의』에 근거해 고쳤다. 주석은 『정의』에 근거해 삭제했다.
702 〈중화 주석〉 『정의』에는 이 주석이 없다.

| 해설 | 이 조목은 『정몽』「대역편」 14.40과 중첩된다. 해설은 『정몽』을 참조하라.

兌爲澤, 爲毁折, 爲附決,

태(兌)는 못이 되고 부서지고 부러지는 것이 되고 붙었다가 떨어지는 것이 된다.

3.27 "兌爲附決", 內實則外附必決也; "爲毁折", 物成則止, 柔者[703]必折也.

| 번역 | "태(兌)는 붙었다가 떨어지는 것이 된다"고 하니 안이 실해지면 밖에 붙어 있던 것은 틀림없이 떨어진다. "부서지고 부러진다"고 하니, 사물이 완성되면 멈추고, 부드러운 것은 틀림없이 부러진다.

| 해설 | 이 조목은 『정몽』「대역편」 14.41과 중첩된다. 해설은 『정몽』을 참조하라.

703 〈중화 주석〉『정의』에는 '者'가 '則'으로 되어 있고, 이어서 '一無柔則二字'라고 주석이 달려 있다.

4

서괘
序卦

4.1 「序卦」相受, 聖人作『易』, 須有次序.

| 번역 | 「서괘전」에서는 서로 이어받는다. 성인이 『역』을 지었으니 본디 순서가 있다.

| 해설 | 「서괘전」에서는 각 괘가 『역경』의 순서대로 이어지는 이유를 설명하였다.

4.2 「序卦」無足疑.[704]

| 번역 | 「서괘전」은 의심할 만한 점이 없다.

| 해설 | 「서괘전」은 성인의 뜻이 아니라고 의심할 만한 점이 없다.

704 〈중화 주석〉『정의』에는 이 구절이 없다.

4.3 「序卦」不可謂“非聖人之(縕)[蘊]”,[705] 今欲安置一物, 猶求審處, 況聖人之[706]於『易』! 其間雖無極至精義, 大概皆有意思. 觀聖人之書, 須布遍細密如是,[707] 大匠豈以一斧可知哉![708]

|번역| 「서괘전」은 “성인의 뜻이 아니다”라고 말할 수 없다. 지금 어떤 사물을 배치하고자 할 때도 살펴서 놓으려고 하거늘 하물며 성인의 『역』에 대해서이랴! 그 사이에 비록 지극히 정밀한 이치는 없지만, 대체로 모두 의미는 있다. 성인의 책을 보면 두루 펼치면서 세밀함이 이와 같으니, 어찌 한 번의 도끼질로 거장을 알 수 있으리오!

|해설| 「서괘전」에 대단히 심오한 이치가 담긴 것은 아니지만, 『주역』 전체 가운데 이 역시 의미 있는 부분이라는 말이다.

有天地然後萬物生焉. 盈天地之間者[唯][709]萬物, 故受之以屯

천지가 있고 난 뒤에 만물이 생겨난다. 천지 사이에 가득한 것은 만물이니, 둔(屯)괘로 받았다.

4.4 聚而不得出故盈, 雖雷亦然.

705 〈중화 주석〉 이 구절은 정이의 말이다. ‘蘊’은 『정의』에 근거해 고쳤다.
706 〈중화 주석〉 『정의』에는 ‘之’ 자가 없다.
707 〈중화 주석〉 『정의』에는 ‘是’가 ‘視’로 잘못 기록되어 있다.
708 〈중화 주석〉 이 조목은 원래는 위 조목과 연결되어 있었는데, 『정의』에 근거해 분리했다.
709 〈중화 주석〉 ‘唯’는 『역』의 문장에 근거해 고쳤다.

|번역| 모이되 (밖으로) 나오지 못하므로 가득하다. 설사 우레라 하더라도 그렇다.

|해설| 기가 어떤 곳에 모여 있으면서 밖으로 나오지 못하면 그곳은 기로 가득한 상태에 있게 된다. 둔(屯)괘는 모여 가득 차 있음을 뜻하기 때문에 그렇게 말했다.

物生必蒙.

사물이 생겨나면 틀림없이 몽매하다.

4.5 (1)蒙冒未肆. 一作蒙稺者, 蒙昧未肆.[710]

|번역| 몽매하고 분별없지만, 아직 제멋대로이지는 않다. 어떤 곳에서는 '어리고 무지한 자(蒙稺者)'라고 되어 있으니, 몽매하지만 아직 제멋대로이지는 않다.

|해설| 사물이 막 태어났을 때는 무지몽매하지만, 이는 어려서 그런 것이니 알면서도 멋대로 행동하는 것은 아니다.

需者飮食之道也.

수(需)란 먹고 마시는 도이다.

710 (1)蒙冒: 冒, 분별없음. 蒙冒, 우매하고 분별없음, 무지몽매함. 〈중화 주석〉 『정의』에는 이 주석이 없다.

4.6 (1)雲上於天, 物皆有待之象.[711]

|번역| 구름이 하늘 위에 있으니, 만물이 모두 기다리는 것이 있는 형상이다.

|해설| 수(需, ䷄)는 하늘 위에 물, 즉 구름이 있는 형상이다. 만물이 모두 비가 내리기를 기다리듯이 만민이 먹고 마실 것을 기다리는 형상이다.

比必有所畜, 故受之以小畜. 物畜然後有禮, 故受之以履.

친하게 지내면 반드시 쌓이는 것이 있게 되니 소축(小畜)괘로 이어받았다. 사물이 쌓인 뒤에 예가 있게 되니, 이(履)괘로 이어받았다.

4.7 德積則行必有方, 物積則散必有道.

|번역| 덕이 쌓이면 행동에는 틀림없이 방법이 있고, 재물이 쌓이면 풀어 놓을 때 반드시 방도가 있다.

|해설| 원문의 "사물이 쌓인 뒤에 예가 있다"는 말을 덕과 재물의 두 측면에서 설명했다.

坎者陷也. … 離者麗也.

711 (1)雲上於天: 『周易』, 「需」, 「象傳」, "구름이 하늘 위에 있으니 수(需)이다. 군자는 먹고 마시며 잔치를 벌여 즐긴다."(「象」曰: 雲上于天, 需, 君子以飮食宴樂.)

감(坎)이란 빠지는 것이요 … 이(離)란 붙는 것이다.

4.8 一陷溺而不得出爲坎, 一附麗而不能去爲離.

| 번역 | 一이 가운데에 빠져서 나오지 못하면 감(坎)이 되고, 一이 붙어서 떠나지 못하면 이(離)가 된다.

| 해설 | 감(坎, ☵)은 본래 구덩이, 빠진다는 뜻이 있다. 양효 하나가 음효 둘 사이에 빠져 있는 형상이라 이해된다. 이(離, ☲)는 불이 붙듯이 붙는다는 뜻이 있다. 양효 둘이 가운데의 음효에 붙어 있는 형상이라 해석된다.

[有父子然後有君臣, 有君臣然後有上下, 有上下然後禮義有所錯.]

아버지와 아들이 있게 된 후에 임금과 신하가 있고, 임금과 신하가 있게 된 후에 윗사람과 아랫사람이 있고, 윗사람과 아랫사람이 있게 된 후에 예의를 둘 곳이 있다.

4.9 [性天經, 然後禮義行, 故曰有父子·君臣·上下, 然後禮義有所錯.][712]

| 번역 | 성이 하늘에서 나온 불변하는 원칙임을 안 뒤에야 인의가 행해진

712 〈중화 주석〉『역』의 문장과 이 조목은『정의』에 근거해 보완했다.

다. 그래서 "부모와 자식, 임금과 신하, 윗사람과 아랫사람이 존재한 뒤에야 예의를 시행할 곳이 있게 된다"고 했다.

|해설| 이 조목은『정몽』「지당편」9.19와 중첩된다. 해설은『정몽』을 참조하라.

(1)夷者傷也. 傷於外者必反其家, 故受之以家人.[713]

이(夷)란 부상을 입음이다. 밖에서 부상을 입은 자는 틀림없이 집으로 돌아간다. 그러므로 가인(家人)괘로 이어받았다.

4.10 傷於外必反於家, 萬物自然之理.[714]

|번역| 밖에서 부상을 입으면 틀림없이 집으로 돌아가는 것은 만물의 자연스러운 이치이다.

713 (1)夷者傷也: 夷, 痍(이), 즉 상처가 남, 부상을 입음의 뜻. 명이(明夷)괘를 참조하라.
714 〈중화 주석〉 원래는 "萬物之理自然"이라고 되어 있었는데,『정의』에 근거해 고쳤다.

5

잡괘
雜卦

屯見而不失其居

둔(屯)은 밖으로 드러나지만 자신의 거처를 잃지 않는다.

5.1 險在外, 故不失其居; 與渙 · 解義反, 故曰[715]緩必有所失.

| 번역 | 험한 것이 밖에 있으니 자신의 거처를 잃지 않는다. 환(渙)괘, 해(解)괘와는 의미가 상반된다. 그러므로 느슨하면 틀림없이 잃는 것이 있다고 한다.

| 해설 | 둔(屯, ䷂)은 내괘가 진(震)으로 아래에서 움직이기 시작하지만, 외괘는 감(坎)으로 험한 것이 있다. 그래서 둔에서는 움직여 모습을 드러내기는 하지만, 밖에 험함이 있어 밖으로 나아가지 않는다. 장재는 이러한 둔괘가 환(渙)괘, 해(解)괘와 그 의미가 상반된다고 했다. 환괘(渙, ䷺)의 하괘는 감(坎)으로 물을 상징하

715 〈중화 주석〉『정의』에는 '曰'이 없다.

고, 상괘는 손(巽)으로 나무를 상징한다. 나무로 만든 배를 타고 큰 내를 건너는 형상이다. 그래서 환괘 괘사에서는 "큰 내를 건너면 이롭다"고 했다. 해(解, ䷧)괘는 위험에서 벗어난다는 의미를 지닌다. 그래서 해괘 「단전」에서 "해는 위험해서 움직이고, 움직여서 위험에서 벗어나는 것이다"(解, 險以動, 動而免乎險)라고 했다.

蒙雜而著.

몽(蒙)은 뒤얽혀 집착한다.

5.2 '著', 古'着'字,[716] 雜著於物, 所以爲蒙. 蒙, 昏蒙也.

|번역| '저(著)'는 옛 '착(着)' 자이다. 사물에 뒤얽혀 집착하므로 몽매하다. 몽(蒙)은 어둡고 몽매함이다.

|해설| 장재는 '저(著)'를 '착(着)' 자로 읽었다. 그리하여 몽매함이란 외물과 뒤얽혀 그것에 집착함을 뜻하는 것으로 이해했다.

(兌見而巽伏也)

(兌說在外巽入在隱)[717]

井通而困相遇也.

716 〈중화 주석〉 이 조목은 「蒙卦」에도 보인다. 이 구절은 '著'를 풀이한 것으로, 원래는 주석으로 오인했으나, 『정의』에 근거해 고쳤다.

717 〈중화 주석〉 『정의』에서는 이 문장을 '楊氏曰'이라고 인용했으니, 양시(楊時)의 말이 끼어 들어온 것이다. 따라서 삭제했다.

정(井)은 통하고 곤(困)은 서로 만난다.

5.3 澤無水, 理勢適然, 故曰"相遇".

|번역| 못에 물이 없는 것은 일의 추세가 때마침 그런 것이다. 그러므로 "서로 만난다"고 했다.

|해설| 정(井)은 우물의 물을 사람들에게 공급하므로, 사람들과 소통하는 상이라 하겠다. 그에 반해 곤(困, ䷮)의 하괘는 감(坎)으로 물이고, 상괘는 태(兌)로 못이다. 못 아래에 물이 있는 형상으로, 물이 새는 연못을 상징한다. 이는 곤란에 처한 상황이다. 장재는 그러한 곤란이 우연한 상황에 의해 그렇게 된 것이고, 바로 그런 이유에서 '서로 만난다(相遇)'는 표현을 썼다고 했다.

小過, 過也.

소과(小過)는 잘못함이다.

5.4 [小過],[718] 過而未顚也.

|번역| 소과(小過)는 잘못했으되 아직 엎어지지는 않은 상황이다.

718 〈중화 주석〉 이 두 글자는 『정의』에 근거해 보완했다.

履, 不處也.

이(履)는 거처하지 않는다.

5.5 危者安其位者也, 故履以不處爲吉.

|번역| 위태로운 자는 그 자리에 편안해하는 자이다. 그러므로 이(履)는 거처하지 않음을 길한 것으로 여긴다.

|해설| 이(履)는 실천하는 것, 앞으로 나아가는 것을 뜻한다. 현 위치, 현 상태를 편안해하며 고수하려고 하지 않고 앞으로 나아가야 길하다.

大過, 顚也.

대과는 엎어지는 것이다.

5.6 過至於顚, 故曰"大".

|번역| 잘못이 엎어지는 데에 이르니, '크다(大)'라고 했다.

歸妹, 女之終也.

귀매(歸妹)는 여자의 마침이다.

5.7 妹歸而長, 女之終也. 一作歸妹.[719]

|번역| 여동생이 시집가려고 성장하니, 여자의 마침이다. 어떤 곳에서는 歸妹라고 되어 있다.

|해설| 옛날에는 여성이 성장해 시집가는 것을 여자로서 한 시기의 종결이라 여겼다.

719 〈중화 주석〉『정의』에는 이 주석이 없다.

일문
佚文[720]

繫辭所擧易義是聖人議論到此因擧易義以成之亦是人道之大且要者也

繫辭反復惟在明易所以爲易撮聚衆意以爲解欲曉後人也[721]

化不可言難知可以言難見如日景之行則可知之其所以行則難見也[722]
人於龜策無情之物不知其將如何惟是自然莫或使之然者陰陽不測之類也已方虛心以鄕之卦成於爻以占之其辭如何取以爲占聖人則又於陰陽不測處以爲占或於夢寐或於人事卜之然聖人於卜筮亦鮮蓋其爲

720 〈중화 주석〉『사고전서서목제요』에서는 이 책 끝부분에 "총론 11조가 있다"(有總論十一則)라고 되어 있으니, 곧 아래 문장들을 가리키며, 후대 사람들도 이로 인해 이것을 총론이라고 칭했다. 그러나 원문을 자세히 살펴보면 대체로 흩어져 있는 단편들을 모아 이루어진 것이며, 24조로 나눌 수 있으나 그 가운데 4조목만이 「계사」의 총론으로 볼 수 있을 뿐, 나머지는 모두 『역설』, 『이굴』, 『어록』의 착간으로 『계사정의』에 적지 않게 보인다. 이것들은 대체로 『역설』을 편집할 때 발견한 일문(佚文)으로, 귀속시킬 데가 없어 말미에 덧붙인 것이다. 이 책에서는 각각 관련된 문장에 집어넣고 조목마다 주석을 달아 설명했다.

721 〈중화 주석〉 위 두 조목은 『장재집』(三) 116~117쪽으로 옮겼다.

722 〈중화 주석〉 이 조목은 『장재집』(三) 283쪽으로 옮겼다.

疑少故也[723]

不見易則不識造化不識造化則不知性命既不識造化則將何謂之性命也[724]大易不言有無言有無諸子之陋也人雖信此說然不知能以何爲有以何謂之無如人之言曰自然而鮮有識自然之爲體[725]觀其幾者善之幾也惡不可謂之幾如曰幾者動之微吉之先見亦止言吉耳[726]上交不諂下交不瀆人事不過於上下之交此可盡人道也[727]且如孝弟仁之本亦可以言幾造端乎夫婦亦可以言幾親親而尊賢亦可以爲幾就親親尊賢而求之又有幾焉又如言不誠其身不悅於親亦是幾處苟要入德必始於知幾[728]

欲觀易先當玩辭蓋所以說易象也不先盡繫辭則其觀於易也或遠或近或太艱難不知繫辭而求易正猶不知禮而ㅁㅁ秋也[729]繫辭所以論易之道既知易之道則易象在其中故觀易必由繫辭[730]繫辭獨說九卦之德者蓋九卦爲德切於人事[731]

有謂心即是易造化也心又焉能盡易之道[732]

723 〈중화 주석〉 이 조목은 『장재집』(三) 205쪽으로 옮겼다.
724 〈중화 주석〉 이 조목은 『장재집』(三) 235쪽으로 옮겼다.
725 〈중화 주석〉 이 조목은 『정의』에도 보이는데, 첫 세 구절은 『정몽』 「대역편」 첫머리에 실려 있다. 『장재집』(三) 142쪽으로 옮겼다.
726 〈중화 주석〉 이 조목은 『장재집』(三) 295쪽으로 옮겼다.
727 〈중화 주석〉 이 조목은 『정의』에도 보이는데, 『장재집』(三) 293쪽으로 옮겼다.
728 〈중화 주석〉 이 조목은 『장재집』(三) 295쪽으로 옮겼다.
729 〈중화 주석〉 이 조목은 『장재집』(三) 117쪽으로 옮겼다.
730 〈중화 주석〉 이 조목은 『장재집』(三) 118쪽으로 옮겼다.
731 〈중화 주석〉 이 조목은 『장재집』(三) 315쪽으로 옮겼다.
732 〈중화 주석〉 이 조목은 『장재집』(三) 235쪽으로 옮겼다.

易象繫之以辭者於卦既已具其意象矣又切於人事言之以示勸戒[733]釋氏之言性不識易識易然後盡性蓋易則有無動靜可以兼而不偏擧也[734]無則氣自然生氣之生即是道是易[735]

乾不居正位是乾理自然惟人推之使然邪[736]

主應物不能固知此行而流也入德處不移則是道不進重滯者也[737]

動靜不失其時是時措之宜也集義也集義久則自有光明靜則無見必動乃見其道光明以其本之光明故其發也光明[738]學行之乃見至其疑處始是實疑於是有學[739]險而止蒙夫於不當止而止是險也如告子之不動心必以義爲外是險而止也蒙險在內是蒙昧之義蒙方始務求學而得之始是得所止也若蹇則是險在外者也[740]

易乃是性與天道其字日月爲易易之義包天道變化[741]

易非止數春秋大義不止在元

733 〈중화 주석〉 이 조목은 『장재집』(三) 229쪽으로 옮겼다.
734 〈중화 주석〉 이 조목은 『장재집』(三) 236쪽으로 옮겼다.
735 〈중화 주석〉 이 조목은 『장재집』(三) 239쪽으로 옮겼다. '無則氣自然生'이라는 구절 다음은 원래 '是氣也是易也'라고 잘못 표기되어 있었다. 『정의』 또한 마찬가지이다.
736 〈중화 주석〉 이 조목은 『장재집』(二) 7쪽으로 옮겼다.
737 〈중화 주석〉 이 조목은 『장재집』(三) 153쪽으로 옮겼다.
738 〈중화 주석〉 이 조목은 『장재집』(二) 27쪽으로 옮겼다.
739 〈중화 주석〉 이 조목은 『장재집』(四) 198쪽으로 옮겼다.
740 〈중화 주석〉 이 조목은 『장재집』(二) 65~66쪽으로 옮겼다.
741 〈중화 주석〉 이 조목은 『장재집』(三) 235쪽으로 옮겼다.

在易則是至理在孟子則是氣[742]

742 〈중화 주석〉 이 두 조목은 『이굴』이나 『어록』의 일문인 듯하다.

저자_ 장재(張載, 1020~1077)
중국 북송 시대의 저명한 유학자로, 횡거(橫渠) 지역에서 활동하여 흔히 횡거 선생이라 불린다. 관중(關中) 지역의 학문인 관학(關學)을 창시했으며, 송명유학의 기초를 닦는 데 큰 공을 세워 북송오자(北宋五子) 가운데 하나로 손꼽힌다. 대표적 저술로는 『정몽』, 『횡거역설』, 『경학리굴』, 『장자어록』 등이 있다.

역주자_ 황종원(黃棕源)
성균관대학교 유학과를 졸업하고 중국 베이징대학교에서 중국철학을 연구했다. 현재 단국대학교 철학과 교수로 재직 중이다. 저서로는 『장재철학』『주제 속 주희, 현대적 주희』(공저) 등이 있고, 역서로는 『법으로 읽는 중국 고대사회』(공역), 『논어, 세 번 찢다』 등이 있다.

Annotations and
Translations of
Works of Zhang Zai